Klaus Dörner

Leben und sterben, wo ich hingehöre

Paranus Verlag

1986 gründete Klaus Dörner mit seinem Team in Gütersloh den Verlag Jakob van Hoddis, in dessen Büchern sich stets folgende Sätze fanden: *»Der Verlag will mit seinem Namen Jakob van Hoddis an einen Menschen erinnern, der als expressionistischer Dichter, als Jude und als psychisch Kranker von den Nationalsozialisten als minderwertig abgestempelt, verfolgt und ermordet wurde. Wir wollen unser Gedächtnis für ihn und alle seine Leidensgefährten wachhalten.«*

Der PARANUS-Verlag der Brücke Neumünster fühlt sich dem Gründungsanliegen des Verlages Jakob van Hoddis verpflichtet und möchte mit seiner Edition Jakob van Hoddis dessen Tradition gerne fortsetzen.

Klaus Dörner, Jg. 1933, Prof. Dr. med. Dr. phil., war von 1980 bis 1996 Leitender Arzt an der Westfälischen Klinik Gütersloh. Er verfasste das Standardwerk »Bürger und Irre« und mit Ursula Plog das meist verkaufte Psychiatrie-Lehrbuch »Irren ist menschlich«. Zahlreiche Veröffentlichungen folgten: das mehrfach aufgelegte Werk »Tödliches Mitleid – Zur Sozialen Frage der Unerträglichkeit des Lebens«, der Bericht über die Entlassung der Gütersloher Langzeitpatienten unter dem Titel »Ende der Veranstaltung« sowie »Der gute Arzt – Lehrbuch der ärztlichen Grundhaltung« und »Das Gesundheitsdilemma«. Viele seiner Aufsätze sind in dem Buch »Kieselsteine« zusammengefasst.

Klaus Dörner

Leben und sterben, wo ich hingehöre

Dritter Sozialraum und neues Hilfesystem

Edition Jakob van Hoddis

Der PARANUS-Verlag ist integrierter Bestandteil der gemeinnützigen Brücke Neumünster gGmbH.
An Redaktion, Herstellung, Werbung und Vertrieb unserer Bücher und Zeitschriften sind alle Betriebsangehörigen – Lektoren, Teilnehmerinnen und Teilnehmer der Einrichtung, Setzerinnen, Drucker und Betreuende – gemeinschaftlich beteiligt.
Wir danken herzlich allen Menschen und Institutionen, die im Förderkreis PARANUS-Verlag unsere Arbeit unterstützen.

Bibliografische Information Der Deutschen Bibliothek
Die Deutsche Bibliothek verzeichnet diese Publikation in der Deutschen Nationalbibliografie; detaillierte bibliografische Daten sind im Internet über http://dnb.ddb.de abrufbar.

Postfach 1264, 24502 Neumünster
Telefon (04321) 2004-500, Telefax (04321) 2004-411
www.paranus.de

3. Auflage, September 2007

Koordination: Hartwig Hansen, Hamburg
Umschlaggestaltung: druckwerk der Brücke Neumünster gGmbH
unter Verwendung des Bilderzyklus »Lebensbegleiter«
von Antonia Schepers Anguita, Heide
Druck und Bindung: druckwerk der Brücke Neumünster gGmbH
ISBN 978-3-926200-91-4

Inhalt

Gebrauchsanweisung

Will you still need me
Will you still feed me
When I'm sixty-four
Beatles, 1966

Wenn die Beatles diesen Song heute, also 40 Jahre später, gesungen hätten, würden sie wohl sicher eighty-four als Alter gewählt haben, also das heutige durchschnittliche Heimaufnahmealter. Diese Erinnerung daran, wie rasant wir in den letzten Jahrzehnten gesellschaftlich gealtert sind, offenbart zugleich auch schon die Absicht meines Buches; denn die Beatles-Frage ist aktuell geblieben: Wird es für mich, wenn ich alt bin, einen Anderen geben, der mich einerseits braucht und der mich andererseits füttert? Dabei stelle ich die Alten, als das nun mal größte Problem, zwar heraus; doch ist die Kernfrage nach »need« und »feed« verbindlich nur zu beantworten, wenn ich immer alle Hilfsbedürftigen im Auge habe, ob ich nun mit 10 Jahren im Wachkoma bin, mit 20 geistig behindert, mit 30 körperlich behindert, mit 40 hirntraumatisiert, mit 50 chronisch psychisch krank, mit 60 chronisch körperkrank, mit 70 alterspflegebedürftig oder mit 80 dement.

Um diese existenzielle Doppelfrage einer Antwort näher zu bringen, wähle ich, der ich mit meinen 73 Jahren auch schon zur »Zielgruppe« gehöre, als Aufhänger den uns allen bekannten Skandal, dass wir fast alle nicht im Heim oder Krankenhaus, sondern in den eigenen vier Wänden sterben wollen, was aber nur etwa 30% ermöglicht wird. Es kommt hinzu, dass die wenigen Bürger, die das Heim wählen, dies in der Regel nur tun, weil das Selbstbewusstsein der heute älteren Generation besonders gering ist: »Bloß nicht zur Last fallen! Ich bin es doch nicht wert, dass ich jüngere Menschen im Genuss ihrer Freiheit beeinträchtige!« Ein merkwürdiger Widerspruch: Es scheint so, als ob wir selbst daran arbeiten, dass dieser unser letzter und vornehmster Wunsch nicht in Erfüllung geht, weil wir noch zu sehr an dem alten und ja auch über 100 Jahre irgendwie bewährten Heimsystem kleben, das nun mal mit der Ausgrenzung und Unsichtbarmachung des pflegebedürftigen Alterns und des Sterbens einhergeht. Entsprechend werden heute noch fast täglich neue Heime gebaut und eröffnet. Dabei müsste das schon längst nicht mehr so sein. So hat in England gerade eine große Metaanalyse herausgefunden, dass es keine fachlichen Gründe dafür gibt, dass auch unheilbar Kranke nicht wunschgemäß zu Hause sterben; vielmehr müsste lediglich die ambulante Versorgung und die Unterstützung durch das familiäre Netz gestärkt werden.[1] Und die Frage nach den Wünschen der Älteren in der Gemeinde Schauenburg bei Kassel (11.000 Einwohner), die die obigen Zahlen bestätigt, hat dort vor Ort spontan die Gründung eines Arbeitskreises provoziert, der die Wunscherfüllung der Bürger verbessern will,[2] – dies hier nur als ein winziges Beispiel für eine Trendwende, die man inzwischen allenthalben an der bürgerlichen Basis finden kann, wovon ich Sie trotz Ihres hartnäckigen Unglaubens mit diesem Buch überzeugen werde. So könnte es nämlich sein, dass ein anderes Bild der Wirklichkeit näher kommt, nämlich das Bild eines großen Öltankers, der scheinbar immer noch seinen gewohnten Kurs steuert, während in Wirklichkeit die Maschinen (unten an der Basis) schon längst auf Gegenkurs gegangen sind. Zumindest gibt es heute zwei Kräfte, zwischen denen jeder von uns zu wählen hat, wenn es um »need« und »feed« geht.

Diese Situation möchte ich im Folgenden mit allen alten und jungen Bürgern diskutieren, auch mit den professionellen im Gesundheits- und Sozialsystem. Jedoch nicht so sehr – wie üblich – aus der Perspektive der Profis, sondern mehr aus der Perspektive der Bürger, sowohl der hilfebedürftigen als auch der helfenden Bürger, also weniger betriebswirtschaftlich, sondern mehr volkswirtschaftlich – eben vom gesamtgesellschaftlichen Hilfebedarf her; denn jegliches Helfen beginnt stets mit der Selbsthilfe des Betroffenen, und wenn das nicht reicht, sind erst die Angehörigen dran, dann die Freunde, dann die Nachbarn, dann die übrigen Bürger und erst danach kommen – ergänzend – die Profis hinzu, erst in der ambulanten und dann in der institutionellen Variante. Allein schon die Vermehrung von uns Alten zwingt uns, das Helfen auf diese Weise vollständig zu sehen, sodass

1 Katharina Franke: Sterbeort bei unheilbar Kranken maßgeblich von äußeren Bedingungen abhängig, Zschr. f. Palliativmedizin, 7. Jg. S. 35, 2006

2 Martin Wortmann: Frühzeitig auf das Älterwerden vorbereiten, epd sozial, Nr. 8, 24.2.2006

zukunftsfähiges Helfen grundsätzlich stets ein Bürger-Profi-Mix zu sein hat. Eine solche nicht profi-, sondern bürgerzentrierte Sicht stellt nun aber die uns gewohnte Sicht der letzten hundert Jahre wieder vom Kopf auf die Füße und ist insofern eine neue Sicht – mit ungeahnten Möglichkeiten, die ich im Folgenden in fünf Kapiteln zu entfalten versuche.

Im I. Kapitel geht es mir um das atemberaubende Ausmaß der vor uns stehenden Aufgabe, die mit den früher erfolgreichen Mitteln der Institutionalisierung und Ökonomisierung des Helfens nicht mehr zu lösen ist. Vielmehr kommen wir um eine Deinstitutionalisierung, um den weitgehenden Abschied vom Heim auch für Alterspflegebedürftige nicht herum, wie dies vorher auch schon für Kinder, Jugendliche, Körperbehinderte, geistig Behinderte und psychisch Kranke gegolten hat, was daher auch nur im Zusammenhang darzustellen ist. Im II. Kapitel begründe ich, wieso heute schon von einer neuen solidaritätsorientierten Bürgerbewegung und insofern von einem neuen gesellschaftlichen Hilfesystem zu sprechen ist, auch wenn sich das in der Breite noch keineswegs durchgesetzt hat. Im III. Kapitel geht es um die Bürger-Wiederbelebung des dritten Sozialraums der Nachbarschaft und der übrigen solidaritäts-stabilisierenden Institutionen, die das neue Bürgerengagement benötigt, um wirksam werden zu können. Das IV. Kapitel beschreibt umgekehrt, wie ich als hilfsbedürftiger Bürger normal-integrierter Bestandteil der von mir gewählten Lebenswelt sein kann, wie ich leben, altern und sterben kann, wo ich hingehöre. Und im V. Kapitel formuliere ich Vorschläge, wie die Sozialprofis und die Heime einerseits und der Staat andererseits sich an diese bürgergesellschaftlich angestoßenen Veränderungen anpassen sollten, was sich abschließend in einer Reflexion über mein Sterben zu bewähren hätte.

Da ich weiß, dass solche Leser, die sich bisher noch nicht im Bürgerengagement verstrickt haben, oder die, wie auch ich die ersten zwei Drittel meiner Berufszeit, die Welt durch ihre lupenreine Profibrille sehen, geradezu unvermeidlich selbst die von mir bemühten objektiven Befunde für ideologisch, sozialromantisch oder dogmatisch halten müssen, bin ich gut beraten, am Schluss dieser meiner Gebrauchsanweisung wenigstens anzudeuten, dass es so gut wie keine von mir hier mitgeteilte Erfahrung gibt, die ich nicht selbst mit eigener Hände Arbeit gemacht hätte. Das gilt insbesondere für meine Zeit als ärztlicher Leiter des psychiatrischen Landeskrankenhauses Gütersloh. In dieser Zeit von 1980 bis 1996 war ich zugleich Heimleiter des Großheims für 435 auf Lebenszeit ausgegrenzte, unsichtbar gemachte Bewohner, seit Jahrzehnten dort institutionalisiert, ein Drittel von ihnen auch mit gerontopsychiatrischen Diagnosen. Nach siebzehn Jahren lebten sie so gut wie alle in eigenen Wohnungen oder Wohngruppen, 75% von ihnen nur ambulant betreut.[3] Das war nur dadurch möglich, dass wir einmal allen, die das wollten, Bedeutung für Andere durch Arbeit verschafften, was gerade den Alten unter ihnen besonders wichtig war. Zum anderen war das möglich, weil es den Bürgern erst der Stadt und dann des Landkreises gelungen ist, sich in hinreichendem Maße in tragebereite Nachbarn zu verwandeln.

Wenn man auf diese Weise bei hunderten Menschen persönlich miterlebt und mitbewirkt hat, wie sie aufgeblüht sind, wie sie sich unter Erhalt ihrer Eigenart normalisiert haben und wie sie, wenn auch unterstützt, ihr eigenes Leben leben konnten, ist man lebenslang gezeichnet davon und schämt sich zu Tode für die Bürger, die weiterhin in Institutionen untergebracht sind; man ist ihnen schlicht verpflichtet, weil man weiß, dass dies heute nicht mehr nötig und daher auch nach der Verfassung verboten ist. Das gilt auch für die Alterspflegebedürftigen, auch für die Dementen. Sozusagen in ihrem Auftrag reise ich seit meiner Berentung 1996 durch die Republik und versuche, vor allem an der Basis einmal zu lernen und zum anderen Profis und andere Bürger von diesen neuen Möglichkeiten zu überzeugen. Daher wollte ich anfangs diesem Buch den Titel geben »Holt die Alten aus den Heimen«. Dies in Analogie dazu, dass auf den Demonstrationen der wilden 68er Jahre auch skandiert wurde »Holt die Kinder aus den Heimen«. Und unter demselben Titel fand in der Ev. Akademie Loccum vom 13. bis 15.11.1972 eine legendär gewordene Tagung statt, wo man sich gegen die »Massenpflege« wandte und wo man in einer Resolution forderte: »Die Bürger stehen in der sozialen Mit-Verantwortung! – Heimkinder sind unsere Kinder!«[4]

3 Klaus Dörner (Hg.): Ende der Veranstaltung, Anfänge der Chronisch-Kranken-Psychiatrie, Neumünster: Paranus 2001

Damals war die Öffentlichkeit so offen, dass innerhalb weniger Jahre fast das gesamte Heimsystem für Kinder und Jugendliche ohne große Aufregung, man könnte fast sagen »spurlos«, verschwand und weitgehend durch Wohngruppen und Ähnliches ersetzt wurde.

Aber Theresia Brechmann in Bielefeld und andere Freunde haben mich darüber aufgeklärt, dass ein solcher Titel »Holt die Alten aus den Heimen« schon um zehn Jahre zu spät komme, weil wir in unserer Entwicklung schon so weit seien, dass wir gemeinsam mit den Betreibern von Heimen, gerade auch von Altenpflegeheimen, an deren Deinstitutionalisierung, an deren Ambulantisierung arbeiten könnten, wie dies an etlichen Orten auch schon praktisch der Fall sei. Weil ich ja selbst Heimleiter und auch Heimmitarbeiter gewesen bin, hat mir das nur zu sehr eingeleuchtet, zumal ich an diesem Prozess in manchen Heimen beratend mitwirke. Also habe ich auf diesen Titel verzichtet, den zudem nicht wenige Heimmitarbeiter heute bereits mit Recht als unberechtigte Provokation empfinden müssten. Ihnen fällt ohnehin im gesamten Hilfesystem die schwerste und undankbarste Aufgabe zu, weshalb ich dieses Buch gerade ihnen widmen und ihnen damit eine Perspektive geben möchte.

Da alles wirklich Neue nicht von oben, sondern nur von unten kommen kann, halte ich mich – wie gesagt – seit Jahren vor allem bei den unendlich vielen kleinen Bürgerinitiativen auf und staune darüber, wie wach viele Bürger an der Basis längst geworden sind und was sie alles erproben. Dieses Buch ist nicht zuletzt ein Bericht darüber.[5] Wehe den Profis, die daran vorbeigehen; sie bestraft das Leben.

4 Uwe Gerber: Holt die Kinder aus den Heimen – Alternativen zur Heimunterbringung, Berlin: Marhold 1974

5 Da gibt es zum Beispiel in 49134 Wallenhorst das Regionalbüro West der ländlichen Erwachsenenbildung in Niedersachsen. Sie hat ein »Arbeitsbüchlein« mit dem schlichten Titel »alt?« (Hg. Arnold Schmieder) herausgegeben, Druck-Verlag Balkumer Kirchweg 3, 49565 Bramsche. Darin heißt es: »Und vor allen Dingen auch mit dem Gebraucht-Werden. Ist das Leben von Menschen doch immer zwischenmenschliches Leben, für sich allein kann niemand wirklich menschlich existieren. Und so kann man mit der Kunst des Alterns die Kunst des Sterben-Könnens erlernen, erwerben. Es entwickelt sich die Bereitschaft, nicht nur ausschließlich etwas für sich selbst zu wollen, vielmehr aufzugehen in dem, was man für Andere ist und war – und darin sein Selbst zu finden.« Dieser schlichte Text wird das ganze Buch hindurch seine Bedeutung entfalten.

I. Unsere Aufgabe ist menschheitsgeschichtlich völlig neuartig

Dass ich aus dem Altern, also aus dem, was mir ohne mein Zutun täglich widerfährt, heraus lebe, ist außer dem Sterben das einzige mir Gewisse. Meine jeweils zukünftige Altersstufe, in die ich mich hineinlebe, ist mir neu, unbekannt, fremd. Wenn ich sie erreicht habe, werde ich in Wirklichkeit ein Anderer sein. Deshalb sagt man, der Mensch lebt weltoffen. Spätestens bei meinem Übertritt ins Rentenalter hat mich dieses Widerfahrnis überrascht. Erst nach dem Übertritt merkte ich, dass mein reiches theoretisches Wissen mir nichts nützen konnte. Ich fand mich im sozialen Niemandsland des dritten Lebensabschnittes ohne Rollenerwartungen wieder und brauchte zwei Jahre Versuch und Irrtum, um einen zu mir passenden Rhythmus zu finden. Ich konnte also vorher nicht wissen, wie ich nach dem Übertritt leben wollte, weil ich dann ein Anderer sein würde. So wird es vermutlich bleiben: ich werde vorher nicht wissen können, wie ich nach dem Übertritt in meine Pflegebedürftigkeit, in meine Demenz, in mein Sterben und in meinen Tod leben will, weil ich jeweils ein Anderer sein werde. So weiß ich nicht einmal, ob mein »Älterwerden« einem Sollen, einem Müssen, einem Dürfen zuzurechnen ist.[6] In dieser Perspektive erweist sich – nebenbei – das Sicherheitsstreben durch Patientenverfügungen als ein schlechter Witz.

Von einem ähnlichen Nichtwissen haben wir heute aber auch gesamtgesellschaftlich auszugehen. Zwar hat es natürlich immer schon einzelne Alterspflegebedürftige und auch Demente gegeben. Aber sie waren stets selten – und daher auch leicht zu verehren. Heute wachsen wir erstmals in der Menschheitsgeschichte in eine Gesellschaft hinein, in der die Alterspflegebedürftigen und Dementen zahlenmäßig so zunehmen und sich dadurch inflationieren, dass sie eine neue, und in der Größenordnung gänzlich unbekannte Bevölkerungsgruppe darstellen. Niemand kann heute wissen, wie wir damit umge-

6 So etwa in seiner zauberhaften philosophischen Reflexion des Alterns der Finanzjurist Claus-Heinrich von Wendorff: Über die Vision des Alterns, eine Gerontosophie, Schaffhausen: Novalis 1992, S. 14

hen sollen. Daneben beschert uns derselbe medizinische Fortschritt noch eine weitere, ähnlich große und menschheitsgeschichtlich unbekannte Bevölkerungsgruppe: Da nämlich heute kaum noch jemand an einer Akutkrankheit stirbt, gibt es – als Preis dafür – die ständig wachsende neue Bevölkerungsgruppe der chronisch Körperkranken. Beide gemeinsam machen heute bereits die Hälfte der Wartezimmerklientel des Hausarztes aus. Auch hier weiß niemand so recht, wie damit umzugehen ist, zumal die medizinische Wissenschaft – im Rückstand zu ihrem eigenen Fortschritt – noch nicht einmal eine eigenständige Chronisch-Kranken-Medizin ausformuliert hat. Auch die Menschen im Wachkoma bilden heute eine bisher unbekannte, wenn auch kleine, neue Bevölkerungsgruppe. Und schließlich gehört heute noch eine dritte große menschheitsgeschichtlich neue Bevölkerungsgruppe[7] zu uns: das sind – im Unterschied zu den klassischen schweren psychischen Erkrankungen – die leichten Befindlichkeitsstörungen und Persönlichkeitsbesonderheiten, die man früher zur Normalverteilung der Bevölkerung gerechnet hätte, die heute aber ein neoliberal expandierender Psycho-Markt mit Hilfe des sich selbst ausweitenden Krankheitsetiketts zu therapieren verspricht; ich nenne sie die Neo-Psychisch-Kranken, die im Übrigen dabei sind, kostenmäßig die beiden anderen neuen Bevölkerungsgruppen aus dem Felde zu schlagen. Schon der Versuch, diese drei großen neuen Gruppen zusammenzudenken, macht Sie garantiert schwindelig.

Wir denken hier jedoch zunächst an die Alterspflegebedürftigen und insbesondere an die Dementen, die aufgrund ihrer epidemischen Vermehrung beanspruchen können, eine neue menschliche Seinsweise darzustellen. Wie damit zu leben und damit umzugehen ist, können wir – wie gesagt – aufgrund ihrer Neuartigkeit heute noch nicht wissen. Wir müssen es erst erfahren. Daher empfiehlt es sich, mit Sokrates' methodischem Nichtwissen zu beginnen, um dann allmählich diesen Bereich mit Hilfe dessen einzuengen, was wir dennoch wissen können: Dazu gehört einmal das Ziel unserer gemeinsamen Bemühungen: es ist erreicht, wenn etwa im Jahr 2050 die dann jungen Menschen sagen werden: »Was regt ihr euch so auf; es ist

7 Hierzu Klaus Dörner: Der gute Arzt, Stuttgart: Schattauer 2003, S. 129-134

doch völlig normal, dass ein Drittel von uns Alte sind.« Zum anderen können wir wissen, dass die Größenordnung des Problems das für die letzten hundert Jahre der Moderne bewährte duale Hilfesystem – eigene Wohnung oder Heim – heute schon als unzureichend erscheinen lässt. Und drittens wird die Zunahme der Alterspflegebedürftigen oder besser der Pflegebedürftigen überhaupt die Gesamtgesellschaft so verändern, dass kein Bürger davon unberührt bleiben kann: Wir werden 2050 in einer anderen Gesellschaft mit einer anderen Lastenverteilung leben, auch wenn wir noch nicht wissen können, wie diese aussehen wird. Schließlich sind wir den Dementen doch vielleicht wenigstens den Versuch schuldig, uns vorzustellen, was es bedeutet, als Dementer mit Nicht-Dementen zu leben, und damit wollen wir beginnen.

1. Die neue menschliche Seinsweise der Demenz[8]

Immerhin dürfte unsere Generation die erste sein, die sich – natürlich widerwillig – von den sprechenden Augen der Dementen anblicken lässt und damit die Augen auch nicht mehr verschließt vor den gewaltigen Veränderungen, die unser Gesellschafts- und Menschenbild durcheinanderbringen. Und wenn es nur deshalb wäre, weil jeder von uns viel wahrscheinlicher selbst von Alterspflegebedürftigkeit und Demenz als von allen anderen vergleichbaren Schicksalsschlägen betroffen sein kann. Wir lassen uns auch nicht mehr so leicht von den ohnehin dürftigen Befunden des medizinischen Modells der Demenz auf bessere Zeiten vertrösten, sondern bemühen uns zaghaft, dieses medizinische in ein lebensweltliches Modell der Demenz einzubetten.[9] Von dem uns zunächst verschlossenen Innenleben der Dementen wissen wir am ehesten etwas über die Angehörigen, die sie begleitet haben.[10] Aus solchen Äußerungen

8 Einige Thesen dieses Kapitels folgen meinem gleichnamigen Artikel in: Bundesgesundheitsblatt 48, S. 604-606, 2005.

9 Friedrich Leidinger: Das Demenzmodell der Biomedizin und die Alltagswirklichkeit Demenzkranker, Schriftenreihe von Alzheimer-Ethik e.V., Nr. 1, 2001, zu beziehen über: Lappenbredde 10, 59063 Hamm

10 Mich besonders beeindruckend John Bayley: Elegie für Iris, München: Beck 2000; aber auch Roland Stuhlmann-Laeisz: Liebe in Zeiten der Demenz, Tagungsreihe der Deutschen Alzheimer-Gesellschaft e.V., Bd. 5, Lübeck 9.–11.9.2004

wie aus meinen eigenen Erfahrungen mit den sprechenden Augen der Dementen erprobe ich im Folgenden ein paar Ich-Aussagen aus der Sicht der neuen menschlichen Seinsweise der Demenz:

1. Fremdartiger als alle Migranten, gleichwohl mit allen grundgesetzlich geschützten Rechten ausgestattet, sind wir ein neuer Teil von euch. Wenn ihr uns wirklich kennenlernen, uns nicht nur akzeptieren, sondern als Neuankömmlinge, dem medizinischen Fortschritt verdankt, uns begrüßen wollt, solltet ihr nach eurem vollmundigen Jahrhundert des Kindes das 21. Jahrhundert als das Jahrhundert der Dementen ausrufen.

2. Ihr habt uns in unserem Sosein so zu achten und zu schützen, wie wir sind, und uns nicht – wie es die präventive Denkweise der Nazis war – auf dem Marktaltar eures Wunschdenkens einer heute gar nicht absehbaren therapeutisch besseren Zukunft zu opfern, uns somit wegzuwünschen. Immerhin habt ihr das nach 1950 wenigstens einigermaßen für unsere psychisch und geistig behinderten Bürger hingekriegt. Auch wenn wir nichts gegen wirksame Therapien hätten, verschont uns so lange mit den Medikamenten, die nicht wirklich wirksam sind und mit denen ihr stattdessen an uns verdienen wollt. Denkt lieber darüber nach, was ihr mit unserem Recht auf freie Beweglichkeit macht, die ihr euren Kindern zubilligt.

3. Wenn unsere Eigenart des Dementseins eine subjektiv genauso sinnvolle menschliche Seinsweise ist und genauso zum Menschsein gehört wie das Kindsein, das Erwachsensein oder das aktive Altsein, dann bestehen mit uns dieselben Verstehensmöglichkeiten wie mit anderen Menschen, zumindest dann, wenn man mit dem Würdebegriff des Grundgesetzes bedenkt, dass jeder Mensch, egal ob als Kind, Erwachsener oder Dementer, als ein Anderer im Kern unverfügbar, fremd, unverstehbar ist. Im Übrigen sind natürlich Angehörige, auch Pflegende, weil sie sich uns länger aussetzen, bessere Verstehensexperten als etwa der Arzt, der nur mal vorbeischaut.

4. In Abwandlung eines Wortes von Jean-Paul Sartre[11] gilt daher: »Man muss schon wählen: Wenn jeder Mensch der ganze Mensch ist, dann ist dieser Demente entweder nur ein Kieselstein oder ich.«

Selbst wenn ich so dumm war, früher in meiner Patientenverfügung etwas anderes zu schreiben, lebe ich heute erkennbar gern. Das gilt auch dann, wenn ich nach der Aufnahme in ein Heim wegen des anonymen Umgangs mit dem Essen die Nahrungsaufnahme verweigere oder wenn ich mir den Spaß mache, fremde Pflegende zu schlagen, wenn sie mich waschen wollen, während ich das bei meiner Tochter zulassen würde.

5. Mein Dementsein lehrt meine Ehefrau, meinen Sohn, meine Schwiegertochter, dass Selbstbestimmung nicht ohne Fremdbestimmung zu haben ist, Unabhängigkeit nicht ohne Abhängigkeit, Erwachsensein nicht ohne Kindsein. Gerade wenn mir meine Sprache nicht mehr verfügbar ist, können mir meine Angehörigen so widerfahren, dass unsere Beziehung nicht mehr von den eingeschliffenen rationalen Wortwechseln gestört wird und eben dadurch einen existenziellen Tiefgang erreicht wie nie zuvor oder allenfalls wie in der frühen Kindheit. Ich lehre sie, dass wir zwar in der Welt, jedoch nicht von der Welt[12] sind, dass das Wirkliche nicht auch das Wahre ist, dass das Wahre von jenseits der Grenze der Welt in unser bloß wirkliches Leben einstrahlt.

6. Wo ich hingehöre, das sind meine eigenen vier Wände, von denen ich längst ein Teil geworden bin, indem ich mich durch mein Leben in sie hineinformuliert habe. Innen und außen ist so sehr eins geworden, dass die Vertrautheit meiner Wohnung mich trägt. Ersatz dafür kann allenfalls die Vertrautheit meines Viertels, meiner Dorfgemeinschaft, meiner Nachbarschaft sein, wenn es zu Hause gar nicht mehr geht, etwa im betreuten Wohnen, in einer Gastfamilie oder in einer ambulanten Wohngruppe. Das Heim wäre früher auch eine Möglichkeit für mich gewesen, ist es aber nicht mehr, seit es dort nicht mehr die »gesunde Mischung« von »Fitten« und »weniger Fitten« gibt, die sich gegenseitig hinreichend »Bedeutung für Andere« geben konnten. Heute ist dort stattdessen eine Konzentration der Unerträglichkeit entstanden. Außerdem solltet ihr darüber nach-

11 Saint Genet, Reinbek: Rowohlt 1982, S. 910

12 Dies nach einem Kommentar zum Bayley-Buch von dem Grazer Rechtsphilosophen Peter Strasser

denken, wieso ihr es zulasst, dass immer einige von uns allein an dem Umstand der Heimaufnahme sterben, eine Übersterblichkeit, die spätestens dann verfassungs- und strafrechtlich verboten ist, wenn es dazu Alternativen gibt – und die gibt es inzwischen.

7. Damit stellen wir Dementen aber auch euer ganzes Hilfesystem der Moderne in Frage, wobei wir uns verzweifelt fragen, warum ihr den dritten Weg der ambulanten Wohngruppe für Jugendliche, psychisch Kranke und Behinderte nun schon seit Jahrzehnten geht, euch aber immer noch sträubt, ihn auch uns Dementen zuzutrauen. Dabei ist eine solche Wohngruppe auch deshalb für uns ein halbwegs erträglicher Ersatz, weil sie als Haushaltsgemeinschaft betrieben wird. Wir tun dort also dasselbe, was wir zu Hause auch schon getan haben, nämlich »Haushaltführen«, nur jetzt gemeinsam mit anderen, selbst dann, wenn ich – inzwischen bettlägrig – nur noch die Quarkspeise für den Nachtisch rühre. In tätiger Gemeinschaft arbeiten und dadurch Bedeutung für Andere gewinnen, das ist das, was auch wir Dementen – wie alle anderen Menschen – am dringlichsten brauchen, dringlicher als Selbstbestimmung und noch viel dringlicher als Singen, Volkstanz, »biografische Arbeit« oder Basteln, was ihr mehr euertwegen als unseretwegen so toll findet. Wir brauchen es auch dann, wenn wir versuchen, uns darum herumzudrücken, weil das zum normalen Umgang mit »Arbeiten« gehört, und wir brauchen solches für Andere sinnvolles Tätigsein bis in die Stunde unseres Todes, wie dies ebenfalls für alle Menschen gilt. So erklärt sich auch, dass wir im Heim oft erst über eine Siechtumsphase zum Sterben kommen, während wir in der ambulanten Haushaltsgemeinschaft meist aus dem prallen Leben heraus sterben.

8. Wenn ihr uns Demente und anders Pflegebedürftige wieder zu eurem Gemeinwesen zählt, das Altern und Sterben wieder resozialisiert, schenken wir euch dafür ein Menschenbild, das vollständiger ist als das der Moderne. Denn ein solches ist einmal vom Letzten her gedacht, und das sind – neben den Menschen im Koma und den Hirntoten – wir Dementen. Weiterhin bleibt in einem solchen Menschenbild der Mensch in seinen Beziehungen von der ersten bis zur letzten Minute auch kindlich: abhängig, zufallsoffen, verletzlich, spontan-kreativ, fundiert in der Kultivierung seines oralen

Ernährungsbedürfnisses, was im mittleren Lebensalter nur von den Erwachsenennormen überdeckt ist; zum anderen bleibt der Mensch aber auch bis zur letzten Minute erwachsen, weil nicht nur vom Selbstbestimmungsbedürfnis, sondern auch vom Bedürfnis bestimmt, sich zu transzendieren, durch eigenes Tun Bedeutung für Andere zu haben, weshalb es für das Sterben heißt: »Bevor ich gehe, bleibe ich«.[13] In einem solchen Menschenbild kann die Sprache beim Sprechen auch stören, geht es mehr um das Sagen als um das Gesagte. In ihm gelten »Pflegen« wie »Sich-Pflegen-Lassen« als gleichermaßen bedeutsame Gabe.[14] In einem solchen Menschenbild wäre schließlich die Würde des Menschen nicht immer nur, wie bisher üblich, von den Kranken und Schwachen, sondern auch wieder von den Gesunden her zu denken; denn »die Schwachen und Kranken zu schützen, ist die Würde der Gesunden«[15] – vom Letzten her.

13 So singt die Kabarettistin Petra Afonin aus Bochum.

14 Hierzu empfehle ich folgenden Selbstversuch: Als meine drei jüngeren Kinder im Pubertätsalter waren, habe ich sie einmal zum Sonntagmorgenfrühstück mit folgender Äußerung überrascht: »Wenn ich pflegebedürftig werde, erwarte ich, dass ihr mich pflegt.« Aufschlussreich dabei war nicht so sehr die – natürlich naivbejahende – Antwort der Kinder, sondern der Umstand, dass ich drei Wochen brauchte, um diese Äußerung an meinem Kloß im Hals vorbei herauszuwürgen, ein Indiz dafür, dass wir für die Entwürdigung der Alten nicht die Jüngeren brauchen, weil wir Alten diese Selbstentwürdigung schon allein besorgen, was bei den Alten vor etwa vierzig Jahren noch ganz anders aussah, als sie noch über den Egoismus der Jugend schimpften.

15 Diesen Satz meißelten die Angehörigen der NS-Ermordeten des Landeskrankenhauses Wehnen/Oldenburg in das von ihnen am 1.9.2001 eröffnete Mahnmal.

2. Das Hilfesystem der Moderne hatte sich 100 Jahre lang (1880-1980) einigermaßen bewährt

Es lohnt sich, wenigstens ganz kurz an den Beginn der Neuzeit zurückzugehen; denn damals wurden bis heute wirksame Weichen gestellt. Die damalige Aufbruchstimmung ist nicht nur durch die Entdeckung Amerikas, die Reformation und die Autonomisierung des Individuums gekennzeichnet, sondern auch durch die panische Angst vor der als epidemisch angesehenen Vermehrung der Armen, von der man befürchtete, sie würde alle Länder Europas überfluten und überfordern. Als Gegenreaktion kam es vor allem um 1520 herum in allen europäischen Ländern, getrennt voneinander, aber gleichsinnig zu einem ersten gesamteuropäischen sozialpolitischen Maßnahmenbündel.[16] Dies bestand im Kern darin, zunächst die fremden Armen auszuweisen und sodann die eigenen Armen erst – nach Verbot des Almosens der Nächstenliebe – zu registrieren, dann zu kennzeichnen (zum Beispiel gelbes Kreuz) und dann zu institutionalisieren: die wegen vermuteter Krankheit arbeitsunfähigen Armen in medizinische Einrichtungen vom Typ Krankenhaus, die wegen vermuteter Faulheit arbeitsunwilligen Armen in pädagogische Einrichtungen vom Typ Arbeits- und Zuchthaus mit zum Teil drakonischen Strafen bis zur öffentlichen Hinrichtung. Seither ist bis heute die organisierte Sozial- und Gesundheitspolitik vor allem auf die ärmeren Bevölkerungsschichten gerichtet, während man den Reichen zutraut, selbst individuelle Problemlösungen zu finden, egal, ob es sich dabei um psychisch Kranke, Körperbehinderte, geistig Behinderte oder die später erst auf den Plan tretenden Alterspflegebedürftigen handelt.

Wir überspringen die nächsten Jahrhunderte und machen nur einen Zwischenstopp bei der Aufbruchstimmung der Aufklärung im 18. Jahrhundert, wo die sich emanzipierenden und sich säkularisierenden Bürger sich von möglichst allen Autoritäten zu befreien suchten, dabei – ganz unbemerkt – auch von der Autorität des Anrufs des Hilfebedürftigen, später auch von der als irrational »entlarvten« Autorität der Heiligkeit des Lebens.

16 Bronislaw Geremek: Geschichte der Armut, München: dtv 1991

Unser eigentliches Thema setzt aber erst mit dem Beginn der Moderne, also der Zeit um 1800, ein – mit der medizinischen Erfolgsstory der Verwissenschaftlichung der bis dahin handwerklichen Erfahrungsheilkunde und mit der ökonomischen Erfolgsstory der Vermarktlichung der Wirtschaft und der Industrialisierung des bis dahin handwerklichen Arbeitens. Alle diese Aufbrüche, insbesondere der letztere, sollten sie denn erfolgreich sein, machten es zwingend erforderlich, den alteuropäischen Typ des Haushalts zu zerschlagen, in dem bis dahin die Menschen ja nicht nur gewohnt, sondern auch gelebt, gesorgt, geholfen und gearbeitet hatten, damit zugleich natürlich auch die Institution der Nachbarschaft, die in allen menschlichen Kulturen bis dahin für den überdurchschnittlichen Hilfebedarf und für hilfsbedürftige Menschen ohne Familie zuständig gewesen ist. Insofern ist die kleinste sozial tragfähige Einheit stets die Einheit von Haushalt und Nachbarschaft gewesen.

Da nun das Arbeiten in die Fabriken, später Büros ausgelagert wurde, um dadurch rationeller betrieben und zu größerem individuellen und nationalen Reichtum führen zu können, wodurch menschheitsgeschichtlich erstmals auch Interesse an Vollbeschäftigung entstand, waren alle erwerbsfähigen Personen tagsüber außer Hause, zumal gleichzeitig auch die Haushaltsfunktion der Erziehung und Bildung der Kinder an die Institution der Schule ausgelagert war. So entstand die soziale Frage in ihrer Spielart, was denn nun mit dem geistig behinderten Kind, der psychisch kranken Tante oder später zunehmend dem alterspflegebedürftigen Großvater geschehen solle. Die Antwort bestand, wie wir alle wissen, in der Schaffung eines flächendeckenden Systems sozialer Institutionen. Somit wurden der Haushalt und die Bürger weitgehend von ihrer Aufgabe des Helfens, Sorgens und Pflegens befreit; sie konnten ihre Solidarität mit den Schwächeren nun, statt durch die Gabe von Zeit, durch die Gabe von Geld (Steuern, Beiträge) zum Ausdruck bringen und dies auch noch als die Einlösung des Versprechens der Moderne, nämlich der Entlastung von möglichst vielen Lasten, genießen, wie ja auch parallel der medizinische Fortschritt langfristig die Besiegung aller Krankheiten und so etwas wie eine leidensfreie Gesellschaft versprochen hatte.

Ursprünglich hatte es ab 1830 parallel zur systematischen Industrialisierung eine – bisher wenig beachtete – explosionsartige Gründungswelle bürgerschaftlich oder kirchlich orientierter Vereine gegeben, die alle bemüht waren, die erwähnte Spielart der sozialen Frage kleinräumig im kommunalen Raum zu lösen, also möglichst nahe an dem Ort, wo die Hilfebedürftigen hingehören. Aus derselben Motivation gründeten sich zeitgleich flächendeckend kommunalorientierte Ärztevereine, wo die Ärzte sich erstmals in ihrer Berufsgeschichte nicht mehr nur für die Reichen, sondern gerade für die Armen zu engagieren bestrebt waren. Dieser – fast könnte man sagen: basisdemokratischen – Bewegung von unten nach oben, die noch der Autorität der Hilfsbedürftigkeit zu dienen bemüht war und an die heute hier und da wieder angeknüpft wird, traten jedoch in der Folge stärkere Bestrebungen von oben nach unten in zwei Schüben entgegen, die der Logik des Industriezeitalters besser entsprachen und daher siegreich waren.

Der erste Schub betrifft den kirchlichen Raum, wo die Pioniere der Inneren Mission/Diakonie und Caritas die einmalige Chance sahen, durch das Angebot der Gründung sozialer Institutionen den in ihrer Existenz bedrohten Kirchen neue staatstragende Reputation zu geben, indem sie arbeitsteilig die bisherige Einheit von Menschen- und Gottesdienst auflösten. Sie ließen den Kirchengemeinden den Gottesdienst und organisierten den Menschendienst in meistens weit abgelegenen großen Anstalten oder Großheimen – wie die Fabriken betriebswirtschaftlich rationeller kalkulierbar; begründet freilich mit der Heilkraft der Natur oder mit dem dort zu imitierenden Dorfcharakter, mit dem den entwurzelten behinderten »Schutzbefohlenen« ein Heimatersatz suggeriert wurde – in der sich industrialisierenden Welt eine Oase der Ruhe für die Ballastexistenzen, ein Reservat, eine Kolonie; der äußeren entsprach die innere Mission. Dass die Gründung der Inneren Mission 1848 nach der niedergeschlagenen demokratischen Revolution und nach dem kommunistischen Manifest von Karl Marx und Friedrich Engels auch etwas mit einer politischen Richtungsentscheidung zu tun hat, spiegelt sich in vielen Äußerungen ihres Gründers Johann Heinrich Wichern, so etwa: »Der Tag der Ausgeburt der Revolution sollte der Tag der eigentlichen Geburt der inneren Mission werden.«[17] Da auch für unterschiedliche Behinderungsarten unterschiedliche Anstalten geschaffen wurden, ist es berechtigt, seither von der Institutionalisierung, Industrialisierung und Spezialisierung des Helfens zu sprechen – natürlich auch von der Professionalisierung des Helfens; denn erst in diesen Anstalten sind nach und nach praktisch alle sozialen, heilpädagogischen und therapeutischen Berufe entstanden, denen man ihren Entstehungsort oft genug noch abspüren kann. Es versteht sich, dass ich trotz meiner kritischen Bewertung dieser Entwicklung damals vermutlich genauso gehandelt hätte, weil es kaum eine andere Alternative dazu gab.

Der zweite Schub der erwähnten Bewegung von oben nach unten bestand in den Sozialgesetzen ab 1880, womit der Staat die Regie für die Organisation der Institutionalisierung und Professionalisierung des Helfens für ziemlich genau 100 Jahre in die Hand genommen hat. Er sorgte damit für zumindest formale Gerechtigkeit und für die Verallgemeinerbarkeit der für die industrielle Moderne gefundenen Problemlösung, die sich für diesen Zeitraum auch als tragfähig erwiesen hat, wenn man von den Betroffenen selbst einmal absieht, zumal selbst diese spätestens dann, wenn sie die Alternativlosigkeit ihres Schicksals in der Institution erkannten, bei Befragungen regelmäßig ihre Zufriedenheit bekundeten – ein bleibender Stachel institutioneller Doppelmoral. Freilich war damit auch die basisdemokratische Vereinsbewegung von unten nach oben ausmanövriert, bis schließlich die großen Wohlfahrtsverbände als einzige ernst zu nehmende Gesprächspartner des Staates übrig blieben, weshalb sie sich bis heute als die Sprecher und Repräsentanten des bürgerschaftlichen Engagements darstellen. Als Folge dieser Entwicklung mussten freilich auch die vier klassischen Institutionen zur Stabilisierung solidarischen Bürgerhandelns – Haushalt, Nachbarschaft, Kommune und Kirchengemeinde – Bedeutungsverluste hinnehmen, weil sie im Zeichen des Fortschritts nicht mehr so wie zuvor benötigt wurden. Schließlich hatte sich dadurch auch die Welt für jeden einzelnen

17 Karl Janssen (Hg.): J. H. Wichern, Ausgewählte Schriften, Bd. 3a, Gütersloh 1979, S. 292

Bürger verändert: Waren die Bürger menschheitsgeschichtlich bis zum Beginn der Moderne praktisch allein für das die einzelne Familie überfordernde Helfen zuständig gewesen und befand sich daher so lange der einzelne Bürger in einem Spannungsfeld zwischen dem Streben nach Selbstbestimmung und dem wenn auch widerwillig gewollten Streben nach Bedeutung für Andere durchs Helfen, so war jetzt mangels Gelegenheit Letzteres eher hinfällig geworden, sodass er sich einbilden konnte, normativ mehr oder weniger nur noch vom Streben nach noch mehr Selbstbestimmung gesteuert zu sein – gut vereinbar mit seinem Empfinden, gerade dadurch ein brauchbares Marktsubjekt darzustellen.

Abschließend sei zu dieser Beschreibung der Entstehung der Institutionalisierung und der Professionalisierung des Helfens noch angemerkt, dass in diesem Prozess zunächst die Einrichtungen für psychisch Kranke und für Behinderte dominierten, während mit der erst allmählichen Zunahme der Alterspflegebedürftigen der Typ des Siechenheims[18] und später des Altenpflegeheims im 20. Jahrhundert an Bedeutung gewonnen hat und heute darin alles andere bei Weitem überragt.

3. Das Heim macht sich selbst zum Auslaufmodell

Ewig konnte die Wirksamkeit der Institutionalisierung des Helfens nicht andauern. Irgendwann musste diese – anfangs erfolgreiche – Problemlösung aus sich selbst heraus scheitern, und zwar an der Realität der Eigenheiten von uns Menschen, auch wenn sich dies erst in ein paar Jahrzehnten vollends auswirken wird. Zu abnorm war dieses flächendeckende Anstalts- und Heimsystem. Noch nie zuvor war eine Kultur auf die Idee gekommen, alle Bürger nach ihrer zeitgemäßen Brauchbarkeit zu sortieren und, um die Brauchbaren zur maximalen Entfaltung ihrer Arbeitsfähigkeit zu bringen, die Unbrauchbaren als hinderliche Störfaktoren, als Hilfs- oder Kontrollbedürftige zu etikettieren, nach Sorten zu spezialisieren und

18 Dazu aufschlussreich Kenan H. Irmak: Der Sieche. Alte Menschen und die stationäre Altenhilfe in Deutschland 1924-1961, Essen: Klartextverlag 2002

zu homogenisieren und – nach in der Regel erfolglosen Veränderungsbemühungen – in einem flächendeckenden Netz von Institutionen zu konzentrieren und lebenslänglich unsichtbar zu machen. Abnorm oder zumindest einzigartig war auch die Konstellation der gesellschaftlichen Bedingungen für die Entstehung dieses Systems der Moderne: Umerziehung der Menschen zur Fabrikarbeit; erstmaliges Interesse an Vollbeschäftigung; Zerschlagung der solidarischen Bindungen der Menschen untereinander; frühkapitalistische Verelendung mit besonderer Gefährdung der Schwächsten; Vereinzelung der Menschen zu selbstbestimmten Monaden, weil nur sie die unsichtbare Hand des Marktes manipulieren kann, während sie an zwischenmenschlichen Verbänden scheitert; der vorübergehende Glaube an die Herstellbarkeit einer leidensfreien Gesellschaft auf dem Wege des unendlichen Fortschritts der Veränderbarkeit der Menschen durch therapeutische und pädagogische Techniken; sowie das existenziell notwendige Machtstreben der in der öffentlichen Meinung damals dem Untergang geweihten Kirchen. Und solange die technische Optimierung aller Menschen noch nicht möglich sei, konnte man ihr anstößiges Beeinträchtigungs- und Störpotenzial – ihre Behinderung, ihr Siechtum, ihr Altern und ihr Sterben – für die Alltagswelt der Brauchbaren zumindest schon mal sozial unsichtbar machen. Würden auch nur einige dieser Bedingungen – zum Beispiel der Nutzen von Vollbeschäftigung oder der Glaube an Eigennutz, der den Gemeinnutzen von selbst erzeugt, – entfallen, wäre auch die Plausibilität dieses Heimsystems in Frage gestellt.

Aber in der Gründerzeit ab 1830, mehr noch ab 1880, war dieses System der Institutionalisierung des Helfens – wie schon gesagt – eine durchaus rationelle, wenn nicht sogar rationale, jedenfalls tragfähige Problemlösung. Wir alle, hätten wir damals gelebt, hätten uns an ihrem Ausbau beteiligt. Immer neue Geschichten von Hilfsbedürftigen, die man auf der Straße vor ihrem Verhungern rettete oder aus einem Schweinekoben von ihren gleichgültigen Angehörigen befreite, konnten als Beweis dienen. Auch waren die ursprünglichen Einrichtungen, bevor noch die zeitgeistgemäße Anstaltsgröße federführend wurde, noch relativ klein, die heile Familie oder wenigstens die vormoderne Dorfgemeinschaft imitierend, um die Schutzbefohlenen vor der Härte und Kälte der modernen Stadt und Gesellschaft zu bewahren. Reste davon können wir heute noch in den der spätromantischen Idee der Anthroposophie verpflichteten Dorfgemeinschaften[19] studieren – in Gemeinschaftswärme, freilich auch die Bewohner um die Teilhabe an der Gesellschaft betrügend.

Ähnliches gilt auch für das Funktionsprinzip oder das Geheimnis des guten, gelingenden Heimlebens, also für das Prinzip der »gesunden Mischung«. Dies gilt für Behinderten- wie für Altenpflegeheime, die wir überhaupt gemeinsam diskutieren müssen, wenn wir die Institutionalisierung des Helfens nicht betriebs-, sondern volkswirtschaftlich analysieren wollen und die – wie jeder Heimpraktiker weiß – trotz aller Unterschiede mehr Gemeinsamkeiten haben, was nur Leute in höheren Rängen (Ministerien, Wohlfahrtsverbände) nicht denken können, weil dort die Heimtypen in unterschiedlichen Ressorts administriert werden – ein Grund für die dortige Blindheit für die Heimrealität. Mit der »gesunden Mischung« versuchten die guten Heim-Verantwortlichen bewusst die Unterschiedlichkeit der Menschen in der Nachbarschaft oder der Heimatgemeinde des Hilfsbedürftigen im Anstaltsareal wieder herzustellen, weil Unterschiedlichkeit der Menschen für Lebendigkeit ihrer Beziehungen steht; nur Homogenisierung ist beziehungstötend. Unterschiedlichkeit galt es in doppelter Hinsicht zu fördern: einmal im Hinblick auf Stärkere und Schwächere und zum anderen im Hinblick auf die Eigenarten der Menschen, weshalb bei einer bunten Anstaltsmischung aus körperlich, geistig und seelisch Behinderten, Suchtkranken und Alterspflegebedürftigen die Menschen wegen dieser Unterschiedlichkeit sich mehr zu erzählen und sich besser zu ergänzen haben. Jeder kann heute noch von der 90-jährigen Diakonisse erfahren, wie sie mit leuchtenden Augen erzählt: »Ach, wie war das vor 40 Jahren in unserem Heim noch so schön: da gab es die Fitten und die weniger Fitten, und die konnten so viel miteinander machen und sich gegenseitig helfen (mit »Bedeutung für Andere« versorgen, K.D.), dass alle ein erfülltes Leben führen konnten und wir – nebenbei – mit ganz wenig professionellem Personal

19 zum Beispiel »Unser Dorf«, Zeitung der Lebensgemeinschaft Sassen und Richthof, 36110 Schlitz

auskamen!« Das ist auch der wichtigste Grund, weshalb die Menschen bis vor dreißig oder vierzig Jahren auch eine viel größere Bereitschaft hatten, ins Heim, vor allem ins Altenpflegeheim zu gehen.

Denn genau an diesem Punkt, beim Hinterfragen der »gesunden Mischung« beginnt der irreversible Prozess – zunächst noch ganz unschuldig –, über den die Heime sich selbst zum Auslaufmodell machen. Im Bestreben, sich gegenüber Mitbewerbern zu modernisieren und rationaler und zielgerichteter für jeden einzelnen Menschen ein therapeutisches oder pädagogisches Konzept anzuwenden, wird die »gesunde Mischung« jetzt zunehmend als »rückständiger Anstaltsbrei« wegrationalisiert; man denkt nicht mehr von den Betroffenen und ihren lebendigen Beziehungen her, sondern vom professionellen Standpunkt aus, der in gleichem Maße vergessen hat, dass man »zielgerichtet«, direkt und frontal zwar mit Sachen, aber nicht mit Menschen umgehen kann, wenn einem etwas an der Förderung der Lebendigkeit der Menschen liegt.[20]

Die Wegmodernisierung der »gesunden Mischung« gibt es in mindestens zwei Varianten. Einmal werden die Fitten und die weniger Fitten zunehmend in unterschiedlichen Einrichtungen oder Einrichtungsteilen untergebracht oder Erstere gar nicht mehr institutionalisiert; jedenfalls entfallen jetzt die Synergien. Zum anderen werden die Betroffenen immer genauer nach diagnostischen Kriterien sortiert, homogenisiert und in getrennten Institutionen untergebracht, sodass die Bewohner sich immer weniger zu sagen haben. Eigentlich sollen sie dadurch technisch professioneller, standardisierter und damit besser gefördert werden, obwohl in Wirklichkeit dadurch die Entlassquote sich in keiner Weise vergrößert hat, schon weil das betriebswirtschaftliche Interesse mächtiger war und dies zu verhindern wusste. Der größte Skandal, der alle Profis und ihre Sprecher zu totaler Selbstkritik zu veranlassen hätte, besteht somit

20 Die Veränderung der Institutionen für chronisch psychisch Kranke finden Sie beschrieben in Klaus Dörner: Bürger und Irre, Hamburg: Europäische Verlagsanstalt 1969, zuletzt 1995

darin: obwohl der Gesetzgeber seit 1961 mit dem Bundessozialhilfegesetz die Norm »ambulant vor stationär« vorgeschrieben hat und obwohl wir mindestens drei vollmundige und kostspielige Reformjahrzehnte hinter uns haben, ist die Zahl der Heimplätze sowohl für Behinderte (auch für psychisch Kranke!) als auch für Alterspflegebedürftige nicht etwa gesunken, sondern bis heute ständig gestiegen, wie die folgende Abbildung zeigt.[21]

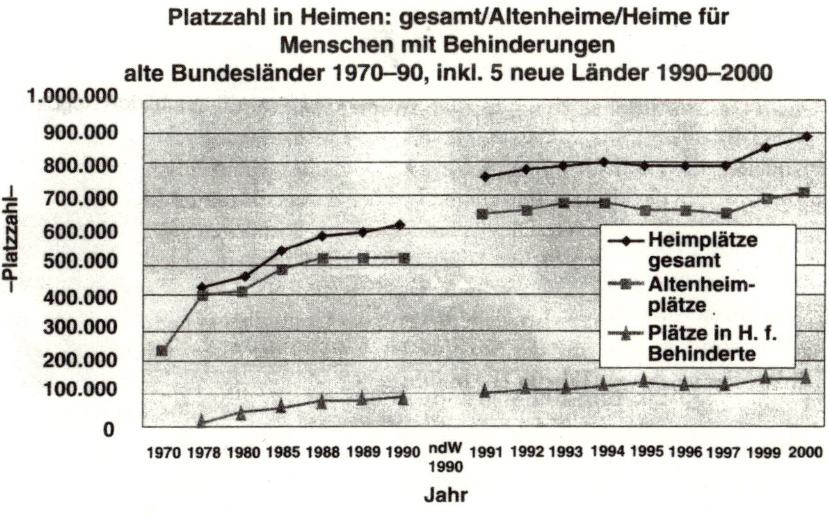

21 Burkhard Werner: Institutionalisierung und De-Institutionalisierung im Gesundheits- und Sozialwesen der Bundesrepublik Deutschland, Archiv für Wissenschaft und Praxis der sozialen Arbeit, Heft 3/2002, S. 12. Auch wenn man Krankenhaus- und Heimplätze zusammenzählt, kann man zwar eine Abnahme der Krankenhausbetten feststellen; jedoch ist der Anstieg der Heimplätze so groß, dass in den letzten 30 Jahren die »Institutionalisierungsquote« der Bevölkerung insgesamt zugenommen hat.

Gleichsinnig beziehungstötend wie die Zerschlagung der gesunden Mischung wirkte sich auch noch die erste Heimkritikwelle während der 68er Jahre aus, die sich an der »Ausbeutung« der Bewohner durch hauswirtschaftliche Tätigkeiten im Heim festmachte. Das war zwar gut gemeint, hatte aber mit den Bedürfnissen der Betroffenen nichts zu tun. Es führte gleichwohl in der Folge über Gesetze und Verordnungen zum Verbot solcher Tätigkeiten, was insbesondere in den Altenpflegeheimen die Atmosphäre lähmender Untätigkeit vollends perfektionierte. All dies war Voraussetzung für die zweite Phase in dem zu beschreibenden Prozess zum Auslaufmodell der Heime, wobei ich gern zugebe, dass das Auseinanderhalten einzelner Phasen – wie immer – ein bisschen willkürlich ist. Jedenfalls bedingte die Verschlechterung des Heimmilieus, das nun immer weniger alltagsweltlichen Gegebenheiten entsprach und durch therapeutische Aktivitäten eher nur noch künstlicher und sinnloser wirkte, dass die Bereitschaft der Bürger, in ein Heim zu gehen, deutlich zurückging. Natürlich wirkte dabei auch mit, dass die zunehmende Individualisierung in der modernen Gesellschaft auch zu einer Aversion dagegen führte, sich institutionalisieren zu lassen. Auch dies wirkte sich wieder besonders fatal in den Altenpflegeheimen aus, was insbesondere die dortigen Heimarbeiter auszubaden hatten: man schiebt es immer länger auf, in ein Heim zu gehen, bis es nicht mehr anders geht oder ein Betreuer dafür sorgt und die Freiwilligkeit nur noch ein trauriger Witz ist. So liegt das Heimeintrittsalter heute durchschnittlich bei 85 Jahren, sodass die Heimarbeiter oft kaum noch Zeit finden, eine Beziehung herzustellen, weil der Betroffene vorher schon gestorben ist.

Was sollten die Heim-Verantwortlichen in dieser bedauernswerten Lage tun? Wieder waren sie eigentlich reformfreudig, verwechselten das aber mit Modernisierung und Wettbewerbsorientierung und landeten – ungewollt – dadurch um so schneller in der Modernisierungsfalle, womit sie die dritte Phase des spiralförmigen Prozesses zum Auslaufmodell ihrer selbst einläuteten. Sie begannen nämlich jetzt – eigentlich richtig –, den Wünschen der Bürger zu folgen, und schufen Alternativen zur vollstationären Institutionalisierung: Kurzzeit- oder Teilzeitunterbringung, Tagesstätten, ausgelagerte stationäre Wohnpflegegruppen, stationäre Hausgemeinschaften oder Anlagen für betreutes Wohnen mit Grundversorgungspauschale. All das sind – wie gesagt – Schritte in die richtige Richtung, die Flexibilisierung bedeuten, auch schon Deinstitutionalisierung, jedoch nur halbherzige Deinstitutionalisierung. Hier ist nämlich der überaus schmerzhafte Lehrsatz einschlägig: Man kann nicht ein bisschen deinstitutionalisieren.

Denn indem sie all dies taten, bedachten sie nicht oder zu wenig, dass sie damit zugleich und ungewollt die Situation im verbleibenden vollstationären Restheim noch schlimmer machten, bis dort eine Konzentration der Unerträglichkeit entstand – für die Bewohner, für die Angehörigen und nicht zuletzt auch für die Heimarbeiter.

Dass die Heimleiter und Heimträger, indem sie das Richtige tun, das Gegenteil von dem erreichen, was sie beabsichtigen, grenzt fast schon an griechische Tragik. Aber nur fast: Hätten sie dabei nicht den vielleicht häufigsten Sozialprofi-Fehler begangen, nämlich ihr eigenes System für den Nabel der Welt zu halten, und hätten sie stattdessen seine Schwachstellen von außen (etwa von den Erfahrungen der schwedischen Behindertenheimen her) selbstkritisch aufgedeckt, dann wären sie darauf gekommen, dass es eben diese Halbherzigkeit ihrer Deinstitutionalisierung ist, die ihnen das Genick zu brechen vermag. Derselbe Fehler ist übrigens auch dem »Kuratorium Deutsche Altershilfe« (KDA) unterlaufen, als es – an sich richtig – als zeitgemäße vierte Generation des Altenpflegeheimbaus die »KDA Hausgemeinschaften«, also die stationäre Wohngruppe, die als Haushalt geführt wird, propagiert hat.[22] Schon kurz darauf hat das KDA diesen Fehler erkannt: Hier gilt nämlich der obige Lehrsatz: Wer überhaupt in die Deinstitutionalisierung einsteigt, der muss auch konsequent weitergehen; und diese Konsequenz macht einen Systemsprung, einen Paradigmenwechsel unvermeidlich, nicht nur vom stationären in den ambulanten Bereich, sondern auch vom profi-gesteuerten in das bürger-gesteuerte System.

22 Hans-Peter Winter (u.a): Die vierte Generation des Altenpflegeheimbaus – KDA Hausgemeinschaften, Band 9 der Schriftenreihe des Bundesministeriums für Gesundheit, Köln 2002

Wie kann man diesen Fehler und seine notwendige Korrektur verstehen? An sich ist der Fehler auch international ziemlich breit bekannt, in allen Bereichen des Gesundheits- und Sozialsystems bestätigt. Ich kenne ihn besonders gut, weil er mir selbst hautnah widerfahren ist: Als wir in Gütersloh nämlich die Deinstitutionalisierung der sämtlichen 435, auf Lebenslänglichkeit programmierten psychiatrischen, auch gerontopsychiatrischen Bewohner des dortigen Großheims betrieben, merkten wir – vor lauter Begeisterung über uns selbst – erst ziemlich spät, dass wir mit dem Abschöpfen jeweils der selbstständigsten Bewohner zwecks Ansiedlung in der Gemeinde dabei waren, gleichzeitig ungewollt die »Konzentration der Unerträglichkeit« in dem künftigen Restheim selbst zu züchten, was so unerträglich sein würde, dass man die dann noch verbleibenden schwierigsten Bewohner mit weniger schwierigen würde gesundmischen müssen, wodurch wir die alte Anstalt wieder herstellen würden.[23] Und wem das nicht beweiskräftig genug sein sollte: schon zuvor waren die Schweden und die Norweger bei ihrer – hier landesweiten – Ambulantisierung und Kommunalisierung sämtlicher Behinderter in dasselbe moralische Dilemma geraten, aus dem es – wollten sie das Rad der Geschichte nicht zurückdrehen – nur einen Ausweg gab: Sie mussten sich, ganz gegen ihre ursprüngliche Absicht, selbst radikalisieren und damit den Systemsprung wagen: Entweder alle oder keiner! Wenn die Deinstitutionalisierung riskiert werden sollte, dann war dies nur vollständig möglich, sie musste nicht nur bei den selbstständigen, sondern auch bei den unselbstständigsten, schwierigsten und pflegebedürftigsten Behinderten gelingen. Nur dieses »Durchstarten« konnte den Skandinaviern (wie auch uns in Gütersloh) mit community care und inclusion ihren großen Erfolg der Wiederherstellung der »gesunden Mischung«, der Integration von Bürgern mit und ohne Behinderung in der Gemeinde bringen, wie u. a. Karl Grunewald zu berichten versteht.[24]

23 Klaus Dörner (Hg.): Ende der Veranstaltung a.a.O.

24 Karl Grunewald: Schließt die Anstalten für Menschen mit Lernschwierigkeiten – alle können in der offenen Gesellschaft leben, in: Forum selbstbestimmter Assistenz behinderter Menschen e.V. (ForseA): Inforum 2, S. 89-98, 2003
Dieser Rückruf des Prinzips der »gesunden Mischung« wird in dem bisher radikalsten Versuch, die Theologie vom Miteinander der Menschen mit und ohne Behinderung her zu denken, mit dem Rückruf zur »bunten Gemeinde« übersetzt: Ulrich Bach: Ohne die Schwächsten ist die Kirche nicht ganz. Bausteine einer Theologie nach Hadamar, Neukirchen: Neukirchener 2006, zum Beispiel S. 17

Es sieht so aus, als ob das Heimsystem bei uns, gerade auch das Altenpflegeheimsystem, kurz vor diesem Systemsprung stehen würde, der einzige Weg, auf dem das Auslaufmodell zu einem Übersprungmodell werden könnte. Einige Heimträger haben auch schon zum Sprung angesetzt, wovon später die Rede sein wird. Die große Masse der Heimbetreiber klebt aber noch, dem Willen der Bürger zum Trotz, die leben, altern, sterben wollen, wo sie hingehören, am alten, der vergangenen Moderne angehörigen System der Institutionalisierung des Helfens und das macht sie – vierte Phase des Prozesses zum Auslaufmodell – angreifbarer als je zuvor:

1. Rolf Hirsch und Claus Fussek prangern die Gewalt und das Vorenthalten auch noch des pflegerischen Minimums in den Institutionen an, wobei natürlich beide Angriffe sich auch gegen Missstände in der familiären und ambulanten Pflege richten, die aber einer anderen sozialräumlichen Logik folgen und andere Kontrollmethoden brauchen.[25]

2. Es wird kritisiert, dass Heime alte Menschen aufnehmen, obwohl dies gar nicht nötig wäre, nur weil sie nach Einweisung in das ihnen fremde Milieu einer Akutklinik verwirrter sind als zu Hause und der Hospitalismus der Wahrnehmung der Klinikmitarbeiter, der noch größer sein kann als im Heim, sie daran hindert, dies zu erkennen oder zumindest über Hausbesuche und Probeentlassungen zu testen.[26]

3. Auch wenn der Undercover-Bericht von M. Breitscheidel sich zu sehr in der Skandalisierung isolierter Situationen gefällt[27], sind doch die sich wiederholenden Berichte über Dekubituspflegemängel beängstigend.

4. Auch wenn man immer schon davon ausgeht, dass einige Alterspflegebedürftige allein am Umstand der Heimeinweisung selbst sterben[28] und anderen der Kulturschock der Aufnahme nachhaltig

25 Rolf Hirsch und Claus Fussek (Hg.): Gewalt gegen pflegebedürftige alte Menschen in Institutionen: Gegen das Schweigen, Bonner Schriftenreihe »Gewalt im Alter«, Bd. 4, Bonn 1999

26 Mark Galliker u. Margot Klein: Alte Menschen entscheiden selbst, in: Dr. med. Mabuse 137, S. 10-11, 2002

27 Markus Breitscheidel: Abgezockt und totgepflegt, Berlin: Econ 2005

28 S. L. Mautner u. a.: Wer überlebt im Pflegeheim? Zschr. f. Gerontologie 26, S.149-156; danach sterben 41% der Pflegebedürftigen in den ersten 6 Monaten, davon 80% im 1. Monat.

Sprache oder Appetit verschlägt, was als Sterbewunsch missdeutet werden kann, sind zusätzlich Berichte beunruhigend, dass nicht nur bei einigen »schwarzen Schafen«, sondern systematisch Demente mehr Neuroleptika und Benzodiazepine als notwendig bekommen, trotz der damit verbundenen Risiken, die auch zu einer Übersterblichkeit führen können.[29] Es ist zudem von einer, wenn auch leichten, Zunahme der Patientenmorde in Kliniken und Heimen auszugehen.[30] Nachdem auch ich in meiner Leitungsfunktion in Gütersloh an einem solchen GAU-Ereignis zumindest moralisch mitschuldig geworden bin, haben 600 Klinikmitarbeiter bei uns ein Jahr lang darüber nachgedacht, wie man Patientenmorde weniger wahrscheinlich machen könne; die Ergebnisse haben wir in einer Sammlung offenbar hilfreicher (Deinstitutionalisierungs-)Vorschläge verdichtet und publiziert.[31]

5. Wenn Erving Goffman[32] schon vor Jahrzehnten Heime und Anstalten unter den methodischen Begriff der »totalen Institution« gefasst hat und die saarländische Sozialministerin mir gegenüber brieflich lapidar feststellt: »Jede Heimunterbringung ist eine reduzierte Lebensform«[33], spätestens dann steht das Heim auch in der Bürger- und Menschenrechtsdiskussion; denn da das Heim unvermeidlich Persönlichkeitsrechte einschränkt, gehört es zur Rechtsfigur des »besonderen Gewaltverhältnisses«, von dem das Bundesverfassungsgericht festgestellt hat, dass dies nur so lange zulässig sei, wie es alternativlos erforderlich ist, wie etwa beim Gefängnis oder

29 Claudia Wilhelm-Gößling: Neuroleptika-Verordnungen bei dementen Alterspatienten. Zum Verlauf in Altenheimen nach stationär psychiatrischer Behandlung, in: Der Nervenarzt 69, S. 999-1006, 1998; ein weiterer Teil der Untersuchungsbefunde kann unter der Überschrift »Eine deutliche Häufung der Todesrate« bei der Verfasserin: Abt. Klin. Psychiatrie Med. Hochschule Hannover angefordert werden.

30 Karl Beine: Sehen, Hören, Schweigen – Krankentötungen und aktive Sterbehilfe. Freiburg: Lambertus 1998

31 Claudio Kürten u. Klaus Dörner (Hg.): Erfolgreich behandeln – armselig sterben, Macht und Ohnmacht im Krankenhaus und Heim, Neumünster: Paranus 1999

32 Erving Goffman: Asyle, Frankfurt: Suhrkamp 1979. Hierzu auch Ursula Koch-Straube: Das Pflegeheim – eine totale Institution!?, Vortrag auf der Tagung »Ethik in der Altenpflege«, Universität Witten/Herdeke, Institut für Pflegewissenschaft am 29.11.2002

33 Regina Görner am 29.3.2000

beim Militär.[34] Es gibt aber – nicht früher, aber heute – zunehmend Alternativen zum Heim, etwa die ambulante Wohnpflegegruppe oder die Familienpflege, wie später noch auszuführen ist.

6. Da das Heimsystem das Resultat der gesellschaftlichen Bestrebung war, nicht nur Behinderte, sondern auch das Altern und das Sterben auszugrenzen, hätte spätestens nach dem Bundessozialhilfegesetz jeder, der leben, altern, sterben möchte, wo er hingehört, zunächst mal ein unbefristetes Recht auf Leistungen der Wiedereingliederung (heute SGB XII), unabhängig davon, wie viel Pflegebedarf zusätzlich noch zu berücksichtigen ist.

7. Von Wolfgang Gephart, dem ehemaligen Leiter des Gesundheitsamts Hannover, stammt die eigentlich doch nahe liegende Idee, dass bei Gültigkeit des Gleichheitsgrundsatzes Bürger vor der Aufnahme in ein Heim genauso über die Risiken aufgeklärt werden müssten wie Bürger in einer Klinik vor einer Operation. Es gibt kaum ein besseres Beispiel, wie sehr wir uns an die unterschiedliche Wertschätzung und die Ungleichbehandlung von Menschen in Heimen verfassungsfeindlich gewöhnt haben.

Abschließend hier nur noch zur Erinnerung: Im Juni 2001 haben wir, überwiegend Deinstitutionalisierungs-Praktiker aus Gütersloh, als Forschungsgemeinschaft »Menschen in Heimen«, Universität Bielefeld, eine Aufforderung an die Fraktionen des Deutschen Bundestages gerichtet, eine Kommission zur »Enquete der Heime« einzusetzen, um all die hier erörterten schwierigen Fragen öffentlich zu diskutieren. Natürlich haben wir uns keine Illusionen gemacht, dass die Interessenvertreter des bisherigen Hilfesystems stark genug seien, den Abgeordneten dringend davon abzuraten. So ist es auch zu dieser »Enquete« nicht gekommen. Was uns aber sehr wohl gelungen

34 Wilhelm Loschelder: Vom besonderen Gewaltverhältnis zur öffentlich-rechtlichen Sonderbindung, Köln: Heymanns 1982. Paul Wolters u. Beate Röttger-Liepmann: Rechtliche Bedingungen für die Betreuung psychisch dementer Menschen in Heimen unter Einbeziehung des »besonderen Gewaltverhältnisses«, Universität Bielefeld, Fakultät für Gesundheitswissenschaften, Bielefeld 2000. Hierzu auch der Vortrag des Staatsrechtlers Wolfram Höfling auf dem ersten Präventionstag Nordrhein-Westfalen am 17.11.2003: Staatliche »Altenpolitik« – der grundrechtsgeprägte Sozialstaat auf dem Rückzug?, in: Landespräventionsrat NRW (Hg.): Alter – ein Risiko, Münster: LIT 2005, S. 43-51

ist und was auch unsere eigentliche Absicht war, ist der Umstand, dass seither in der Tat eine breite Diskussion der anstehenden Fragen in Gang gekommen ist, abgesehen davon, dass der bayerische Bezirk Schwaben eine eigene Heim-Enquete und das Land Nordrhein-Westfalen eine Pflege-Enquete durchgeführt haben; auch die Einsetzung des »Runden Tisches Pflege« durch die Bundesregierung hängt wohl damit zusammen.[35]

Noch interessanter war vielleicht der Befund, dass wir für unser Vorhaben umso mehr Zustimmung erhielten, je kleiner und bürgernäher die Unterstützer waren; je hochrangiger die Vertreter der Politik oder die Interessenvertreter waren, desto eindeutiger waren sie dagegen. Dieses Ergebnis nimmt nicht nur Bezug auf die alte Historiker-Erkenntnis, dass etwas wirklich Neues in der Regel nicht von oben, sondern von unten kommt, und nimmt daher auch die Politiker gegen wohlfeile Politikerschelte in Schutz; vielmehr hat dieses Ergebnis auch schon Bedeutung für die späteren Überlegungen, mit denen ich zeigen will, wie die Institutionalisierung des Helfens, wie die Heime statt zu einem Auslaufmodell zu einem Übersprungmodell in ein neues, zukunftsfähiges Hilfesystem werden können. Zudem wird daraus verständlich, dass die Europa-Administration, wo man also vom einzelnen Alterspflegebedürftigen oder »Überflüssigen« am meisten entfernt ist, das Hilfesystem in aller Unschuld am bedenkenlosesten und radikalsten zu vermarktlichen bestrebt ist.

35 Besonders eindrucksvoll war eine unsere Aufforderung flankierende Tagung: Beate Röttger-Liepmann u. Elisabeth Hopfmüller: Initiative zur Einrichtung einer »Enquete der Heime«, Universität Bielefeld, Institut für Pflegewissenschaft, 21.3.2002

4. Die Kostenkrise seit 1980 und der gesamtgesellschaftliche Hilfebedarf

Dem Leser wird nicht entgangen sein, dass ich bisher die ökonomische Entwicklung so gut wie ganz ausgeklammert habe. Das habe ich sehr bewusst getan. Ich will nämlich damit zeigen, dass die Deinstitutionalisierung des Helfens und im Einklang damit die stärkere Berücksichtigung der sich renormalisierenden Bürgerwünsche, zu leben und zu sterben, wo ich hingehöre, sich in jedem Fall aus sich selbst heraus ereignen werden, gleichgültig, ob die ökonomische Konjunktur besser oder schlechter ist. Die eher künstliche oder abnorme nur 100-jährige Phase der Institutionalisierung des Helfens muss aus ihrer Eigenlogik heraus wieder in Deinstitutionalisierung umschlagen und sich mitsamt der Chance, zu leben, wo ich hingehöre, wieder normalisieren. Irgendjemand hat mal das schöne Bild dafür geprägt: »das Heim (was hilfreich daran ist) in die Wohnung holen«; man kann auch von der Normalisierung des Helfens sprechen: nicht mehr den Menschen zur Hilfe, sondern wieder die Hilfe zum Menschen bringen.

Umso wichtiger ist es jetzt, die Auswirkungen der ökonomischen Entwicklung nachzuholen, zumal sich zeigen lässt, dass diese überwiegend wie ein Verstärker der Eigendynamik der Deinstitutionalisierung wirken wird und schon wirkt. Ein für alle Mal sei freilich hinzugefügt, dass nichts von dem, was ich behaupte, auch wirklich so stattfinden muss; es kann alles auch ganz anders kommen, sodass wir nur dadurch, dass wir den vermuteten Trend auch selbst wollen und fördern, die Wahrscheinlichkeit seiner Realisierung vergrößern können.

Zunächst zur Einnahmenseite der ökonomischen Entwicklung. Vor allem haben wir seit 1980 kein nennenswert großes ökonomisches Wachstum mehr. Daran hatten wir uns aber (von Krisenzeiten abgesehen) seit 100 Jahren so gewöhnt, dass wir davon ausgehen konnten, neue Bedürfnisse im Gesundheits- und Sozialwesen damit regelhaft finanzieren zu können. Nun aber sind die großen Wachstumssprünge in die Schwellenländer ausgewandert, etwa nach Indien, China oder Indonesien, während wir gut beraten sind, die

Annahme für realistisch zu halten, dass wir in Deutschland und vergleichbaren Ländern, wenn schon nicht für immer, so doch für längere Zeit, »ausgewachsen« sind. Niemand von uns Sozialprofis hat aber eine solche volkswirtschaftliche Sicht bisher ernstlich auf der Rechnung gehabt; das haben wir erst noch zu lernen.
Erschwerend kommt hinzu, dass so ziemlich das Einzige, was wir wirtschaftlich zu bieten haben, unsere Produktivität und deren Steigerung ist. Diese aber lässt sich heute wesentlich günstiger durch technische Innovationen erzielen, während neue teure Arbeitsplätze hier eher hemmend wirken. Daraus ergibt sich von selbst, dass wir auf nicht absehbare Zeit mit einer ähnlich hohen Arbeitslosigkeit zu leben haben, allenfalls durch die an sich ungünstige demographische Entwicklung ein wenig abgepuffert. Dass gerade die ohnehin Beeinträchtigten zu den Überflüssigen, Unbrauchbaren gehören werden, versteht sich. Damit erweist sich das positive Interesse an Vollbeschäftigung als eine historisch kurze vorübergehende Episode, die gerade mal 100 Jahre gedauert hat. Vorher gab es sie nie, und jetzt ist sie zu Ende, womit eine zentrale Bedingung für die Notwendigkeit der Institutionalisierung des Helfens und somit auch des Heimsystems entfällt. Schließlich scheinen wir uns jetzt mit 10-20% Überflüssigen – nüchtern oder zynisch – abgefunden zu haben; denn während wir fünfzehn Jahre lang Arbeitszeit zu verkürzen und damit Arbeit zu teilen versuchten, wird jetzt nur noch Arbeitszeitverlängerung propagiert, was eigentlich sofort zu der Forderung nach Grundsicherung oder Bürgergeld *für alle* führen müsste, wenn wir uns in das Elend des Innenlebens auch nur eines einzigen »Überflüssigen« hineinversetzen würden. Die Demonstrationen hierfür stehen noch aus.

Diese an sich schon fatale Situation wird durch den Blick auf die Ausgabenseite der ökonomischen Entwicklung noch einmal verschärft. Es ist uns nämlich auch ungefähr seit 1980 wenigstens einigermaßen bewusst geworden, dass unsere Gesellschaft inzwischen nicht nur aus einer, sondern gleich aus drei gänzlich neuen Bevölkerungsgruppen besteht, die alle die Gemeinsamkeit haben, dass es ihre Vertreter zwar auch früher schon im Einzelfall gab, während sie sich jetzt jedoch inflationär zu Massen entwickeln, dass daher diese Bevölkerungsgruppen – wie schon erwähnt – menschheitsgeschichtlich völlig unbekannt sind, sodass niemand wissen kann, wie man damit umgehen soll, dass umgekehrt diese drei Gruppen drei neue menschliche Seinsweisen darstellen, für die es noch keinen Normen- und Rollenhaushalt gibt, an dem sie sich orientieren könnten, und dass alle drei Gruppen ziemlich kostenträchtig sind.

Als Erstes handelt es sich dabei um die Alten und damit auch um die Alterspflegebedürftigen und Dementen. Deren Seinsweise haben wir bereits beschrieben, und mit ihnen werden wir uns auch weiterhin schwerpunktmäßig beschäftigen.

Aber zweitens gibt es eine ähnlich große neue Gruppe, die bisher wesentlich weniger Beachtung gefunden hat. Es sind dies die körperlich chronisch Kranken. Wie schon die Alten verdanken auch sie ihre Existenz und Verbreitung dem medizinischen Fortschritt. Denn während man früher meistens anlässlich einer Akutkrankheit entweder starb oder geheilt wurde, stirbt heute kaum noch ein Mensch an einer akuten Erkrankung, wobei aber viele den Preis dafür zahlen, nun als chronisch Kranke weiterzuleben. Auch dies erfolgt weitgehend in einem sozialen Niemandsland, da es zwar für Akutkranke gut etablierte Rollenerwartungen gibt, nicht aber für chronisch Kranke, die, obwohl sie zum Regelfall werden, bisher nicht einmal von der Medizin in ihrer Eigenart erkannt sind; es gibt noch keine eigenständige Chronisch-Kranken-Medizin. Und dabei besteht heute schon die Klientel der Wartezimmer der Hausärzte zur Hälfte aus Alterskranken und chronisch Kranken. All dies bedarf hier einer kurzen Wiederholung, weil es erst hier um die ökonomische Perspektive geht.

An die dritte Gruppe schließlich denkt man am wenigsten, obwohl sie sich am schnellsten vermehrt. Ich nenne sie die Neo-Psychisch-Kranken, um sie klar abzugrenzen von den hier nicht gemeinten klassischen psychischen Erkrankungen. Hier handelt es sich vielmehr um Unwohlseinszustände, Befindlichkeitsstörungen oder die nicht angepassten Ecken und Kanten einer Persönlichkeit, also um Gegebenheiten, die man noch vor 40 Jahren zu den Besonderheiten der Normalverteilung gerechnet hätte. Heute werden sie jedoch von einem rasant expandierenden Psychotherapie- und Psychopharmaka-Markt unter täglich neu hinzukommenden Diagnosen als Krankheit etikettiert, damit sich therapeutisch an ihnen Geld verdienen lässt – für einige zu ihrem Vorteil, für die Masse eher zu ihrem Schaden, da das Selbstverständnis des Psychischkrankseins nun mal – hier ohne Not – die Biografie verändert. Mein Selbstversuch hierzu ist sehr zu empfehlen: Ich habe über zwei Jahre in zwei überregionalen Zeitungen alle epidemiologischen Befundberichte von an sich seriösen Instituten über die prozentualen Häufigkeiten behandlungsbedürftiger psychischer Erkrankungen (u. a. leichte Depression, Angstkrankheiten, Ess- oder Schlafstörungen, Schmerz»krankheit«, Borderline, Burnout, Mobbing oder – als momentaner Renner – Psychotrauma) gesammelt und addiert, wobei herauskam, dass jeder Bundesbürger statistisch an 2,1 behandlungsbedürftigen psychischen Erkrankungen leidet, was nun beim besten Willen unmöglich ist, was aber leider ebenfalls beweist, dass auch die Wissenschaft selbst derart interessengesteuert ist, dass es sich nicht mehr um eine gesellschaftsstabilisierende Institution handelt, wie das früher eher noch der Fall war. Und dabei stehen wir hier erst am Anfang einer Entwicklung, von der niemand sagen kann, wie sie sich in den Griff kriegen lässt. Jedenfalls stehen jetzt schon die psychischen Erkrankungen an der ersten Stelle der Frühberentungen und die Krankenkassen wissen nicht mehr, ob sie mehr über die Kosten der Alterspflegebedürftigen oder über die Kosten für die Neo-Psychischen-Krankheiten stöhnen sollen. Dabei weiß jeder Praktiker, dass es sich bei der Mehrzahl dieser Menschen um solche handelt, die an etwas ganz anderem leiden, nämlich am Mangel an »Bedeutung für Andere«, was uns noch an anderer Stelle beschäftigen wird.

Fazit: die Kostenschere im Gesundheits- und Sozialwesen öffnet sich so, dass man sie nicht mehr – wie früher üblich – als interessenbedingt fingiert wegreden kann; vielmehr handelt es sich um ein Strukturproblem, das sich aber niemand von den Wurzeln her anzupacken traut, was zugegebenermaßen auch schwierig ist, da die Konsequenz daraus ein Systemwechsel wäre.

Zu einem solchen gehört wohl unstrittig, dass wir künftig bei allen Fragen der Finanzmittel- und anderen Ressourcen-Verteilungsfragen zunächst nicht – wie üblich – betriebswirtschaftlich, sondern volkswirtschaftlich an das Problem herangehen müssen, indem wir vom gesamtgesellschaftlichen Hilfebedarf ausgehen, der grundsätzlich immer zu einem Teil vom System bürgerlichen Helfens und zum anderen Teil vom Profi-System des Helfens abgedeckt wird. Dabei haben ebenso grundsätzlich nicht wie bisher die Bürger die Profis zu ergänzen, sondern umgekehrt die Profis die Bürger. Denn das Helfen beginnt nun mal bei der Selbsthilfe des Betroffenen, dann folgen die Familie und die Verwandten, dann die Freunde, danach die Nachbarn und die sonstigen Bürger, und erst wenn all das an seine Grenzen stößt, erfolgt ergänzend das Helfen durch die Profis, erst in der ambulanten und erst danach in der institutionellen Form. Dies würde wenigstens schon mal das gesamtgesellschaftliche Hilfesystem vom Kopf auf die Füße stellen und das Denken von vielen gewohnten Lähmungen frei machen. Wir werden auch das im Folgenden berücksichtigen.

5. Vom Staats- zum Marktversagen – wohin?

Nun hat sich der Staat – wie Sie alle wissen – auch etwa seit 1980 zwecks Bewältigung der geschilderten Kostenkrise zunehmend aus der Steuerung des Gesundheits- und Sozialwesens zurückgezogen, die er 100 Jahre lang wahrgenommen hatte. Stattdessen hat er seither zahlreiche Reformgesetze erlassen, die alle ihre Gemeinsamkeit in einer immer radikaleren Marktsteuerung hatten – und zwar nicht so sehr in der volkswirtschaftlichen Perspektive, gegen die nichts einzuwenden wäre, sondern mehr in der eingeengten betriebswirtschaftlichen Perspektive. Man spricht daher auch von der BWLisierung des Hilfesystems. Was sich bei der Auto- und Kühlschrankproduktion zumindest vordergründig als Methodenkanon der Rationalisierung und Effizienzsteigerung bewährt hatte, sollte nun auch in dem Bereich wirksam sein, den man nun als »Dienstleistungsbereich« definierte. Auch hier war wieder die Begeisterung für diese Problemlösung am größten dort, wo man vom einzelnen Hilfsbedürftigsten am weitesten entfernt war, also am größten bei der Welthandelsorganisation und der Europa-Administration, schon weniger groß bei den einzelnen Landesregierungen (gerade auch in

Deutschland), noch geringer auf der kommunalen Ebene und am geringsten in den Lebenswelten der unmittelbar vom Hilfebedarf Betroffenen.

In der Entwicklung der Wirtschaft kam diese Gelegenheit zu einem neuen ökonomischen Imperialismus zwecks Steuerung der Gesamtgesellschaft zu einem günstigen Zeitpunkt; denn einmal war der real existierende Sozialismus als einziger Wettbewerber besiegt, und zum anderen war über die Mechanismen der Globalisierung die bisher ungeregelte Ausbeutung der Dritten Welt zu einer nur noch geregelten Ausbeutung geworden. Das bewirkte einen gewissen Zwang, nach neuen Feldern der Anwendung der Marktprinzipien, aber auch der Kapitalanlagen und Investitionen Ausschau zu halten.[36] Seither befinden wir uns in diesem Prozess der »Durchkapitalisierung« der Gesamtgesellschaft, von dem wir noch nicht wissen können, wie umfassend er gelingen oder wo und von wem er begrenzt werden wird. Jedenfalls schreitet die Umwertung vieler bisher fundierender Werte einstweilen noch fort. Gab es bisher eine Balance zwischen dem Bereich des Sozialen, wo man von dem auszugehen hatte, bei dem es sich am wenigsten lohnt, und dem Bereich des Ökonomischen, wo man von dem ausgehen konnte, bei dem es sich am meisten lohnt, so droht jetzt, diese Balance in sich zusammenzufallen. Konsequent werden Patienten oder Klienten zu Kunden und werden Kommunalverwaltungen nach Prinzipien der marktorientierten instrumentellen Vernunft und des Managements zunehmend zu Unternehmen, wobei immer zu unterstreichen ist, dass diese Modernisierung auch Gewinne bringt, während andererseits jedoch auch immer etwas verloren geht. Regionen des Vertrauens werden durch Regionen des merkantilen Vertrages ersetzt.[37]

An der Umorganisation der Arbeitsverwaltung können wir studieren, wie bisherige Ordnungsvorstellungen des Standes- oder Klassen-Staats, wo zwischen »oben« und »unten« unterschieden wird, dabei

36 Hierzu der unveröff. Vortrag beim »Studienkreis für politische Bildung« in Berlin am 10.6.2006 von Richard Sorg: Soziale Arbeit im Kapitalismus (zu beziehen: Hansastraße 36, 20144 Hamburg)

37 Hans-Ulrich Deppe: Die Ökonomisierung des Gesundheitswesens, in: Forum der Krankenhaussozialarbeit 1, S. 14-22, 2004

aber fürsorge-staatlich niemand verloren gehen kann, ersetzt werden durch Ordnungsvorstellungen, die zwischen »drinnen« und »draußen« unterscheiden, als ob es sich bei der Gesellschaft um eine Zentrifuge handele, deren mal schnellere, mal langsamere Umdrehungen unterscheiden zwischen den Etablierten (»Inklusion«), der immer prekären Lage der »Randgruppen« und den dann systemlogisch immer auch notwendigen Ausgeschlossenen, Ausgegrenzten, Überflüssigen, die im sozialen Niemandsland oder auch Feindesland leben, sich so recht nicht mehr als Personen auf dem Boden der Verfassung befinden, weshalb man ihnen bei mangelnder Integrationsbereitschaft auch das materielle Existenzminimum absenken und sie dadurch zu vogelfreien Nicht-Existenzen, Nicht-Menschen oder auch Feinden erklären darf, vor denen man sich – schon der Sicherheit wegen – präventiv zu schützen hat. Immerhin macht sich der Staat in dem Maße, wie er sich von der sozialen Sicherheit zurückzieht, den Bürgern durch Förderung der polizeilichen Sicherheit attraktiv.[37a]

So musste schon das Verwaltungsgericht Münster dem Landschaftsverband Westfalen/Lippe seine Absicht untersagen, Leistungen für betreutes Wohnen im freien Wettbewerb auszuschreiben; »denn bei den von §93, Abs. 2 BSHG, erfassten sozialen Hilfen handelt es sich nach der Rechtssprechung des Bundesverwaltungsgerichtes nicht um ›marktgängige‹ Leistungen ... Der Sozialhilfeträger beschafft aber nicht Leistungen gegen Entgelt auf einem ›Markt für Sozialhilfeeinrichtungen‹. Bei dem Abschluss von Vereinbarungen nach §93, Abs. 2 BSHG geht es vielmehr um soziale Hilfstätigkeit der öffentlichen Hand. –... Bei der Gewährung von Sozialhilfe in Einrichtungen sind Faktoren zu berücksichtigen, die nicht von den Grundsätzen des Marktes und des freien Wettbewerbs bestimmt werden.«[38]

37a Weil wir statt sozialer Sicherheit wenigstens immer mehr Sicherheit gegen Gewalt haben wollen, neigen wir dazu – wie zuletzt in der NS-Zeit –, einzelne Bürger oder Gruppen als »Feinde« anzusehen und sie auch so zu behandeln. Vor dieser Gefahr warnt der Vizepräsident des Bundesverfassungsgerichts Winfried Hassemer in einer Rede vor dem Frankfurter Strafverteidigertag 2006: »Der Gefährliche Weg zum ›Feindstrafrecht‹«, in: Frankfurter Rundschau 27.3.2006

38 Entscheidung des Verwaltungsgerichts Münster vom 28.9.2005, Az: 5L728/04

Je mehr aber das volkswirtschaftlich gesamthafte Hilfesystem als »Gesundheitswirtschaft« betriebswirtschaftlichen Marktmechanismen ausgesetzt wird, desto wahrscheinlicher wird die Bewegung der Geld-Ressourcen zum geringeren Hilfebedarf und zu den schnelleren Erfolgen (in Bestätigung des Hart-Gesetzes inverse care law[38a]) ebenso wie die Konzentration des Kapitals und der Macht bei den großen zum Nachteil der bürgernäheren kleinen »Anbieter«. Das wirkt sich nun auch schon im Bereich der von den europäischen Gremien ohnehin bedrohten Gemeinnützigkeit aus, wenn etwa nur die größten Wohlfahrts-Konzerne in einem »Brüsseler Büro« ihre Interessen vertreten, wovon die vielen kleinen Trägervereine mit ihren anderen Interessen ausgeschlossen sind. Das Markthandeln verändert auch hier die Auffassung vom Menschen und vom Helfen und treibt sie unter Umständen in eine andere Republik. So hat etwa der Vorsitzende des Verbandes der diakonischen Dienstgeber Markus Rückert am 16.1.2006 in Münster die Diakonie – in einem Argumentationsatemzug – aufgefordert, endlich den »gnadenlosen Wettbewerb«, den »Preiskampf« aufzunehmen, sich auf die Akkumulation von Eigenkapital zu konzentrieren, weiterhin die Selbstbestimmung endlich über die – naiv-romantische – »liebevolle« Zuwendung zu stellen und daher die aktive Sterbehilfe nicht mehr auszuschließen.[39] Es versteht sich, dass sich all dies in der Medizin leicht im Sinne einer Mentalität der Wunscherfüllung für Dienstleistungskunden niederschlägt[40], wo in immer mehr Praxen Ärzte durch Betreiben eines Igel-Kaufladens (individuelle Gesundheitsleistung) sich zu Gewerbetreibenden demontieren, was international schon zu einer neuen Forschungsbranche für »medical deresponsibilization« geführt hat.

Nun kann sich andererseits die Marktbegeisterung auch schnell wieder abkühlen. Denn nach 25 Jahren Erfahrung mit gesetzgeberischer Marktorientierung im Gesundheits- und Sozialwesen kann man nach

38a Der walisische Hausarzt J.T. Hart hat als Erster die Tendenz des Geldes festgestellt, zum *geringeren* Hilfebedarf zu fließen, vgl. Norbert Schmacke: Grenzen der Machbarkeit von Gesundheit, in: Med. Klinik 101, S. 426, 2006

39 Unsere Kirche v. 22.1.2006, S. 6

40 Matthias Kettner: Wunscherfüllende Medizin, in: Genethischer Informationsdienst, Spezial Nr. 6, Dezember 2005, S. 33-40

dem ursprünglichen »Staatsversagen« nunmehr auch schon von einem »Marktversagen« sprechen, was sich u. a. daran festmacht, dass in dieser Zeit die Kosten keineswegs gesunken, sondern eher gestiegen sind. Die Gründe dafür sind vielfältig. Ich habe sie andernorts ausführlicher zu entfalten versucht.[41] Hier nur so viel: Als freier Unternehmer in der »Gesundheitswirtschaft« bin ich jederzeit in der Lage, die durch Wettbewerb durchaus ermöglichte Verbilligung der Einzelleistung durch Mengenwachstum wieder auszugleichen. Ferner zwingt mich geradezu das Expansionsgebot des Marktes, meinen Betrieb ständig zu vergrößern (wer stagniert, ist schon weg vom Fenster). Daher kann man auch überall hören, dass das Gesundheitssystem mit seinen inzwischen 4,2 Millionen Beschäftigten die einzige Wachstumsbranche sei, weshalb man gerade hier noch mehr investieren solle. Man vergisst dabei nur, dass ich – im Unterschied zur Autoindustrie – für die Zunahme meiner Beschäftigten-Zahl auch eine entsprechende Vermehrung behandlungsbedürftiger Kranker brauche. Und damit erklären sich die inzwischen zahllosen Mechanismen, über die bisher Gesunde in Kranke verwandelt werden.[42] Das geht schon ziemlich gut auf der körperlichen Ebene, aber noch viel besser – weil unkontrollierbarer – auf der psychischen Ebene: nur so konnte die schon beschriebene menschheitsgeschichtlich neue Bevölkerungsgruppe der Neo-Psychisch-Kranken entstehen, zumal mit einem nur in Deutschland existierenden unsinnigen therapeutischen Bettenüberhang doppelt verteuert.[43]

Man kann all das auch noch anders ausdrücken: zweifellos haben alle betriebswirtschaftlichen Marktmechanismen die Potenz, Rationalisierungsreserven zu mobilisieren und damit die Effizienz zu steigern. Bloß vergisst man dabei gern, dass man bei der Übertragung solcher Verfahren von der Autoproduktion auf den Umgang mit hilfsbedürftigen Menschen hier viel früher an eine Grenze stößt. Hier ist ziemlich bald das Optimum erreicht, jenseits dessen, wenn ich

41 Klaus Dörner: Das Gesundheitsdilemma, Berlin: Ullstein-Taschenbuch 2004

42 zum Beispiel: Die Abschaffung der Gesundheit, in: Der Spiegel 33, S. 116-126, 2003

43 Bernd Eikelmann u. a.: Entwicklung und Nutzung der psychiatrisch-psychotherapeutischen Versorgung in Deutschland, in: Nervenheilkunde 4, S. 278-285, 2006

meine Effizienz maximieren will, das Ergebnis sich nicht verbessert, sondern verschlechtert, weil die Menschen zum Beispiel sich nicht mehr als Beziehungswesen ernst genommen sehen, weil sie chronifizieren oder den notwendigen Halt in ihrem Kontext verlieren. Ähnlich ist es mit der Steigerung der so genannten Lebensqualität, wenn mit Qualität betriebswirtschaftliche Vergleichbarkeit, Quantifizierung und Standardisierung der Leistungen gemeint ist, während die wirkliche Qualität der unvergleichlichen Einmaligkeit jedes Menschen und damit die eigentliche lebensweltliche Qualität – unter Missbrauch dieses Begriffs – gerade wegrationalisiert wird.[44] Außerdem haben Gahrmann und Osmers wirtschaftswissenschaftlich den Denkfehler nachgewiesen, dass meist öffentliche oder gemeinnützige Kostensenkungen bezwecken, dass meist private Gewinne entstehen, die aber von einem bestimmten Punkt an in Globalisierungsspekulationen ungreifbar werden oder verpuffen, weshalb das »Hauptinstrument dieser Hetzjagd, die gnadenlose Effizienzsteigerung, sich als ein primitives Doping erweist, das alle beteiligten Menschen auslaugt«.[45] Die Effizienzsteigerung wird also im Hilfesystem schneller als anderswo zur Effizienzfalle. Für Menschen kann das heißen: je weniger sie gebraucht werden, desto überflüssiger kommen sie sich vor – mit allen Konsequenzen. Und für soziale Institutionen heißt das zum Beispiel: je mehr sie zugunsten ihrer Rationalisierung ihre »gesunde Mischung« verlieren, desto schädlicher werden sie.[46]

Am Ende sind die Strategien der Marktsteuerung dem Bestreben der Bürger, zu leben, zu altern und zu sterben, wo sie hingehören, eher feindlich gesonnen. Für die Bewegung des Geldes ist derjenige Mensch am besten manipulierbar, der maximal mobil und flexibel ist und der von sich glaubt, dass die Mehrung von Selbstbestimmung und Unabhängigkeit für ihn am wichtigsten sei, während Menschen in einem Verband, die auch noch an einem Sozialraum hängen, eher

44 Otto Speck: Die Ökonomisierung sozialer Qualität, München: Reinhardt 1999

45 Arno Gahrmann u. Henning Osmers: Zukunft kann man nicht kaufen – ein folgenschwerer Denkfehler in der Ökonomie, Bad Honnef: Horlemann 2004

46 Eberhard Höfer: Die Effizienzfalle, in: Betreuungsmanagement Nr. 3, 2005

immun dagegen sind und daher vom Markt gehasst werden; er muss bestrebt sein, sie zu vereinzeln und zu flexibilisieren, wie Sennett uns immer wieder aufklärt.[47]

Nun ist in Wirklichkeit das Hilfesystem jeder Gesellschaft zu jeder Zeit von allen drei gesellschaftlichen Sektoren gesteuert, also vom Staat, auch vom Markt (weshalb es unsinnig ist, »gegen« den Markt zu sein), aber auch vom bürgerschaftlichen Engagement. Es kommt nur darauf an, dass das Mischungsverhältnis dieser Steuerungskräfte für die jeweils gegebene Situation optimal ist. In dem Maße, wie es nun Gründe dafür gibt, nicht nur von einem Staatsversagen, sondern auch von einem Marktversagen (nach den Erfahrungen der letzten 25 Jahre) auszugehen, hat sich unsere Aufmerksamkeit schon nach Adam Riese auf den dritten Sektor zu richten, so lächerlich, weil scheinbar kontrafaktisch und sozialromantisch das auch klingt. Immerhin meint schon mal Diether Döring: »In Zukunft wird der Sozialstaat stärker jene Ressourcen von Eigenaktivität nutzen müssen, die in der Gesellschaft schlummern. Es ist nicht vorstellbar, dass vor dem Hintergrund der Doppelwirkung von veränderten Lebensformen und Alterung der Gesellschaft die langfristig erforderlichen Sozial- und pflegerischen Dienste nur von bezahlten Kräften geleistet werden. Die Entwicklung trifft die ganze Gesellschaft.«[48] Und vielleicht stimmt ja sogar die Vermutung des Bundesfinanzministers: »Sie (die Bürger) wollen den Markt als Ordnungsprinzip für die Wirtschaft, aber nicht die Übertragung des Marktprinzips auf alle gesellschaftlichen Bereiche.«[49] Offenbar haben wir gar keine Alternative dazu, uns nun genauer mit den Möglichkeiten des dritten Sektors zu beschäftigen.

47 zum Beispiel Richard Sennett: Der flexible Mensch. Die Kultur des neuen Kapitalismus, Berlin: Berlin-Verlag 1998

48 Frankfurter Rundschau 2.9.2002

49 Peer Steinbrück in: Frankfurter Rundschau 11.1.2006

II. Die Bürger beginnen mit dem Sprung in das neue Hilfesystem

Mit dem Springen ist das so eine Sache. Man springt nur, wenn es gar nicht mehr anders geht. Denn man springt ja in etwas Neues, Unbekanntes. Und wenn man angekommen ist, kennt man das Neue immer noch nicht, sondern muss es über Versuch und Irrtum erst zu etwas machen, das man dann kennt und das vielleicht tragfähig ist. Und da das Neue, in diesem Fall das neue Hilfesystem, meist erst mal nicht so toll ist, wie man sich das erträumt hat, werden die Stimmen derer stärker, die das Alte verteidigen und vor dem Sprung gewarnt hatten. Daher ist das Springen immer auch schmerzhaft. So ist für eine Übergangszeit der Ausgang offen, wenn man zugleich auch sagen muss, dass die Bürger, die mit dem Springen begonnen hatten, irgendwie im neuen Hilfesystem angekommen sind. Sie können sich auch dadurch bestätigt sehen, dass sich alle zumindest formal in dem Motto »ambulant vor stationär« einig sind, wobei – und das ist entscheidend – das Ambulanz-Prinzip die notwendige Voraussetzung dafür ist, dass ich leben, altern, sterben kann, wo ich hingehöre: Die Hilfe zu den Menschen bringen und nicht mehr – wie bisher – umgekehrt.

Man darf aber nicht vergessen, dass eben diese ambulante Form der Hilfe, schon dem neuen System angehörig, selbst etwas total Neuartiges ist. Bis 1980 nämlich gab es als Alternative zu den eigenen vier Wänden nur die vollstationäre Institutionalisierung. Erstmals um 1979 konnten ein paar schlaue Beamte im Stuttgarter Sozialministerium den Gedanken denken, es könne einige wenige Schwaben geben, die zwar hilfsbedürftig seien, denen man aber die Hilfe auf ambulantem Wege dorthin bringen könne, wo sie leben. So erfanden sie das ambulante »betreute Wohnen« und zugleich auch schon den Standard-Schlüssel 1:12. War also bis 1980 die Institutionalisierung normal und das ambulante Helfen abnorm oder gar unmöglich, so hat sich in der knappen Zeit von 25 Jahren das Verhältnis umgedreht: inzwischen hat sich praktisch für alle denkbaren Hilfe-Indikationen, ungeachtet der Schwere, die ambulante Form des Helfens bewährt, sodass vom Grundsatz her die Institutionalisierung überflüssig geworden ist. Heute kann man also mit Recht sagen: ambulante Hilfe ist normal, die Institutionalisierung von Menschen ist abnorm und unnötig. Insofern liegt der Sprung schon hinter uns, sind wir im neuen Hilfesystem bereits angekommen. Auch wenn immer noch 90% der Sozialhilfekosten in die Institutionen und weniger als 10% in die ambulante Hilfe fließen, muss sich die neue ambulante Normalisierung des Helfens nur hinreichend herumsprechen oder gegen stationäre Interessenvertreter durchgesetzt werden. Das ist wegen dieser Lobbyisten und der Gewalt der langen Institutionstradition der zu Ende gegangenen Epoche der Moderne schwer genug, weshalb es vor allem wegen der Alterung der Gesellschaft in der Zeitschrift »Geo« heißt, dass Europa sich neu erfinden müsse, wofür wir alle den »Pioniergeist der Auswanderer des 19. Jahrhunderts bräuchten«.[50] Und für diese schwierige, aber auch reizvolle Aufgabe der Umkrempelung, der Deinstitutionalisierung Europas und der USA eignet sich als Überschrift ganz gut das wohl von dort kommende »erst platzieren, dann rehabilitieren«, also erst einen dahin bringen, wo er hingehört, und erst dann und dort seine eigenen Ressourcen wachküssen und, was ihm dann noch fehlt, ergänzend hinzufügen; fast alles beliebte »vorbereitende Trainieren« ist ersatzlos zu streichen und zu verbieten, weil die Menschen in der Regel nur für die Lebenswelt lernen können, in der sie auch schon leben und leben wollen.

1. Die globale Bewegung der Deinstitutionalisierung

Wann, wie und warum die Deinstitutionalisierung überhaupt entstanden ist, dann zur Bewegung wurde und sich inzwischen globalisiert hat, hat noch niemand hinreichend seriös untersucht, obwohl dies auch von großem, praktischem Interesse wäre. Daher stelle ich meinen – sicher noch zu engen – Erklärungspfad zur Diskussion, zumal ihn bisher noch niemand widerlegt hat:[51] Die Entstehung der Institutionalisierung als Abnormisierung des Helfens, erzwungen

50 Spezial-Nr. der Zeitschrift »Geo« zum »demographischen Wandel« (Klingholz) 2005, S. 94

51 Klaus Dörner: Tödliches Mitleid, Neumünster: Paranus Verlag 1988/2007

durch die Industrialisierung des Arbeitens und die Vermarktlichung der Wirtschaft, haben wir bereits beschrieben. Erst dadurch ist die moderne Gesellschaft möglich geworden, mit all ihren Segnungen, die wir auch heute noch gern genießen, natürlich auch mit ihren Tendenzen zur Marktgesellschaft. Den Preis hatten vor allem die Hilfsbedürftigen zu zahlen, die durch ihre Institutionalisierung entwertet oder – weil Kant uns beigebracht hat, dass nur Sachen einen Wert, Menschen stattdessen Würde haben – entwürdigt wurden. Denn man kann geradezu experimentell zeigen, dass eine beliebige Bevölkerungsgruppe, die man systematisch aus ihrer Lebenswelt herausselektiert, homogenisiert, spezialisiert und tendenziell lebenslang in Institutionen konzentriert, in den Augen der Anderen, aber auch in ihren eigenen Augen derart an Wert oder Würde verliert, dass insbesondere in Krisenzeiten die Gewalthemmschwelle gegen sie sich drastisch erniedrigen wird, egal, ob es sich um psychisch Kranke, Behinderte, Sieche oder Alte handelt. Das begann schon Ende des 19. Jahrhunderts im Zeitalter des Imperialismus, als auch schon die für sie zuständige Wissenschaft sie als »entartet« oder »degeneriert« bezeichnete, als die ersten Zwangssterilisierungen stattfanden und man erstmals in Anwendung des Selbstbestimmungsrechtes des Menschen auch auf den eigenen Tod darüber nachdachte, dass der Staat denen, die in Anstalten fremdbestimmt nicht für sich sprechen können, dasselbe Recht auf den eigenen Tod wie freien Bürger garantieren müsse, da sie ihn sicher wünschen würden, wenn sie sich äußern könnten.

Da Kriegszeiten auch immer Krisenzeiten sind, führte bereits der Erste Weltkrieg dazu, dass in allen kriegsführenden Nationen die Bereitschaft entstehen konnte, allen institutionalisierten Menschen gegenüber so lange an der Kalorienschraube zu drehen, bis die gewünschte Übersterblichkeitsrate erreicht sei. In Deutschland, wo dies bisher am besten untersucht worden ist, erzielte man dadurch eine Übersterblichkeit von 70.000 Menschen oder »Ballastexistenzen«. Die Nazis mussten also nichts hinzuerfinden, um im Zweiten Weltkrieg zu ihrem kostensenkenden Wunschergebnis zu kommen.

Es gibt nun Anzeichen dafür, dass nach 1945 das Bekanntwerden der NS-Verbrechen zwar erst noch nicht bei uns verschreckten Deutschen, wohl aber in der übrigen Welt, beginnend in den mit uns kulturell verwandten skandinavischen Ländern ein tiefes Erschrecken auslöste, zumal man einen Zusammenhang mit der Tradition der Institutionalisierung von Menschen, ihrer Entwürdigung und der Bereitschaft, sie zu töten, nicht mehr gut leugnen konnte. Schließlich hat der schon erwähnte Erving Goffman zunächst in Konzentrationslagern geforscht, bevor er am Beispiel amerikanischer psychiatrischer Anstalten seinen methodischen Begriff der »totalen Institution« entwickelte. Der amerikanische Bioethiker Warren T. Reich hat gezeigt, dass die Nazis insofern Modernisierer waren, als sie die »Fürsorge« (care) für die heute lebenden »Überflüssigen« durch die »Vorsorge« (prevention) für die allein nur noch interessierenden künftigen Menschen ersetzten, womit sie ihre Verbrechen rechtfertigten, eine Denkweise, die auch in unseren heutigen Gesellschaften weiterhin wirksam sei.[52] Auch Wolf Wolfensberger rechnet in seinem »Der neue Genozid« hoch, dass in den USA heute noch durch Institutionalisierung mehr Alte und Behinderte – natürlich meist durch indirektes Zusammentreffen mehrerer Schädigungsfaktoren – zu Tode kommen (»deathmaking«), als dies bei den Nazis der Fall war.[53]

Wenn man aber den Beginn des Umschlags von der modernen Institutionalisierung in die Bewegung der Deinstitutionalisierung auf einen Zeitpunkt und auf einen Ort festlegen wollte, dann könnte das nur das Jahr 1934 in Dänemark sein, wie ich dies einem leider bisher nur auf dänisch lesbaren Buch der Behindertenpädagogin Birgit Kirkebaek verdanke.[54] Hier finden wir den oben erwähnten »Pioniergeist zur Umkremplung Europas« bei einer zunächst kleinen Gruppe dänischer Bürger in bewundernswerter Intensität. 1934 – im selben Jahr wie die Deutschen – hatten die Dänen ein Zwangs-

52 Warren T. Reich: The Care-Based Ethic of Nazi Medicine and the Moral Importance of What We Care About, in: American Journal of Bioethics 1, S. 66-74, 2001

53 Wolf Wolfensberger: Der neue Genozid an den Benachteiligten, Alten und Behinderten, Gütersloh: Jakob van Hoddis 1996

54 Birgit Kirkebaek: Normaliseringens periode, Holte: Forlaget Socpol 2001

sterilisationsgesetz erlassen, damals – wie in etlichen anderen Ländern – von der Mehrheit, insbesondere von den ärztlichen Profis, als notwendiger Fortschritt begrüßt. Kurz darauf taten sich ein paar Bürger zusammen, Angehörige, bürgerrechtlich Engagierte, Journalisten, auch der dänische Kinderschutzbund. Sie protestierten gegen das Gesetz, dagegen, dass nun auch gerade leicht geistig Behinderte zwangseingewiesen werden konnten, um auf der Basis fragwürdiger Intelligenztests sterilisiert zu werden, und gegen die gleichzeitige »Hochzonung« der Verantwortung für die Behinderten von den Kommunen auf den Staat. Zu einer Zeit, als die fortdauernden Proteste auch schon Widerstand gegen die deutsche Besatzung waren, tat sich eine von ihnen, Nana Andersen – der Name sollte nicht in Vergessenheit geraten –, durch ein kleines Buch »Kinder- und Jugendhilfe hinter der Szene« in diesem Sinne hervor. Scheinbar ohne Erfolgsaussichten setzten die Bürger ihre Proteste hartnäckig fort, bis schließlich Ende der 40er Jahre einige politisch Verantwortliche den Gedanken denken konnten, dass die Bürger und Angehörigen vielleicht doch mehr Recht haben könnten als die (ärztlichen) Profis.

So entstand dann endlich Niels Erik Bank-Mikkelsens »Normalisierungsprinzip« und »Individualisierungsprinzip«, was in die anderen skandinavischen Staaten, nach England und in die USA ausstrahlte und so zur globalen Bewegung der Deinstitutionalisierung wurde, bis etwa in Schweden vor ein paar Jahren ein Gesetz erlassen wurde, wonach die Institutionalisierung zwar noch nicht wegen Alterspflegebedürftigkeit, wohl aber wegen Behinderung schlicht verboten ist, weil als Massenhaltung mit den Menschenrechten nicht vereinbar. Und Dänemark, das wohl mit der Wiedereingliederung des Alterns und Sterbens am weitesten ist, konnte den Widerstand der Vertreter des alten Hilfesystems dagegen nur dadurch brechen, dass der Staat der Gleichheit der Menschen wegen sich zu seiner Autorität bekannte und das Eintreten in diesen Prozess mit dem politischen Signal eines zeitweiligen Heimbaustopps erzwang. Dass das Überschwappen dieser Bewegung nach Deutschland sich verzögerte, mag man bedauern, ist aber bei nüchterner Betrachtung gerade wegen der NS-Vergangenheit, gegenüber der wir uns erst eine Zeit lang in Angriff und Verteidigung zerreiben mussten, zu erwarten gewesen. Hier sind wohl zuerst neben den Körperbehinderten[55] und den Alkoholkranken (seit 1953 AA-Selbsthilfegruppen) die Angehörigen der geistig Behinderten mit der Gründung der »Lebenshilfe« Ende der 50er Jahre in die Bewegung eingetreten. Und das Bundessozialhilfegesetz von 1961 spiegelt die gesellschaftliche Stimmung einer behutsamen Deinstitutionalisierungsbereitschaft, nicht zuletzt durch seine gesetzliche Norm »ambulant vor stationär«, auch wenn sich erst mal jahre- und jahrzehntelang kein Schwein um die damit verbundenen Rechte der Ausgegrenzten kümmerte, weil die Interessenvertreter des institutionellen Hilfesystems noch viel zu stark waren.

Die 68er Jahre – das wird erstaunlich gut vergessen – brachten an vielen Fronten einen Deinstitutionalisierungsschub. Einmal konnten die Körperbehinderten über ihre »Krüppelbewegung«[56], nicht zuletzt über Franz Christoph, die Zukunft in Richtung »Assistenzbedarf«, »Arbeitgebermodell« und letztlich auch zum »persönlichen Budget« öffnen. Für die Kinder und Jugendlichen konnte sich – wie schon erwähnt – innerhalb weniger Jahre fast das gesamte Heimsystem mit irgendwie stillschweigender Billigung der Gesellschaft deinstitutionalisieren. Und was die psychisch Kranken angeht, so machte sich ein kleinerer Teil der reformwilligen Profis mit der »Deutschen Gesellschaft für Soziale Psychiatrie« 1970 berufsübergreifend selbsthilfefähig, was den Angehörigen psychisch Kranker 1980 und den Psychiatrie-Erfahrenen (den psychisch Kranken) 1990 gelang – Voraussetzung für einen jahrzehntelangen Reformprozess, in dem freilich die Deinstitutionalisierung der eigentlich gemeinten chronisch psychisch Kranken überwiegend noch bevorsteht. Hier ist allerdings – für die Zukunft wichtig – die frühe Organisierung der Bürgerhilfe zu erwähnen, 1966 in Mannheim als »Club 66«, kurz darauf als »Freiburger Hilfsgemeinschaft« mit Inge Schöck und Hans Geßner, die sich mit anderen bald darauf zum »Dachverband psychosozialer Hilfsvereinigungen«[57] zusammenschlossen.

55 Hierzu paradigmatisch Fredi Saal: Warum sollte ich jemand anderes sein wollen? Neumünster: Paranus Verlag 2002

56 Klaus-Dieter Thomann: Der »Krüppel«: Entstehen und Verschwinden eines Kampfbegriffs, in: Medizinhistorisches Journal, 27, S. 221-270, 1992; vgl. Franz Christoph: Tödlicher Zeitgeist, Köln: Kiepenheuer und Witsch 1990

57 Dachverband psychosozialer Hilfsvereinigungen: Was nichts kostet, ist unbezahlbar – Bürgerhilfe in der Psychiatrie, Selbstverlag 2000

Was die Ambulantisierung der Heime für psychisch Kranke angeht, so ist neben der schon beschriebenen Heimauflösung in Gütersloh (in der Folge auch partiell Heime des Sozialwerks St. Georg in Fredeburg, Schmallenberg und Lippborg) sowie Kloster Blankenburg/Bremen erwähnenswert, dass hier offenbar einige DDR-Heime nach der Wende deinstitutionalisierungsfreudiger sind, so etwa Schloss Hoym und Wohnstätte Altendorf/Chemnitz.

Während von der tragisch-halbherzigen Deinstitutionalisierung der Altenpflegeheime bereits berichtet wurde, herrschte in den Heimen und Anstalten für geistig Behinderte lange Zeit eine merkwürdige Funkstille. Hier kommt in den letzten Jahren jedoch einiges in Bewegung; so haben große Träger zumindest begonnen, ihre Behinderten in stationäre Wohngruppen zu dezentralisieren, so in Hamburg die »Ev. Stiftung Alsterdorf« und »Leben mit Behinderung« und in Mönchengladbach »Hephata«. Und hier wirkt sich dann erstmals systematisch auch der ökonomische Kostendruck als Verstärker aus, was – dies ist nicht gerade ein Profi-Ruhmesblatt, aber immerhin – zu Absprachen auch mit dem Mittel der moralischen Erpressung führt, wonach einige dieser Einrichtungen bis zu einem Drittel ihrer Behinderten nun auch ambulantisieren und damit die Grenze zum neuen Hilfesystem überschreiten. Die Nieder-Ramstädter Diakonie bei Darmstadt hat freilich gezeigt, dass man auch aus sich heraus, aus bürgerrechtlich-fachlichen Gründen und ohne den Kostendruckverstärker einen Teil der geistig Behinderten in die ambulante Begleitung loslassen kann.

In dieser Situation ist es durchaus verständlich, dass gefragt wird, ob die Enthospitalisierung ein »Etikettenschwindel« sei[58]. Und dem »Institut der Deutschen Wirtschaft« ist für seine Polemik eher zu danken, mit der es die Wohlfahrtsverbände als die wichtigsten Vertreter der Institutionalisierung hinterfragt, ob sie »auf den Schultern der Schwachen« agieren, »eine heimliche Macht im Staat« seien und ihre Nächsten in der Tat »wie sich selbst« lieben.

58 Georg Theunissen (Hg.): Enthospitalisierung – ein Etikettenschwindel?, Bad Heilbrunn: Klinkhardt 1998

59 Institut der Deutschen Wirtschaft Köln: Wohlfahrtsverbände in Deutschland, Köln: Deutscher Instituts-Verlag 2004

In den letzten Jahren haben Repräsentanten der Körperbehinderten einerseits und des Kinder-Jugendhilfebereichs andererseits für die Spielräume des neuen, deinsitutionalisierten Hilfesystems, für das sie in den letzten hundert Jahren immer wieder die Pfadfinder des »Pioniergeistes« gewesen sind, nicht nur neue Akzente gesetzt, sondern auch für alle institutionalisierten Menschen, vor allem, wenn diese nicht für sich selbst sprechen können, Verantwortung übernommen. So haben Erstere als »Forum selbstbestimmter Assistenz behinderter Menschen« (ForseA) im Verein mit Selbsthilfegruppen der geistig Behinderten (wie »Interessenvertretung Selbstbestimmtes Leben« ISL und »People first«) 2004/2005 mit einer erstmals die Deinstitutionalisierung *aller* Heime fordernden Kampagne die Öffentlichkeit beeindruckt: »Marsch aus den Institutionen – Reißt die Mauern nieder!« (verbunden mit der Forderung an Bund, Länder und Gemeinden, einen einstweiligen Heimbaustopp zu verfügen, schon weil Dänemark gezeigt hat, dass dies die absolut notwendige Voraussetzung dafür ist, den Einstieg in ein Umdenken, in eine wirkliche Reform zu erzwingen).[60]

Zum anderen gibt es im Bereich der Kinder-Jugendhilfe seit einigen Jahren mehrere faszinierende Beispiele für das deinstitutionalisierungsfördernde Sozialraum-Budget, wo alle in einem »Sozialraum« (ca. 30.000 Einwohner) aktiven Dienstleister-Mitarbeiter (öffentliche, gemeinnützige und private) ein Team bilden, das das Sozialraum-Budget eigenständig nicht nur für ambulante und stationäre Hilfen, sondern auch für die Förderung der Integrationsbereitschaft des Sozialraums selbst verausgaben darf, was das Engagement für diesen Sozialraum und die Verantwortlichkeit aller Mitwirkenden eminent beflügelt. Gelungene Beispiele gibt es in Hamburg-Eimsbüttel und in Husum/Nordfriesland, wo dieses Instrument die Kreisverwaltung so überzeugt hat, dass sie nun plant,

60 Diese und andere Kampagnen sind gut nachzulesen im ForseA-Organ »Inforum« zu beziehen über Elke Bartz, Nelkenweg 5, 74673 Mulfingen oder über Ottmar Miles-Paul. Gerade diese Kampagne »Marsch *aus* den Institutionen« hat mir schmerzlich klargemacht, dass mein eigener psychiatrischer Reformverband DGSP in Kontrast dazu nur zu halbherzigen Forderungen nach Deinstitutionalisierung in der Lage ist, vermutlich vor allem weil er nicht von Betroffenen, von »Heim-Erfahrenen«, sondern von Profis dominiert wird.

das Sozialraum-Budget von den Kindern und Jugendlichen jetzt auch auf die erwachsenen Behinderten und auf die Alterspflegebedürftigen auszuweiten, schon um Synergien zwischen diesen – nur administrativ trennbaren – Sektoren zu fördern.[61]

Schließlich haben nun auch alle Wohlfahrtsverbände, soweit sie mit Behinderten zu tun haben, ein politisch zukunftsträchtiges Signal gesetzt, indem sie gemeinsam das »Institut Mensch, Ethik und Wissenschaft« tragen und betreiben, um den Schutz nicht zuletzt der institutionalisierten Menschen gegenüber Verwertung durch Wissenschaft und die Ausweitung ihrer Freiheits- und Gleichheitsrechte zu garantieren.[62]

Es ist also keine Frage, dass wir nun doch auf breiter Front dabei sind, die Sozialräume außerhalb von Institutionen zu erkunden, uns anzueignen und ihre Chancen auszuloten.

61 Es darf aber nicht verschwiegen werden – und das ist für die Gesamtbewegung der Deinstitutionalisierung von großer Bedeutung –, dass wir mit der schulischen Integration behinderter Kinder noch nicht sehr weit gekommen sind. Ich fürchte, dass das nicht zuletzt auch damit zusammenhängt, dass wir die dafür kämpfende Elternvereinigung »Gemeinsam Leben, gemeinsam Lernen« zu lange zu sehr allein gelassen haben. Dies sollten wir tunlichst ändern, schon weil das Auswirkungen auf die Akzeptanz des neuen Hilfesystems in allen anderen gesellschaftlichen Bereichen hat. Die skandinavischen Länder haben uns vorgemacht, dass man mit der Normalisierung, der Individualisierung und der Deinstitutionalisierung – gewissermaßen organisch – bei der Integration behinderter Kinder in die Kindergärten und in die Schulen anzufangen hat, weil dies die Integration erwachsener und dann auch alterspflegebedürftiger Menschen geradezu bahnt. Wenn man das tut, wird man dafür sogar noch mit besseren PISA-Ergebnissen im Bildungsbereich belohnt.

62 Institut Mensch, Ethik und Wissenschaft (IMEW), Warschauer Straße 58a, 10243 Berlin

2. Die neue solidaritäts-orientierte Bürgerbewegung seit 1980

Wenn es seit 1980 die – im Ausmaß ganz neuartige – Kostenkrise gab, die das Staatsversagen mit sich brachte, und wenn ebenfalls seit 1980 zur Lösung dieses Problems die Verbetriebswirtschaftlichung des Sozialen einsetzte, die sich heute eher als Marktversagen herausstellt, dann – so hatten wir gesagt – bleibt zur Beantwortung des dramatisch anwachsenden volkswirtschaftlichen Gesamthilfebedarfs nur noch die Ausweitung desjenigen Hilfe-Anteils, der – in dem Staat-Markt-Bürger-Steuerungs-Mix des Helfens – bisher vom dritten Sektor des bürgerschaftlichen Engagements wahrgenommen wurde. Da dies zwar logisch ist, jedoch vernünftigerweise heute eigentlich nur als frommer Wunsch belächelt werden kann, klingt es wie ein Wunder oder ein Märchen oder wie Hegels' »List der Vernunft«, wenn ich in diesem Abschnitt nachweise, dass es ausgerechnet ebenfalls seit 1980 faktisch diese neue Bürgerbewegung gibt, dass die Bürger seither (scheinbar gegen ihr gesund-egoistisches Interesse) damit begonnen haben, dem zu Wirtschaftswunderzeiten überblähten, überprofessionalisierten, heute aber zu teuer gewordenen Profi-Anteil des Helfens durch mutwillige Selbstbelastung einen Teil wegnehmen. Um es mit einem (nicht zu ernst zu nehmenden) Zahlenspiel auszudrücken: Insbesondere zur Beantwortung der Altenfrage bedarf es des Erfindens eines dritten Weges (zwischen Heim und eigener Wohnung), was wesentlich nur unter Beteiligung des dritten Sektors (zwischen Staat und Markt) gelingen kann, der zu diesem Zweck den dritten Sozialraum (zwischen privat und öffentlich) der Nachbarschaft wiederbelebt, dabei mit der Brüderlichkeit (= Solidarität) dem dritten Ideal der Französischen Revolution folgt, sich besonders auf die Bürger im dritten Lebensalter stützt, während die Bürger in der Breite mit der Pflege eines sozialen Netzes (neben gesetzlicher und privater Finanzierung) sich eine dritte Säule der Altersvorsorge geschaffen haben. Wenn an dieser Überlegung was dran ist, dann muss uns allen um 1980 herum ein tief greifender kultureller Umbruch widerfahren sein, so tief greifend, dass wir ihn noch gar nicht recht benennen können.

Bevor ich mich an den empirischen Beweis für die Existenz dieser Bürgerbewegung heranmache, muss ich aber noch die Analyse aus II. 1. aufgreifen. Denn die globale Bewegung der Deinstitutionalisierung arbeitet ja nur mit einem negativen Begriff: das Ziel ist weniger Institution oder gar keine Institution mehr. Damit verschweigen die Profis jedoch schamhaft, was denn an die Stelle der Institution zu treten hätte. Und das können letztlich nur die Bürger sein. Mir ist das erst klar geworden, als wir in Gütersloh errechneten, dass wir durch die Deinstitutionalisierung der 435 Dauerheimbewohner den größeren Teil der täglichen Sozialkontakte von unseren bezahlten Profischultern auf die unbezahlten Bürgerschultern umgelastet hatten. Von Integration ist ja in der Tat so lange nicht zu sprechen, wie die Hilfebedürftigen noch von Profis umzingelt sind, sondern erst dann, wenn die Bürger mit und ohne Hilfebedarf ihre Beziehungen überwiegend allein regeln. Erst in der letzten Zeit sind wir allmählich ehrlicher geworden und sprechen statt von Deinstitutionalisierung eher positiv von »community care«, »inclusion« oder »community living«.[62a]

Eine solche sich aus der historischen Entwicklung und aus den Aufgaben der Gesellschaft speisende, gleichsinnig ökonomische und menschenrechtliche Doppel-Aufforderung mag der Existenz der neuen solidaritätsorientierten Bürgerbewegung schon wenigstens etwas von ihrer Unwahrscheinlichkeit nehmen. Ich liste nun aber die versprochenen Beweise für die Existenz dieser Bewegung auf, die vermutlich jeder Leser aus seiner eigenen Erfahrung vermehren könnte und die fast alle erst ab 1980 (nicht vorher!) wirksam geworden sind:

1. Seit 1980 steigt die Zahl der Freiwilligen in allen Bereichen, wobei zum Beispiel die Berliner Freiwilligen-Börse zu berichten weiß, dass in den letzten Jahren die Wünsche zunehmen, im Haushalt eines Alterspflegebedürftigen tätig zu werden, als ob die Bürger der Bedarfsentwicklung intuitiv folgen könnten. Bemerkenswert, dass bei den jährlichen Umfragen ziemlich stabil ein Drittel antwortet, man

62a Theodorus Maas: Community Living, in: Soziale Psychiatrie, 30. Jg., Heft 3, S. 34-35, 2006 sei schon tätig, ein weiteres Drittel solche Tätigkeiten von sich weist, aber das dritte Drittel sinngemäß äußert: »Ja, ich könnte mir schon vorstellen etwas zu tun, aber mich hat bisher noch niemand gefragt!« Diese dritte Gruppe hat die immanente Ambivalenz des Helfens am realistischsten und gesündesten erfasst, denn Abstand achtendes und dadurch verlässliches Helfen, indem ich mich einer Notlage aussetze, damit beginne ich nicht von mir aus, sondern das antwortet auf den AnSpruch, auf die sprechenden Augen eines Anderen, was man eigentlich nur gegen seinen gesund-egoistischen Willen wollen, also nur widerwillig, zähneknirschend wollen kann. Diese Grundhaltung ist nicht nur erlaubt, sondern verspricht sogar für den Dienst am Anderen die größte Verbindlichkeit, weil ohne Selbstbetrug; denn ehrlicherweise müssen die meisten einräumen, dass ihnen für die Zeit, die sie zum Helfen vorgesehen haben, noch etwas viel Schöneres einfallen würde; erst sekundär kann man dazu kommen, dass einem die durchs Helfen vermehrte »Bedeutung für Andere« auch ganz gut tut: Fazit: wenn mir für das soziale Netz eines Hilfsbedürftigen in seiner Wohnung der eine oder andere Bürgerhelfer fehlt, ist die Wahrscheinlichkeit heute groß, dass ich allein schon mit der Methode des Klinkenputzens fündig werde; das war früher nicht so.

2. Seit 1980 nimmt die Zahl der Nachbarschaftsvereine zu oder werden Krankenpflegevereine wiederbelebt. Sie wirken über Beiträge, Spenden, Tauschbörsen für wechselseitige Hilfen, Zeitgutschriften, aber auch einseitige unbezahlte wie bezahlte Hilfstätigkeiten im Nahbereich.[63] Der Landkreis Schwandorf hat darauf aufbauend ein schon sehr zukunftsfähiges Hilfesystem auf drei Ebenen geschaffen: Auf der ersten Ebene ist an alle 40 Pfarreien jeweils ein Krankenpflegeverein angegliedert, wodurch ein Fünftel der Bevölkerung über Beiträge oder Hilfen im Nahbereich wirkt; auf der zweiten Ebene sind in vier Vereinen anderen Typs solche Bürger organisiert, die – nach Fortbildung – für ihr Helfen auch Geld nehmen; und erst auf der dritten Ebene haben die Profis der vier Caritas-Sozialstationen über dieses System zwar einige Arbeitsplätze verloren, sind aber trotzdem zufrieden, da sie sich nun auf ihre Kernkompetenzen, wo sie unersetzlich sind, konzentrieren können. Schon in wenigen Jahren

63 Gelungene Beispiele sind Bad Vilbel, Quellenstraße 21, 61118 Bad Vilbel oder die »Glückauf-Nachbarschaftshilfe e.V.« in Lünen-Brambauer.

hat dieses System die übliche Quote von 30% derer, die auf Wunsch zu Hause sterben, auf 60% verdoppelt, sodass man jetzt realistischerweise ins Auge fasst, die Altenpflegeheime weitgehend überflüssig zu machen.[64]

3. Erst seit 1980 hat sich systematisch die Kultur der Selbsthilfegruppen als »vierte Säule im Gesundheitswesen« entfaltet.[65] Heute gibt es kaum noch eine ernstere Krankheit, Behinderung oder sonstige Notlage, wo nicht die Betroffenen im Peer counseling wechselseitig Erfahrungen austauschen und sowohl die jeweiligen Profis als auch die Politik zu beeinflussen versuchen.

4. Seit 1980 hat sich die Spendenbereitschaft auch in Deutschland gesteigert. Derzeit spenden ca. 50% der Bürger. Parallel dazu ist ein exponentieller Anstieg der Stiftungen zu verzeichnen, gerade auch in der Form der »Bürgerstiftungen« oder der »Stadtstiftungen«, wie dies von der Bertelsmann-Stiftung in Gütersloh propagiert wird. In vielen Bereichen ist es zur Selbstverständlichkeit geworden, dass man sich für die eigenen Hilfstätigkeiten nicht mehr allein von den sinkenden staatlichen Zuwendungen abhängig macht, sondern auf diese Weise auch über eigenes Geld verfügt, was die Autonomie in den Zielsetzungen und in der Mittelverwendung vergrößert. In vielen Fällen kann man neue Wege erproben oder auf einen Hilfebedarf reagieren, der, weil individuell, durch alle Ritzen fällt.

5. Seit 1980 hat sich die Hospizbewegung entfaltet. Wenn man so will, ist hier zum ersten Mal ein fast flächendeckendes Versorgungssystem nicht von oben herunter, sondern von unten herauf, allein aufgrund freiwilliger Bürgerinitiativen entstanden. Hier sind inzwischen mehr als 80.000 Bürger tätig. Sie widerlegen damit das einseitige Medienmenschenbild, wonach wir angeblich Sterben und Tod verdrängen und tabuisieren. Sie grenzen auch die Gültigkeit der Ergebnisse der von Profi-Interessen nicht immer freien Freiwillig-

64 Informationen über Wilhelm Nees, Caritas-Sozialstation, Werthstraße 44, 92421 Schwandorf. Interessant ist dort die Profi-Logik: »Wenn die Bürger nun einen Teil der früheren Profi-Arbeit übernehmen, werden wir umgekehrt uns auch mit einem Teil unserer freien Zeit engagieren.«

65 Jürgen Matzat: Die Selbsthilfe als Kollektiv und »vierte Säule im Gesundheitswesen« im: Forschungsjournal Neue Soziale Bewegungen 15, S. 89-97, 2002; vgl. auch das »Selbsthilfegruppenjahrbuch« der Deutschen Arbeitsgemeinschaft Selbsthilfegruppen e.V., Friedrichstraße 28, 35392 Gießen

keits-Forschung ein, wonach Freiwillige heute meist nur an kurzfristigen Projekten interessiert sind; im Hospizbereich handelt es sich in der Regel um sehr langfristige Engagements. Man kann sogar sagen, dass die eigentlich für Sterben und Tod verantwortlichen Profis, die Pflegenden und die Ärzte, von der Hospizbewegung erst (über Pflegeversicherung und Palliativmedizin) geweckt worden sind, auch wenn die Bürger damit selbst verschuldet haben, dass nun die Profis mit den Hospizlern rivalisieren, was nicht ohne die Gefahr einer Re-Professionalisierung und einer Re-Institutionalisierung abgehen kann.[66]

6. Die neue Hilfe-Kultur der Aids-Kranken-Bewegung hat uns beigebracht, dass man auch noch die schwierigste Pflege und das Sterben, wenn gewünscht, in den eigenen vier Wänden begleiten kann, wenn alle es nur wirklich wollen und daher in der Lage sind, sämtliche denkbaren Ressourcen zu einem Bürger-Profi-Mix zu verknüpfen. Jedenfalls zeigt sich hier, dass uns auch unter den heutigen Bedingungen etwas möglich ist, wovor die »normale« Bevölkerung resigniert hat, weil sie sich hat einreden lassen, dass dies unmöglich sei.[67]

7. Seit Beginn der 80er Jahre entsteht eine immer größer und phantasievoller werdende Fülle an Gelegenheiten, wie Bürger ohne jeden sozialprofessionellen Hintergrund in unterschiedlichen biografischen Situationen (Arbeitslosigkeit, Berufssuche, Berufswechsel, Berufswiedereinstieg) helfende Tätigkeiten übernehmen, für die sie auch anteilig bezahlt werden. Insofern ist längst der neue Typ des Bürgers als eines sozialen Zuverdieners entstanden. Hierzu ein städtisches und ein ländliches Beispiel: Im Rahmen der Aktion Menschenstadt Essen sind in wenigen Jahren über 100 Arbeitsplätze für das ein bis drei Jahre dauernde »Bürgerjahr« entstanden. Nur durch die dort tätigen Bürger konnten u. a. vor allem für geistig Behinderte höchst individuelle Wohnmöglichkeiten allein, zu zweit oder in der Gruppe realisiert werden, was vollprofessionell nie hätte finanziert werden können; die Bürger können gerade eben davon leben, weil sie im

66 Bundesarbeitsgemeinschaft Hospiz, Am Weiherhof 23, 52382 Niederzier, Vorsitzende zurzeit Gerda Graf

67 Hierzu zum Beispiel Rolf Rosenbrock u. Doris Schaeffer: Die Normalisierung von Aids, Berlin 2002

Wesentlichen nur das verdienen, was sie durch ihr Helfen nach SGB XII oder Pflegeversicherung erwirtschaften.[68] Im Landkreis Hassberge/Unterfranken hat ein 60-Plätze-Heim für psychisch Kranke über die Hälfte seiner Bewohner mit einer besonders hohen Integrationsintensität in eigene Wohnungen »ambulantisiert«, indem jedem Bewohner zwei Begleiter mitgegeben werden konnten, einmal einen Profi und zum anderen einen Bürgerbegleiter, der mit ca. 150 Euro/monatlich aus dem Entgelt für das professionelle betreute Wohnen finanziert wird und der vor allem dadurch stabilisierend wirkt, dass er dem psychisch Kranken – mal mehr, mal weniger – in seiner Familie ein Hingehörigkeitsgefühl vermittelt, womit eine Art ambulante Familienpflege erfunden war.[69]

8. Seit 1980 sind die Bürger zu einer bis dahin eher unbekannten generationsübergreifenden Siedlungsbewegung aufgebrochen.[70] Hier siedeln mal zwölf, mal sechzig und mal mehrere hundert Bürger unter dem Versprechen wechselseitiger Hilfe in Krankheit, Behinderung, Alter und Not. Gegenwärtig überlegt man, ob eine solche Siedlung nicht auch noch Träger einer benachbarten ambulanten Wohnpflegegruppe (s. u.) werden sollte, um dadurch das gegebene Versprechen auch bei größtem Pflegebedarf bis zum Sterben, wo man hingehört, einhalten zu können. Die Entwicklung ist derart rasant, dass auch die Geschäftsstelle keinen Überblick mehr darüber hat, wie viele solcher Siedlungsgemeinschaften es inzwischen gibt.

9. Zu meiner Indikatorensammlung gehört wohl auch der Hinweis darauf, dass immer noch 70% der Alterspflegebedürftigen und Dementen dort, wo sie hingehören, also von ihren Angehörigen betreut werden, zur Hälfte allein, zur anderen Hälfte mit Profi-Beteiligung. Dies ist umso bemerkenswerter, als schon vor Jahrzehnten diese Möglichkeit von den Profis und von Wissenschaftlern wegen der sich ja objektiv wirklich verschlechternden familiären

68 Klaus von Lüpke: Das Bürgerjahr, Behindertenreferat, Ev. Stadtkirchenverband, II. Hagen 7, 45127 Essen. Ähnlich hat das »Bundesnetzwerk Bürgerschaftliches Engagement« (BBE) u. a. für den möglichen Wegfall des Zivildienstes Formen für »neue Freiwilligendienste« entwickelt (Frankfurter Rundschau 12.5.2004, S. 9).

69 Peter Pratsch, Haus auf dem Zeilberg, Voccawind 45, 96126 Maroldsweisach

70 Sie hat sich organisiert im: Forum für gemeinschaftliches Wohnen im Alter – Bundesvereinigung e.V., Geschäftsführung Gerda Helbig, Hohe Straße 9, 30449 Hannover

Bedingungen totgesagt wurde, ein weiteres Beispiel dafür, dass wegen der unvermeidlichen Rivalität zwischen Profis und Bürgern (hier Angehörigen) die Aussagen der Ersteren über die Letzteren interessenverzerrt sein können. Es versteht sich, dass in den sozialen Netzen der Angehörigen oft auch Freunde oder Nachbarn beteiligt sind.[71] Insbesondere Freunde haben als »Wahlverwandte« wieder eine Bedeutung gewonnen, wie zuletzt vielleicht in der Romantik um 1800.

10. Exakt seit 1980 ist die schon überholt geglaubte Einrichtung der Familienpflege oder der Gastfamilie mit Erfolg wiederbelebt worden, jetzt aber nicht mehr nur für psychisch Kranke und geistig Behinderte, sondern auch für Alterspflegebedürftige und Demente. Für den ländlichen Raum ist hier die »Arkade e.V.« in Ravensburg und für den städtischen Raum die Rheinische Landesklinik Bonn beispielhaft.[72] Dieser verblüffende, in der Breite noch wenig genutzte Erfolg wird plausibel, wenn man bedenkt, dass Profis fast alles simulieren können, bloß keine familiäre Zugehörigkeit. Hinzu kommt – und das ist bei diesem Geschäft in hohem Maße legitim, wenn nur die Zugehörigkeit stimmt –, dass manche kleineren landwirtschaftlichen, handwerklichen oder gastronomischen Betriebe sich nur mit Hilfe von ein oder zwei oder drei Pflegebedürftigen finanziell dauerhaft über Wasser halten können.

11. 1978 hatten achtzehn Frauen der 10.000-Einwohner-Stadt Ettenheim/Offenburg etwas dagegen, dass Mitbürger bei Pflegebedürftigkeit oder Demenz in ein Heim gehen und damit ihre Heimat aufgeben mussten. Sie beschafften sich ein kleines Gemeindehaus, später auch noch eine Zwergschule und schufen darin achtzehn Appartments, womit sie, ohne das zu wissen, für den süddeutschen Raum den neuen Typ der ambulanten Nachbarschafts-Wohn-

71 Thomas Klie hat in »Betrifft Betreuung« 3/2001 mit Recht darauf hingewiesen, dass die materielle, zeitliche und emotionale Solidarität der Familien mit ihren Alten, insbesondere gemessen an den konkreten Bedingungen, noch nie so groß gewesen ist wie heute.

72 Auch aus Aurich wusste mir 2004 eine Berufsbetreuerin zu berichten, dass sie in den letzten 12 Jahren ca. 80 Betreute in Pflegefamilien platziert hat, die Hälfte davon Demente, weshalb sie eine Heimeinweisung in dieser Zeit kaum je benötigt hätte. Hat sie Bedarf, bekommt sie über eine kleine Annonce in der Lokalzeitung so viele Angebote, dass sie nach fachlichen Gesichtspunkten auswählen und anschließend den Habitualisierungsprozess begleiten kann.

pflegegruppe erfanden. Obwohl nur zwei von ihnen einen sozialprofessionellen Hintergrund hatten, sind sie nach über 25 Jahren Vollprofis, lassen sich aber für ihr Helfen, wenn auch nur nebenamtlich, bezahlen. Selten brauchen diese achtzehn Bürger zusätzlich einen professionellen Pflegedienst, um ihre Versprechen fast immer einhalten zu können, dass alle, die es wollen, in ihrer Wohnung auch sterben können. Inzwischen haben sie ein drittes Gebäude so umgebaut, dass nun auch die jugendlichen geistig Behinderten nach dem Schulabschluss nicht mehr wegen Zugehörigkeit zu einer Behindertenwerkstatt ihre Heimat verlassen müssen. Als unlängst bei einer Veranstaltung im Rathaus der junge Bürgermeister erstmals so richtig verstanden hatte, um welche geradezu modellhafte Kostbarkeit es sich bei dieser Initiative handelt, entfuhr es ihm: »Dann müsste ich doch eigentlich meine Stadtverwaltung um ein Amt für Nachbarschaft oder einen Nachbarschafts-Beauftragten ergänzen.«[73]

12. Als im selben Jahr 1978 die katholische Gemeindeschwester Theresia Brechmann, im ländlichen Raum selbstständig tätig, in eine der damals aufkommenden Sozialstationen integriert werden sollte, empfand sie diese Modernisierung eher als eine Bürokratisierung ihrer selbst, ging nach Bielefeld, gründete dort den Verein »Alt und Jung« und erfand mit ihm als Träger für den norddeutschen Raum den Typ der ambulanten Nachbarschafts-Wohnpflegegruppe für Demente und andere Pflegebedürftige – unabhängig voneinander, aber zeitgleich mit Ettenheim.[74] Dieser Typ, auch ambulante Haushaltsgemeinschaft genannt, boomt insbesondere in den letzten Jahren in inzwischen über 300 Varianten. Er kann getragen werden von betroffenen Angehörigen oder Betreuern, von einem Nachbarschafts- oder Krankenpflegeverein, einer Bürgerinitiative, der lokalen Alzheimer-Gesellschaft, einer Kirchengemeinde, einer Hausarztpraxis, einer Kommune (wegen der Chancengleichheit auch für schwierige und unsymphatische Demente mit Abstand am besten), einer Wohnungsbaugesellschaft oder -genossenschaft oder auch von einem Heim, das sich auf diese Weise deinstitutionalisiert, kommu-

73 Margret Oelhoff, Vorsitzende des St. Josephs-Haus Förderverein e.V., Thomasstraße 7, 77950 Ettenheim

74 Theresia Brechmann, Alt und Jung, Huchzermeierstr. 1, 33611 Bielefeld

nalisiert und ambulantisiert. Da dies wohl auch wirklich – zumindest bis heute – das gelungenste Beispiel für den gesuchten dritten Weg zwischen eigener Wohnung und Heim insbesondere für die Beantwortung der Frage der Hingehörigkeit ist, lassen wir es an dieser Stelle dabei bewenden, weil wir noch mehrfach darauf zurückgreifen werden.

13. Weil inzwischen die Stadt Bielefeld die mit Abstand dichteste Besiedlung der einzelnen Stadtviertel mit solchen ambulanten Wohnpflegegruppen aufzuweisen hat, hat das Ev. Johanneswerk, der größte Heimträger in der Gegend, den historischen Quantensprung in das neue Hilfesystem, in die neue »Kultur des Helfens« gewagt und mit dem Verein »Alt und Jung« die Fortbildung seiner bisher stationären Mitarbeiter fürs ambulante Arbeiten vereinbart und beschlossen, künftig auch um den Preis der Einschränkung der eigenen Heimkapazität sich an der weiteren Verdichtung der Besiedlung der Stadt mit ambulanten Wohnpflegegruppen zu beteiligen – im Einklang mit mehreren Wohnungsbaugesellschaften und mit allen Fraktionen des Stadtrats, der diesbezüglich seinen politischen Willen bekundet hat. Hier gehen nun also Bürger, ambulante und stationäre Profis, ihre bisherigen Grabenkämpfe begrabend, untergehakt denselben Weg in das neue Hilfesystem, um möglichst allen Menschen zu ermöglichen, zu leben, zu altern und zu sterben, wo sie hingehören.[75]

75 Ev. Johanneswerk e.V., Schildescher Straße 101, 33611 Bielefeld. Aber auch das renommierte Altenpflegeheim Haus am Kappelberg in Stuttgart-Fellbach hat eine ambulante Wohnpflegegruppe ausgegründet, indem es – wegen der Normalität besonders vorbildlich – in einem stinknormalen Mietshaus eine Doppel-Etage angemietet hat. Und nicht zu vergessen der Verein »Freunde alter Menschen«, dessen Geschäftsführer Klaus Pawletko, Hornstraße 21, 10963 Berlin, seine ambulanten Wohnpflegegruppen besonders sorgfältig ausgearbeitet hat, nun auch dazu übergeht, in die Dienstpläne für die Präsenz rund um die Uhr zunächst die Angehörigen, Nachbarn und anderen Bürger einzutragen und dann erst die Profis zu berücksichtigen, also den Bürger-Profi-Mix des Helfens auch hier vom Kopf auf die Füße stellt.

3. Kultureller Umbruch und Grundhaltungsänderung von uns allen?

Die Vermutung, dass es sich hier wirklich um eine neue solidaritätsorientierte Bürgerbewegung handelt, ist also ziemlich gut belegt – trotz gegenläufiger Trends. Millionen Bürger sind in der einen oder anderen ihrer zahlreichen Facetten aktiv, wahrscheinlich irgendwie sogar jeder von uns. So würde auch jeder wohl meinem Titel zustimmen: leben, altern, sterben, wo ich hingehöre; er würde dies auch auf der Anfangsstrecke durch eigenes Handeln fördern, und nur, wenn es schwieriger würde, wenn ein Sprung in ein anderes System sich abzeichnete, würde den meisten noch die Puste ausgehen. Aber von dem Gedanken bleibt jeder infiziert.

Sollte es sich dabei wirklich um einen (postmodernen postsäkularen?) kulturellen Umbruch um 1980 handeln, was wir natürlich erst frühestens in 50 Jahren wissen können, würde dazu möglicherweise auch das epochal-atemberaubende Faktum passen, dass die Zahl der Suizide, die in 150 Jahren Moderne immer brav angestiegen ist, sich von 1980 bis heute fast halbiert hat.[76]

Dazu mag ebenfalls passen, dass bei einer Umfrage 2003 die Leute auf die Frage, was ihnen im Blick auf das neue Jahrtausend an Werten persönlich besonders wichtig sei, der Häufigkeit nach antworten: Hilfsbereitschaft, Freundschaft, soziale Gerechtigkeit, menschliche Wärme, Liebe Zärtlichkeit, Pflichtbewusstsein, soziale Verantwortung, Freundlichkeit – und dann erst Freiheit, was Opaschowski interpretiert: »Der Solidarische muss nicht mehr der Dumme sein.«[77] Das Medien-Menschenbild käme zu der genau entgegengesetzten Häufigkeitsreihenfolge und erweist sich damit als zumindest einseitig, was sich auch darin niederschlägt, dass die Existenz der neuen Bürgerbewegung oder gar eines »kulturellen

76 Nach OECD-Gesundheitsdaten, Juni 2005, lag der Höchststand von 20,8 pro 100.000 Einwohnern im Jahre 1977, während er 2001 auf 11,0 abgesunken war, wobei verbesserte präventiv-therapeutische Angebote davon, weil sie erwiesenermaßen ziemlich unwirksam sind, allenfalls eine kleine Teilmenge erklären. Diese Art von Sprung muss schon eine tiefergehende Bedeutung haben, die man vielleicht in die Worte kleiden könnte, dass es nicht modern sei, sich umzubringen.

77 Horst Opaschowski: Der Generationenpakt, Darmstadt: Wissenschaftliche Buchgesellschaft 2004, S. 147

Umbruchs« in der öffentlichen Meinung so gut wie gar nicht vorkommt – zumindest nicht als Basisbewegung praktischen Handelns. Lediglich im mehr theoretischen Überbau ist zunehmend von »Bürgergesellschaft«, »Zivilgesellschaft«, »dritten Sektor« oder »Kommunitarismus« die Rede.[78]

All das trägt dazu bei, dass diese basale Bürgerbewegung des neuen Hilfesystems noch kein Bewusstsein ihrer selbst hat. Jeder bröselt an seinem Ort vor sich hin, was die synergetische Wirksamkeit der Gesamtbewegung nicht gerade fördert. Hier wirkt sich hemmend immer noch die Tradition aus, dass die einzelnen »Spielfelder« der Hilfebedürftigkeit streng institutionell und administrativ voneinander abgeschottet sind und bei entsprechendem Bedarf nur von den jeweiligen Profi-Spezialisten und ihren Verbandssprechern öffentlich verbalisiert werden: Dass das hilfsbedürftige Kind und der pflegebedürftige Großvater, dass Jugendhilfe und Altenhilfe etwas miteinander zu tun haben könnten, darauf kommt man – wie schon erwähnt – gerade mal erst mit Hilfe des Sozialraumkonzepts zum Beispiel in Husum.[79]

78 zum Beispiel Sabine Reimer: Die Stärke der Zivilgesellschaft in Deutschland, Berlin: Maecenata 2006; Karl Birkhölzer u. a. (Hg.): Dritter Sektor/Drittes System, Wiesbaden: VS-Verlag 2005; Georg Lohmann (Hg.): Demokratische Zivilgesellschaft und Bürgertugenden in Ost und West, Peter Lang, Europäischer Verlag der Wissenschaften, 2003, hier bes. der Beitrag von Adalbert Evers zur »Engagementpolitik als Demokratiepolitik«; Helmut Anheier u. a. (Hg.): Zwischen Eigennutz und Gemeinwohl, Gütersloh: Bertelsmann Stiftung 2004; Annette Zimmer u. Eckhard Priller: Gemeinnützige Organisationen im gesellschaftlichen Wandel, Wiesbaden: VS-Verlag 2004

79 Das Manifest »Soltauer Impulse« (Frankfurter Rundschau 23.7.2004) ist freilich vielleicht einer der ersten Texte, der diese Grenzen überschreitet – wohl vor allem deshalb, weil er gemeinsam von betroffenen Bürgern und Profis verfasst wurde und die zunehmende Not und Verzweiflung gerade der »Wehrlosesten« und der »Letzten« herausschreit. – An dieser Stelle hole ich die Entschuldigung für meine sprachliche Ungenauigkeit ein für alle Mal nach – begrifflich »Bürger« gegen »Profis« oder gegen »Hilfsbedürftige« oder gegen »Behinderte« zu setzen; denn alle gemeinsam sind sie ja Bürger. Nur der Kürze wegen meine ich mit »Bürger« in der Regel die Leute, insofern sie nicht Profis und gerade mal auch nicht so behindert oder hilfsbedürftig sind. Die Reichweite des Solidaritätsprinzips erstreckt sich zwar nicht bis in die individuelle Selbsthilfe, wohl aber bis in die Selbsthilfegruppenkultur; denn eine Gruppe funktioniert nur, wenn ich nicht als Erstes erwarte, etwas zu kriegen, sondern wenn ich als Erstes versuche, anderen etwas zu geben, also in Vorleistung zu treten, ohne jede Gewissheit, danach auch etwas zu bekommen.

»Solidaritäts-orientiert« nenne ich die neue Bürgerbewegung probehalber, nicht so sehr wegen der Solidaritäts-Tradition etwa der Arbeiterbewegung oder der katholischen Soziallehre, die dabei ja auch Großgemeinschaften im Auge hatten. Mir scheint vielmehr die Herkunft dieses Begriffs aus dem nüchternen römischen Haftungsrecht passend zu sein, wonach die notleidenden, hilfsbedürftigen Augen der Anderen mich so anblicken, dass ich erst mal unwillkürlich den Impuls spüre, für ihn haften zu müssen, dass er mich also in Haft nimmt oder, noch schlimmer, verhaftet, wobei ich natürlich jederzeit in meiner gesund-egoistischen Selbstbestimmung frei darin bin, diesen Anspruch auch auszuschlagen; nur dass dummerweise der Impuls immer schon »haftet«. Eine solidarische Beziehung ist also ein einseitiges, asymmetrisches Vergnügen: der Blick des Anderen ist auch ohne Worte so sprechend, dass ich – und sonst niemand – ihm zu antworten habe; selbst, wenn wir später vielleicht zu Wechselseitigkeit, Austausch, ja sogar zu einem Vertrag kommen können.

Und »neu« nenne ich diese basale, mich dem konkreten Anderen aussetzende Bürgerbewegung, weil sie den Sprung ins neue Hilfesystem, die neue »Kultur des Helfens« zum Ausdruck bringt. Insofern hat das nichts mit dem uns noch vertrauten »Ehrenamt« zu tun, das das Modernisierungszeitalter der Institutionalisierung des Helfens als schmückendes Beiwerk begleitet hat, als noch ein bisschen schuldbewusstes Alibi der absoluten Helfens-Dominanz der Profis (»Ganz am Rande sind auch noch ein paar selbstlos-engelsgleiche Bürger wichtig«), was schon daran sichtbar ist, dass der Begriff des »Ehrenamts« vormodern-vorprofessionell aus der Feudalzeit stammt, als die Bürger noch wirklich fürs Helfen unerlässlich und zuständig waren.[80] Selbst wenn man jetzt gern für Bürgerhelfer eine »neue Anerkennungskultur« fordert, bewegt man sich eigentlich noch im überholten und falschen System. Und wenn man sich heute beeilt zu

80 Sprachlich ist das an sich schade; denn vormodern war ja auch die Tätigkeit des Politikers, des Richters oder des Arztes ein Ehrenamt, was bedeutete, dass diese »Honoratioren« für die Ehre tätig waren, also nicht wie in der Geschäftswelt des Warenverkehrs bezahlt werden konnten. Nur weil sie ja schließlich leben mussten, bekamen sie statt eines Entgeltes ein »Honorar«, was sie zu »Honoratioren« machte.

sagen, die Bürgerhelfer sollten nichts tun, was Aufgabe der Profis ist, sollten keine »Lückenbüßer« sein, die den Profis die Arbeitsplätze wegnehmen, so ist das vollends eine doppelmoralische Lüge. Sie verkennt einmal, dass wir im neuen Hilfesystem das profizentrische zum bürgerzentrischen Konzept umgedreht haben; sie verkennt zum anderen, dass wirkliche Integration bedeutet, dass die Bürger mit und ohne Hilfebedarf ihre Beziehungen möglichst weitgehend selbst regeln, und sie verkennt nebenbei auch noch, dass die Bürger tatsächlich um Anteile am Hilfesystem mit den Profis rivalisieren, weil dieses dank Überprofessionalisierung zu teuer geworden ist; und deswegen dürfen die Bürger im neuen Hilfesystem durchaus auch – nur kostengünstiger – bezahlt oder, vielleicht besser, »honoriert« werden.

Selbst der Begriff der »Freiwilligen« ist heute nicht mehr ganz in Ordnung, weil wir schon von der ganz realen, alltagsweltlichen Unfreiwilligkeit der Freiwilligkeit, von dem wider-willigen Wollen des Helfens gehört haben. Gleichwohl gibt es auch viele Gemeinsamkeiten zwischen all den Bürgern, die in der neuen Bürgerbewegung tätig sind. Mit ihnen werden wir uns im Folgenden beschäftigen, schon um auch auf diese Weise dazu beizutragen, dass diese Bürgerbewegung zu einem Bewusstsein ihrer selbst kommt und dadurch wirksamer wird.

4. Die inneren und äußeren Nöte der Bürger

Helfen ist zunächst die Gabe von Zeit. Dass die Not des Anderen an mir vorbeigehen möge, ist allzu menschlich, dass sie mich angeht, anmacht, ist nur menschlich.[80a] Das gilt wohl ziemlich zeitlos. Nur die Menschen der Epoche der Moderne hatten sich die Chance erarbeitet, zumindest überdurchschnittliches Helfen nicht mehr mit der Gabe von Zeit, sondern mit der Gabe von Geld zu beantworten, damit die Not der Anderen nun an die durch mich bezahlten Profis ging und ich vermehrte Arbeits- und Freizeit haben konnte. Diese Epoche scheint nun zu Ende zu gehen. Trotz meines weiteren Zahlens

80a Joachim Bauer: Prinzip Menschlichkeit, Hamburg: Hoffmann und Campe 2006 von Steuern/Beiträgen hat die Not der Anderen sich so vermehrt, dass sie wieder stärker zu mir durchdringt, mich mehr angeht, anmacht. Nun scheint es in der gegenwärtigen Situation unter meinen eigenen Nöten und denen der anderen Bürger einige zu geben, die mich, um sie zu wenden, noch ein wenig wacher machen für die Anmache durch die konkrete Not des hilfsbedürftigen Anderen, jedenfalls wacher als früher. Als ob Hegel mit seiner Definition der Freiheit recht hätte, wonach sie die (zähneknirschende) »Einsicht in die Notwendigkeit« sei. Meine Not kommt der des Anderen wenigstens ein bisschen entgegen. Ich unterscheide bei mir und den anderen Bürgern eine innere und eine äußere Not.

Zunächst zur inneren Variante. Nach Konrad Hummel wetteifern Arbeit, Freizeit und Zivilgesellschaft um die knappe Ressource Zeit.[81] Was steckt dahinter? Gemessen an der Ära der frühkapitalistischen Industrialisierung gibt es heute immer mehr Menschen oder Bevölkerungsgruppen, die immer mehr (von Arbeit) freie Zeit haben. So hat sich etwa die Wochenarbeitszeit halbiert. Gleichzeitig hat der technische Fortschritt uns nicht nur zunehmend von (materiellen und sozialen) Lasten entlastet, er wirkte sich vielmehr auch extrem zeitsparend aus; zum Beispiel brauche ich, um eine Reise zu machen oder um mit meiner Haushaltsarbeit fertig zu werden, heute nur noch einen Bruchteil der früheren Zeit dafür. Schließlich gibt es sich vergrößernde Bevölkerungsgruppen, die nur noch freie Zeit haben, etwa die Langzeitarbeitslosen oder noch mehr die Menschen im dritten Lebensalter, die heute bei meist gnadenloser Gesundheit mindestens 15 Jahre dumm rumsitzen und nicht wissen, wofür sie da sind. »Freizeit« ist dann zum Hohn geworden.

Diese Aufzählung zeigt schon, dass Zeit etwas ist, womit man nicht beliebig umgehen kann, was vielmehr einer strengen Ökonomie unterliegt. Bin ich anfangs mit Arbeitszeit überlastet, freue ich mich

81 Konrad u. Jonas Hummel: Bürgerengagement macht Arbeit, in: Blätter der Wohlfahrtspflege 147, S. 248-249, 2000; und Hummel, der hier Benjamin Barber folgt, weiß, wovon er redet: ihm und seinen wenigen Mitarbeitern ist es zu verdanken, dass vom Sozialministerium Baden-Württemberg aus das ganze Land mit einem beeindruckenden Netz vielfältigster bürgerschaftlicher Initiativen überzogen wurde, insbesondere, was die Älteren angeht.

über jede Stunde Freizeit, die ich mit Hilfe der Arbeiterbewegung erkämpfe, genieße sie in vollen Zügen und will naturgemäß immer mehr davon haben. Dieser Genuss gelingt aber nicht bis zu einem Maximum, sondern nur bis zu einem Optimum. Jenseits dieses Optimums, wenn ich gewissermaßen in die Arbeitsunterlastung abgerutscht bin, gelingt mir das Genießen nicht mehr. Ich fange vielmehr an, unter zu viel Zeit als sinnfreier Zeit zu leiden; weil es mir immer unmöglicher wird, nur aus mir allein genug Sinn für mein Leben zu schaffen, muss ich einen Teil meines sinnfreien Zeitüberschusses sozial abbinden, erden; nur indem ich mich Anderen aussetze, komme ich zu der für mich notwendigen Tagesdosis an »Bedeutung für Andere«. Finde ich dieses menschengemäße Maß – nicht zu viel, aber auch nicht zu wenig – nicht, gehöre ich bald zu dem schon erwähnten wachsenden Heer der als krank definierten Neo-Psychisch-Kranken und blähe den Psycho-Markt weiter auf, obwohl mir eigentlich nur diese für jeden Menschen andere Tagesdosis an Bedeutung für Andere fehlt.

Dies zeigt sich auch an dem allgemeineren Versprechen der Moderne der Entlastung von Lasten, die eben auch nur bis zu einem Optimum segensreich ist. Rutsche ich aus der anfänglichen Überlastung in die Unterlastung, so wird dies schon auf der körperlichen Ebene (muskulärmotorische Unterlastung) zur Quelle der meisten heutigen Zivilisationskrankheiten (Herz-Kreislauf, Wirbelsäule, Stoffwechsel). Und auf der sozialen oder moralischen (das Wort gilt heute fast als obszön) Ebene ist es nicht anders: Reibe ich mich zu sehr für Andere auf (wie keineswegs alle, jedoch manche pflegende Angehörige), werde ich krank, komme ich nicht auf mein Optimum an Bedeutung für Andere, werde ich wieder krank.[82]

Die Millionen Mitglieder der neuen solidaritäts-orientierten Bürgerbewegung haben genau damit ihr Zeit-Problem erkannt; sie haben daher eine geringere Erkrankungswahrscheinlichkeit. Sie dienen damit also auch ihrem Gesundsein, jedoch – und das ist wesentlich – nur nebenbei, nicht zielgerichtet; denn wer für seine Gesundheit lebt,

82 Klaus Dörner: Das Gesundheitsdilemma a.a.O; ders.: Der gute Arzt, Stuttgart: Schattauer 2003

sie zu steigern versucht, ist schon nicht mehr gesund, weil nun mal Gesundsein »das selbstvergessene Weggegebensein an die Vollzüge meines Lebens« ist[83].

Und nun zur Variante der äußeren Not: Heute können sich immer mehr Haushalte allein aus Erwerbsarbeit nicht mehr finanzieren. Sie müssen nach zusätzlichen Einnahmen suchen. Da liegt – schon aus historischen Gründen – der Bereich des Helfens nahe, für das die Bürger daher heute nicht mehr nur Zeit geben, sondern unter Umständen auch Geld nehmen. Ständig werden neue Wege erfunden, über die Bürger zu sozialen Zuverdienern, zu Semi-Profis werden, wobei das Bezahlungs-Maß sehr unterschiedlich ist. Ein bewährtes Mittelmaß ist – in Übertragung aus dem Bürgerengagement im Sportbereich – die Übungsleiterpauschale. Einige Beispiele für bezahltes Bürgerhelfen haben wir schon aufgezählt. Weiterhin ist in Reutlingen die »lebensweltorientierte integrative Wohngemeinschaft« erfunden worden, in der geistig Behinderte mit anteilig bezahlten anderen Bürgern zusammenleben – mit entsprechend großer Integrationsstabilität.[84] Irene Steiner hat herausgefunden, dass die Verbindlichkeit der anteilig bezahlten bürgerschaftlich Engagierten im Seniorenzentrum »Mühlehof« in Steinen nicht etwa geringer, sondern größer war als die der fest angestellten Mitarbeiter.[85] Die schon erwähnten Erfinder des »Bürgerjahrs« in Essen bezeichnen dies ausdrücklich als »hauptberufliche Freiwilligenarbeit«. Und Mitte 2006 hat der »Paritätische Wohlfahrtsverband« in Jena und Eisenach die ersten beiden »Sozialgenossenschaften« Thüringens initiiert, um zum Beispiel Alleinerziehenden Gelegenheiten zu Dienstleistungen für alte Menschen zu geben, die da leben, wo sie hingehören.[86] All dies sind Belege, dass es sich hier in der Tat um eine neue Bürgerbewegung handelt – bis hin zu einer Art Wechselseitigkeit, durch die unterschiedliche Bürgergruppen ihre unterschiedlichen Nöte wenden, indem sie sich gegenseitig Bedeutung für Andere geben. Das leitet –

83 Hans-Georg Gadamer: Über die Verborgenheit der Gesundheit, Frankfurt: Suhrkamp 1996

84 Jo Jerg: Leben in Widersprüchen, Reutlingen: Diakonie-Verlag 2001

85 Irene Steiner: Beta: Verbundprojekt zur Förderung von Bürgerengagement, Stuttgart: Sozialministerium Baden-Württemberg 2003

86 epd sozial 26/2006

nach diesen realen biografischen Lebensbedingungen der Bürger – zu einer weiteren Gemeinsamkeit der neuen Bürgerbewegung über, zur Frage eines neuen Menschenbildes.

5. Ein postsäkulares Menschenbild als Bürger-Mitgift für die neue Kultur des Helfens

Wenn das alles zutrifft, dass die Alten sich in bisher unbekanntem Ausmaß vermehren, dass sie praktisch alle leben, altern und sterben wollen, wo sie hingehören, dass wir alle diesen Ausdruck ihres Wunsch- und Wahlrechts bejahen, dass dies uns alle und die Gesellschaft verändern muss und dass wir zur Verwirklichung dieser letzten und vornehmsten Willensbildung der Alten schon jetzt eine Bürgerbewegung[87] zustande gebracht haben, die zu diesem Zweck ein neues Hilfesystem geschaffen hat, dann muss dem wohl auch ein neues Menschenbild entsprechen, das sich irgendwie von dem alten Menschenbild der Moderne unterscheidet. Dies zu formulieren ist natürlich Glückssache, geht auf mein eigenes Risiko, kann daher nur ein Vorschlag sein, um die Diskussion wenigstens zu eröffnen.[88]

87 Carola Schaaf-Derichs: Die neuen Freiwilligen, in: Solidarität – eine Tugend in der Not? Landesvereinigung für Gesundheit Niedersachsen e.V., Fenskeweg 2, 30165 Hannover, 1998, S. 6-11. Die Autorin hat mit Hilfe ihrer »Freiwilligenagentur« ermittelt: »Der Kontakt mit hochbetagten, alleinlebenden Menschen ist nach wie vor der größte Engagementbereich. Ganz offensichtlich nehmen hier viele sozial gut eingebettete Menschen aus allen Altersgruppen großen und emotionalen Anteil an der sozialen und psychischen Verarmung, die mit Alterungsprozessen einhergeht.«

88 Ich erinnere noch mal daran: So wie wir uns heute von den Alten überflutet und überfordert fühlen, so ging es den Menschen um 1520 mit den Armen. Auch dies hat damals das Menschenbild dramatisch verändert. Und: Mit der Diskussion der Altenfrage meine ich – in Analogie – immer nur die »armen« Alten, was hier jedoch die »nicht reichen« bedeuten soll, nämlich etwa 80 bis 90% der Alten. Das ist deswegen wichtig, weil »Reiche« sich immer schon höchst individuelle und auch originelle Problemlösungen leisten konnten und deswegen nie von der Institutionalisierung bedroht waren, egal, ob es sich früher um psychisch Kranke und geistig Behinderte gehandelt hat oder heute um pflegebedürftige Alte. Für sie gibt es »Residenzen«, »Stifte« oder noch viel phantasievollere Settings. Dies sei ihnen gern gegönnt; sie haben daher aber auch nichts mit unserem Thema der »Altenfrage« und ihren Auswirkungen auf jeden Bürger und auf die Gesamtgesellschaft zu tun.

Ich fange mit Jürgen Habermas an, der in seiner vom 11. September 2001 überschatteten Friedenspreisrede[89] geäußert hat, dass wir wohl heute (seit 1980? K.D.) in einer postsäkularen Gesellschaft leben; denn die säkulare Moderne habe ihr Versprechen nicht einlösen können, dass jeder sich individualisierende Mensch genug Sinn für sein Leben ganz allein aus sich selbst schöpfen könne; vielmehr sehe es jetzt so aus, als ob wir dafür doch des Anderen bedürften, wer oder was auch immer darunter zu verstehen sei.

Dies ist für mich anschlussfähig an den französischen Philosophen und Rabbilehrer Emmanuel Levinas[90], dem zufolge unser europäisches Denkerbe je zur Hälfte aus der griechischen und aus der biblischen Denktradition stammt, wobei in Ersterer mein Ich das Aktionszentrum sei, das die Welt oder den Anderen – mit seinen Leistungen – verändert, während in Letzterer der Andere das Aktionszentrum sei, ob nun Gott oder der andere Mensch oder eine Mischung aus beidem. Daher sei Europa immer gut gefahren, keine der beiden Traditionen auf Kosten der anderen zu schwächen; nur dann könne sich die menschliche Erwählung realisieren: »die meine – um zu dienen – die des Anderen aber um seiner selbst willen«. In diesem Horizont wird die merkwürdige Autorität verständlicher, die der hilfsbedürftige Andere auf mich ausstrahlt, wenn er mich – wenigstens manchmal – dazu bestimmt, etwas für ihn zu tun, was ich mit meinem gesund-egoistischen natürlichen Willen gar nicht will.

Wenn ich jetzt solche Überlegungen auf den ganz konkreten Bürger-Profi-Mix im neuen Hilfesystem herunterbreche, also auf die alltägliche »Dienstleistung«, wird es spannend. Während nämlich der Profi in der Regel sich über seine Leistungskompetenz, die ja gerade dem Bürger verschlossen ist, definieren wird, wird der Bürger in dieser Verlegenheit eher darüber nachdenken, dass in dem Begriff »Dienstleistung« zwei Tätigkeiten stecken: je zur Hälfte »Leisten«, aber eben auch »Dienen«, was ja per Ausschluss allein sein Ansatz zu sein hat. Während Leisten nun eine (auch gut) bezahlbare Tätigkeit

89 Frankfurter Allgemeine Zeitung vom 15.10.2001

90 Humanismus des anderen Menschen, Hamburg: Meiner 1989, zum Beispiel S. 98

ist, in der ich aus der Position der Stärke von oben herunterkomme, ist Dienen (vielleicht honorierbar, aber) nicht bezahlbar und erfolgt aus der Position der Schwäche heraus. Nun beginnt unbestreitbar alles Helfen damit, zu einer tragfähigen Beziehung zu kommen, damit daraus Kooperation werde. Diese Beziehung aber muss über das Leisten stets misslingen, vielmehr kann sie nur über das Dienen, aus der Position eigener Schwäche heraus gelingen – und zwar so gut, dass, wenn erst in die Beziehung eingebettet, dann sekundär auch beim (technischen) Leisten das Hilfreiche das Verletzende überwiegen kann. Natürlich ist fürs Helfen beides gleich wichtig, aber man hat stets mit dem Dienen zu beginnen, diese Reihenfolge ist nicht umkehrbar. Diese beziehungslogische Korrektur des Menschenbildes bringen die Bürger als Mitgift in das neue Hilfesystem ein. Hier können systematisch die Profis von den Bürgern lernen, nicht umgekehrt.

Dies ist noch weiter zu vertiefen, wie ich schmerzhaft am eigenen Leibe erfahren musste. Ich habe viele Jahre lang den Titel »Irren ist menschlich«[91] unseres Psychiatrie-Lehrbuchs als Profi so interpretiert, dass die psychisch Kranken die Irrenden sind. Erst die zu deinstitutionalisierenden Heimbewohner in Gütersloh haben mir beigebracht, dass die Profis noch viel grundsätzlicher dazu verurteilt sind, regelmäßig zu irren. Denn in einer beginnenden Begegnung mit einem Hilfsbedürftigen (auch Angehörigen) spreche ich zu einem mir noch Fremden in eine raumzeitliche Unbekanntheit, Offenheit hinein.[92] Mein Gesagtes wird wahrscheinlich schon deshalb falsch sein, weil es nur von mir kommt, weshalb es auch – wenn ich ehrlich bin – keine einzige Begegnung gibt, die nicht von meiner panischen Angst ausginge, dem Anderen nicht gerecht werden zu können. Bleibt mir als einziger Ausweg, all dies auch ohne Worte aus der Position der Schwäche und Ohnmacht durch meine Grundhaltung auszudrücken, verbunden mit der Aufforderung an den Anderen, ich sei in meiner Abhängigkeit von ihm glaubwürdig offen darin, mich jederzeit angstfrei von ihm korrigieren, verbessern zu lassen; nie direkt, sondern nur

91 Klaus Dörner, Ursula Plog u. a.: Irren ist menschlich, Bonn: Psychiatrie-Verlag 2004

92 Bernhard Waldenfels: Grundmotive einer Phänomenologie des Fremden, Frankfurt: Suhrkamp 2006

auf einem solchen höchst indirekten Wege könne Kooperation zwischen uns entstehen. Mit zunehmender Erfahrung weiß ich inzwischen: beim Helfen gibt es Richtiges nur als korrigiertes Falsches. So können wir wenigstens vorwärtsirren.[93] Beim Helfen habe ich als Profi zunächst auf mich als Bürger zurückzugreifen, also die dienende Position einzunehmen, um in diese Perspektive danach mein Profi-Leisten einzubetten, damit es dem Anderen mehr als nur dienlich sein kann.

Umso mehr gilt dies in Institutionen. Wenn ich eine längere Zeit, durch die Gesellschaftszentrifuge ausgegrenzt, institutionalisiert gelebt habe, kann ich mir keine Zukunft mehr leisten, weil ich erfahren habe, dass es für mich keine Veränderung mehr geben kann. Es ist da nur eine gesunde Anpassungsleistung von mir, Zukunft für mich zu streichen, mich vielleicht als wunschlos glücklich zu definieren, da ich auch nicht mehr wunschfähig bin. Mich dann in Zufriedenheitsumfragen nach meiner so amputierten Meinung zu befragen, ist an Zynismus schwer zu überbieten.[94] Vielleicht wird vor diesem Hintergrund verständlicher, warum Profis nicht ohne die Schroffheit des kategorischen Imperativs der Solidarität auskommen: »Handle in deinem Verantwortungsbereich so, dass du mit dem Einsatz all deiner Ressourcen immer beim Letzten beginnst, bei dem es sich am wenigsten lohnt«. Natürlich kann in der Praxis niemand einer solchen Überforderungsnorm jederzeit folgen. Es reicht aber schon, wenn wir dies nur dann tun, wenn wir gerade die Zeit und die Kraft und die Lust dazu haben; denn dann werden zwar die Letzten nicht biblisch zu den Ersten werden, aber sie bleiben in den jeweiligen Prozess eingestreut und wir können die sonst unvermeidliche »Konzentration der Unerträglichkeit« im Rest-Heim verhindern.

93 Goethe sagt irgendwo: »Wir können einen Fehler nicht eher einsehen, bis wir ihn losgeworden sind, wobei nichts gewonnen wird, weil der nächste Fehler anders ist als der alte und wiederum nicht erkannt werden kann.«

94 Martin Hahn u. a. haben in: »Die Leute sind ja draußen aufgeblüht ...«, Reutlingen: Diakonie-Verlag 2003, nach mehreren Ambulantisierungsberatungen in Heimen für geistig Behinderte, die oft an den Interessenszwängen der Leitungen gescheitert sind, das Fazit gezogen, dass die Behinderten, während sie immer schon »wie Gegenstände behandelt« wurden, heute auch noch »wie eine Ware« gehandelt werden (S. 429).

Hätten wir aber diese Norm nicht wenigstens im Hinterkopf, würde stets unsere Schwerkraft, unsere Bequemlichkeit und unser Interesse siegen. Außerdem liefert diese Norm aus der Negation heraus die Rechtfertigung dafür, dass es getrennt vom sozialen Bereich den ökonomischen Bereich gibt, in dem es erlaubt, ja geboten ist, immer vom »Ersten« auszugehen, bei dem es sich am meisten lohnt; und eine Gesellschaft ist nur so lange gesund, wie beide Bereiche in einem Spannungsverhältnis zueinander akzeptiert und legitim sind.

Beim Helfen eine bessere Zukunft nach gegenwärtigen eigenen Plänen oder Wünschen zielgerichtet gestalten zu wollen, bleibt fragwürdig, da man diese Zukunft nun mal nicht kennen kann und die Menschen ihre Freiheit eher darin sehen, weltoffene Wesen zu sein, worin sie sich mit fast allen philosophischen Anthropologen einig sind. Einer von ihnen, Helmuth Plessner[95], findet wohl deswegen wieder mehr Beachtung[96], weil er einmal diese Weltoffenheit sozial greifbarer macht und zum anderen auf ontologische und daher nicht falsifizierbare Bestimmungen des Menschen verzichtet. Als erster negativer Anthropologe beschränkt er sich auf die »Unergründlichkeit« des Menschen, die er sokratisch durch das einzuschränken versucht, was man dennoch wissen kann. Für ihn lebt das Tier, instinktgesteuert von seinem Zentrum her, »zentrisch«, während der Mensch zur Hälfte das zwar auch tut, zur anderen Hälfte aber außerdem »exzentrisch« ist. Er lebt daher nicht nur in Selbstbestimmung, sondern auch in »Selbstentzogenheit«, da er – primär ebenso natürlich wie sozial – sein Zentrum auf den Anderen oder das Andere zu transzendieren hat und zugleich der Eigenständigkeit dieses Anderen ausgesetzt ist. Hinsichtlich der Sozialität des Menschen warnt er – fünf Jahre vor der NS-Machtergreifung prophetisch! – vor der damals (und heute?) allseits beliebten Wunschkonstruktion der »Gemeinschaft« und setzt dagegen das Spannungsfeld zwischen dem

95 Helmuth Plessner: Die Stufen des Organischen und der Mensch, Berlin: de Gruyter 1975

96 Gerhard Gamm u.a. (Hg.): Zwischen Anthropologie und Gesellschaftstheorie, zur Rennaissance Helmuth Plessners im Kontext der modernen Lebenswissenschaften, Bielefeld: Transscript 2005

»Wir«-Raum des Nahbereichs und der Gesellschaft. Seyla Benhabib würde von der Differenz zwischen dem konkreten Anderen und dem verallgemeinerten Anderen sprechen.[97]

All diese Überlegungen von Habermas bis Plessner bilden nun einen praktisch brauchbaren Denkrahmen für ein wieder vollständigeres Menschenbild des Hilfsbedürftigen in der neuen deinstitutionalisierten Kultur des Helfens. Denn während man im alten institutionellen Hilfesystem und auch noch in den verbetriebswirtschaftlichten Gesetzen und den vergleichbaren Texten der Berufs- und Wohlfahrtsverbände bis zur Ermüdung immer wieder nur lesen kann, dass Hilfsbedürftige immer mehr Selbstbestimmung brauchen, wird in dem neuen Denkhorizont und im neuen Hilfesystem unabweisbar, dass das zwar richtig ist, dass aber auch die Hilfsbedürftigen – wie alle Menschen – noch ein weiteres, genauso vital wichtiges Grundbedürfnis haben, nämlich das Bedürfnis nach »Bedeutung für Andere«, nicht überflüssig zu sein, sondern gebraucht zu werden, für Andere da zu sein, notwendig zu sein. Davon brauchen sie sogar noch mehr als Menschen ohne Hilfebedarf; denn wer darauf angewiesen ist, immer wieder zu nehmen (nämlich Hilfe), braucht zum Ausgleich noch mehr Gelegenheiten, auch geben zu können.[98]

Auch hier haben es die helfenden Bürger leichter, weil sie mit ihrem Verständnis näher dran sind als die Profis, die von den Bürgern erst zu lernen haben, zum Beispiel bei der Ambulantisierung eines Hilfsbedürftigen nicht nur darauf zu achten, ob er genug Selbstbestimmung, sondern auch genug Bedeutung für Andere hat. Dagegen sind die Bürger oft ja selbst erst zum Helfen gekommen, weil sie ihrerseits in ihrer Lebenswelt zu wenig Bedeutung für Andere hatten – nach dem biblischen Motto: »Einer trage (gerade nicht die

97 Seyla Benhabib: Selbst im Kontext, Frankfurt: Suhrkamp 1995

98 Das ist so ähnlich wie bei dem revolutionären Sprung der alten in die heutige Physik vor ein paar Jahrzehnten: Seither kann man sagen, dass die mechanische Physik Newtons zwar richtig sei, jedoch nur für einen definierten Sonderfall, während die vollständigere Erklärung der Physik erst durch die Atom- oder Quantenphysik ermöglicht wurde. – Ich habe das erst im letzten Drittel meiner Berufstätigkeit kapiert.

eigene, sondern) des Anderen Last« (Gal. 6,2). Im Ergebnis helfen sich im neuen Hilfesystem die Hilfsbedürftigen und die helfenden Bürger gegenseitig; die einen sind hilfebedürftig, die anderen helfensbedürftig: ihre »gleiche Augenhöhe« ist somit die ihrer Bedürftigkeit!

Man kann sogar sagen, dass Pflegebedürftigkeit, psychische Erkrankung oder Behinderung durch einen Mangel an Bedeutung für Andere mitbedingt sei – oder dadurch, zu zentrisch und zu wenig exzentrisch zu leben. Oder anders: um Selbstbestimmung leben, auch genießen zu können, bedarf es – als Voraussetzung – einer kalkulierten, für jeden Menschen unterschiedlichen Prise oder Tagesdosis an Fremdbestimmung. Freiheit ist nie voraussetzungslos, weshalb Juristen den Begriff der »Freiheitsvorsorge« kennen. Oder Rosa Luxemburg: »Freiheit ist immer die Freiheit das Anderen.«

»Teilhabe« dagegen ist zwar inflationär beliebt, jedoch eine begrifflicher Fehlgriff, der ersatzlos gestrichen werden sollte. Denn einmal tritt der Begriff an die Stelle demokratischer Beteiligungsrechte und entpolitisiert die Betroffenen. Zum anderen ist er schwammig und nichtssagend, wohl daher auch beliebt, kommt auch in der deutschen Sprache eigentlich nur beim »stillen Teilhaber« vor (also beim Kapitaleigner, weshalb der Begriff im Zusammenhang mit dem persönlichen Budget eine witzige, neue Bedeutung bekommen kann). Zum Dritten ist er ein feudalistisches Relikt und suggeriert, dass ein eigentlich unwerter Untergeordneter gnädigerweise an einem Höheren, Ganzen teilhaben dürfe. Und schließlich ist er mit der falschen Vorstellung belastet, Hilfsbedürftige wollten immer mehr »haben«, während es ihnen doch noch mehr an Gelegenheiten fehlt, geben zu können, weshalb der künstliche Begriff »Teilgabe« schon besser wäre.[99]

99 Hierzu der Ökonom und Jesuitenpater Friedhelm Hengsbach, etwa in: Frankfurter Rundschau vom 20.8.2005 und 22.7.2006, wo er diesbezüglich die Armuts-Denkschrift der Ev. Kirche kritisiert.

Auf ähnliche Weise mögen diese Menschenbild-Gedanken vor drei weiteren Relikten aus dem alten institutionellen Hilfesystem schützen, das mehr in griechischer als in biblischer Denktradition glaubte, Menschen (therapeutisch oder pädagogisch) ändern und (institutionell) sich aneignen zu können, von den besten Absichten beseelt:

1. Wenn man jetzt die Finanzierung jeglichen (professionellen) Helfens durch das Nadelöhr von so was wie einer »Hilfeplankonferenz« schickt, verkennt man, dass man damit zwar die zentrisch-tierische Hälfte des Menschen fördern, dafür aber auch die personhaft-exzentrische Hälfte schädigen kann, weil nun mal seine Weltoffenheit ihm verbietet, sich von einem unbekannten Punkt in der Zukunft (Ziel) determinieren zu lassen;[100] außerdem ist dieses Setting natürlich nicht kostensparend, sondern kostensteigernd, da man kaum jemanden, der schon mal in die Konferenz kommt, ohne jede Hilfe wieder wegschickt, auch wenn sie ihn schädigen würde – nach dem schon erwähnten Hart-Gesetz: inverse care law (s. Fußnote 38a).

2. Solchen Konferenzen, die ohne eine finanzielle Budgetbegrenzung manchmal wirklich, oft aber wegen der Interessengebundenheit der Profis nur scheinbar demokratische »Teilhabe« fördern, liegen die Ergebnisse von Fragebögen zugrunde, die dem »personenzentrierten« Ansatz folgen. Es ist aber verboten, Personen zu zentrieren, zumindest solange, wie der – an sich richtige – Wechsel vom institutions- zum personenzentrierten Ansatz nicht eingebettet ist in den Wechsel vom profi- zum bürgerzentrierten Ansatz.[101]

100 Klaus Dörner: Das Handeln psychosozialer Profis. Zwischen individueller Hilfeplanung und Begleitung im Lebensfeld, in: Soziale Psychiatrie 2004 Heft 3, S. 37-42. Gegen diese Unsitte, die sich am »Zielerreichungsgrad« orientiert, schreibt auch Renate Schernus: Abschied von der Kunst des Indirekten – oder: Umwege werden nicht bezahlt, in: J. Blume u.a. (Hg.): Ökonomie ohne Menschen? Neumünster: Paranus Verlag 1997. Dagegen hatte auch schon gesetzt Karlfried Graf Dürckheim: Der zielfreie Weg, Freiburg: Herder 1982, hier besonders der Beitrag von Peter Petersen. Und heute ist ein niederländischer Weg wirksam: Andris Baart: Über die präsentische Herangehensweise, zu beziehen über Luybenstraat 19, NL-5211 BS Den Bosch.

101 Klaus Dörner: Es ist verboten, Personen zu zentrieren! In: Soziale Psychiatrie 2005, Heft 1, S. 33-37

3. Schließlich ist noch mal die »Qualität« zu erwähnen, diesmal in ihrer besonders beliebten Variante der »Lebensqualität«, wovon alltagssprachlich jeder natürlich immer mehr haben will, während die Betriebswirte, die das eingeführt haben, in Wirklichkeit das Gegenteil von uns darunter verstehen, nämlich die Vergleichbarkeit, Standardisierbarkeit und Quantifizierbarkeit nicht nur der Profi-Leistungen, sondern auch der Befindlichkeit, des Wohlgefühls des Hilfebedürftigen, bis die von uns gemeinte wirkliche Qualität, nämlich die gerade unvergleichbare Eigenart meiner Befindlichkeit, als Abweichung, gestrichen, eingespart werden kann. Wenn aber Lebensqualität, weil quantifizierbar, positiv sein kann, kann sie auch ins Negative abrutschen. Mein Leben hat dann nichts Unbedingtes mehr, sondern ist von zu erfüllenden Bedingungen abhängig. Habe ich zum Beispiel noch die Qualitätsmerkmale des rationalen Denkens und der Kommunikationsfähigkeit, werde ich mit meiner Qualität positiv geratet. Erfülle ich diese Bedingungen nicht mehr, bin ich daher in die negative Lebensqualität eingestuft. Da nun meine Behandlung etwas kostet, gerät sie spätestens dann in den Vergleich mit der Lebensqualität der zahlenden Gesunden. Und dann deute ich das Verhalten der helfenden Profis leicht so, dass ich doch bitte selbst den Abbruch meiner Behandlung oder die Beendigung meines Lebens fordern sollte; die Grenze zwischen eigenem und fremdem Verlangen nach Tötung verschwimmt hier. Wir tun also gut daran, auf den Begriff »Lebensqualität« zu verzichten.

Was das Gleichgewicht zwischen den drei gleich wichtigen Kräften des Steuerungs-Mixes des Helfens angeht, so spricht also nicht nur dieses Kapitel dafür, dass die Profis gut beraten sind, wenigstens heute (morgen kann es schon anders sein) sich weniger vom Markt, sondern mehr von den Bürgern, der neuen Bürgerbewegung und ihrer Mitgift steuern zu lassen.

III. Bürgerhelfer-Perspektive: Nachbarschaft und die anderen solidaritäts-stabilisierenden Institutionen

Von der Gesamtheit der gegenwärtigen Initiativen bürgerschaftlichen Engagements, die sich ja auch in den Bereichen der Demokratisierung der kommunalen Selbstverwaltung, der Bildung, der Kunst, des Sports und der Migranten-Integration ausdrücken,[102] interessiert hier ja nur besonders die in II. Kapitel beschriebene neue, solidaritäts-orientierte Bürgerbewegung, wie sie das neue Hilfesystem der Deinstitutionalisierung und der community care, nicht nur, aber vor allem unter dem Aspekt der Altenfrage, ermöglicht und befruchtet. In den folgenden Kapiteln geht es um die Konkretisierung des Helfens der Bürgerhelfer – im Wechselspiel mit den Profis, dem Markt und dem Staat. In diesem III. Kapitel erfolgt dies aus der Perspektive der Bürgerhilfe selbst, im IV. Kapitel aus der Perspektive der Hilfsbedürftigen und im V. Kapitel aus der Perspektive der Profis und des Staates.

Da nun, wie wir immer wieder betont hatten, solidarisches Helfen in der Regel nur ungern, nur widerwillig gewollt werden kann, hat es zwar dem konkreten Anderen gegenüber schon eher Verbindlichkeit, bleibt aber hinsichtlich seiner Verallgemeinerungsfähigkeit stets prekär und fragil. Deshalb hat es in der europäischen Geschichte immer mindestens vier Sozialräume oder Institutionen gegeben, die das solidarische Handeln der helfenden Bürger bei der Stange halten sollten: Der familiäre Haushalt, die Nachbarschaft, die Kommune und die Kirchengemeinde. Daher soll es jetzt in diesem III. Kapitel um die Frage gehen, ob diese vier Sozialräume – natürlich vor allem die Nachbarschaft – diese Funktion noch ausüben oder ob sie, modifi-

102 Hier dürfte wohl immer noch Baden-Württemberg führend sein, zum Beispiel Sozialministerium Baden-Württemberg (Hg.): Das Bürgerland. Handbuch, 2001, Schellingstraße 15, 70174 Stuttgart; und Sozialministerium (Hg.): 1. wissenschaftlicher Landesbericht zu bürgerschaftlichem Engagement und Ehrenamt in Baden-Württemberg in den Jahren 2002 und 2003, Stuttgart 2004

ziert und weiterentwickelt, dazu wieder in die Lage gebracht werden können. Wir schließen dieses Kapitel mit dem 5. Abschnitt, der sich komplementär nun nicht mehr so sehr mit den Sozialräumen der Bürgerhelfer, sondern mit ihrer Sozialzeit beschäftigt.

Eines haben die Abschnitte dieses Kapitels gemeinsam: Alle vier Sozialräume/Institutionen – Haushalt, Nachbarschaft, Kommune und Kirchengemeinde – sind die exemplarischen Verlierer der Modernisierung der Gesellschaft, schon weil man sie durch die Institutionalisierung und Professionalisierung des Helfens zunehmend für überflüssig hielt. Die Frage ist also, ob sie bei der jetzigen Deinstitutionalisierung des neuen Hilfesystems wieder mehr gebraucht werden, ob und wie sie jetzt wieder zu den Gewinnern zählen können. Im Übrigen gehören auch alle Abschnitte dieses Kapitels zur Aufzählung der Gemeinsamkeiten der neueren Bürgerbewegung.

1. Der familiäre Haushalt

Wenn fast alle Hilfsbedürftigen, insbesondere fast alle Alten und Alterspflegebedürftigen/Dementen leben, altern, sterben wollen, wo sie hingehören, dann ist es die vornehmste Aufgabe der Bewegung der helfenden Bürger, ihre Ressourcen, bei Insuffizienz der familiären Selbsthilfekräfte, so einzusetzen, dass dieses Ziel erreicht wird. Zu dieser Radikalität der Zielsetzung gibt es keine Alternative, da eine solche nicht mehr zu begründen und zu rechtfertigen ist, spätestens seit wir wissen, dass die Schwere der Pflegebedürftigkeit kein Hinderungsgrund mehr ist. Um die Orientierung an diesem Ziel kommen wir nicht herum, auch wenn wir zu wissen meinen, dass wir es nie vollständig oder erst nach langer Zeit erreichen werden. Wenn die Institutionalisierung des Helfens über hundert Jahre gedauert hat, warum sollte die Deinstitutionalisierung weniger Zeit brauchen, auch wenn die skandinavischen Behinderten, seit man dort dieses Ziel wirklich erreichen wollte, nur fünfzig Jahre gebraucht haben. Schließlich könnten auch Restheime mit der »Konzentration der Unerträglichkeit« als Alternative nie akzeptiert werden; man kann eben nicht nur ein bisschen deinstitutionalisieren. Man kann allenfalls für die Prozesszeit die Radikalität pragmatisch mildern: wenn der Grundsatz durchgesetzt ist, sind begründbare Ausnahmen unschädlich.

Der Ort der Hingehörigkeit gehört zum Sozialraum des Privaten. Es ist hier zunächst von der eigenen Wohnung oder dem eigenen Haushalt zu sprechen. Das alte Profisystem – ohne die Bürgerhilfe –, die Politik der Verbände und die Gesetzgebung sind noch kaum von dieser heute unvermeidlichen Zielsetzung getrieben, sich am Willen der Hilfsbedürftigen zu orientieren, obwohl die Verfassung das vorschreibt. Wir sind noch von den Interessen der Professionalisierung und den Sachzwängen der Institutionalisierung und der administrativen Schubladen-Spezialisierung gelähmt. Thimm u. a. haben das auf erschreckende Weise am Beispiel von Familien mit behinderten Kindern empirisch bewiesen:[103] Behindertenhilfe, Jugendhilfe, Bürgerhilfe, Schule, Sonderschulpädagogik, Medizin, Psychiatrie marschieren streng getrennt; das Individualprinzip der Sozialgesetze verhindert die Familienorientierung des Helfens; und alle Profis sind sich nach dem Motto »Einmal Heim, immer Heim« nur darin einig, Familien ersetzen, statt ergänzen zu wollen, während Sozialraumorientierung, die diese Probleme lösen könnte, weil dann auch die Profis dem Sozialraum dienen, eher bekämpft wird. Grundsätzlich ist es in anderen Bereichen nicht viel besser. Allenfalls ist in der Psychiatrie der nicht zuletzt auch ökonomische Druck zur Bildung regionaler Verbünde etwas erfolgreicher, wenn auch hier wieder die Chronischen in den Heimen überwiegend draußen vor bleiben. Demgegenüber ist es in der Altenhilfe bewunderungswürdig, dass weiterhin, über die Selbsthilfe nicht weniger Singles hinaus, 70% der Alterspflegebedürftigen von ihren Familien betreut werden. Obwohl die Familie spätestens seit 1968 eher nur noch als

103 Walter Thimm u. G. Wachtel: Familien mit behinderten Kindern, Weinheim: Juventa 2002

104 Zur Prognose »Auslaufmodell« trägt folgender Gedanke bei: Wenn die Familie fast alle *sozialen* Funktionen verloren hat, hat sie auch an Bedeutung und Autorität eingebüßt und ist zu einer »Gefühlsgemeinschaft« geschrumpft. Wenn aber Gefühle nicht genug sozial »geerdet« sind, wissen sie gleichsam nicht wohin und können sich dann auch gegen Familien-Mitglieder oder gegen sich selbst richten. Dann wird die Familie zur Brutstätte gerade der sich endlos vermehrenden Neo-psychisch-Kranken.

Auslaufmodell[104] gehandelt wurde, es daher jahrzehntelang praktisch keine Familienpolitik gab und erst das Bundesverfassungsgericht etwa mit seinem Pflegeversicherungs-Urteil vom 3.4.2001[105] den Gesetzgeber auf die Notwendigkeit einer solchen hinweisen musste, ist der generationsübergreifende Zusammenhalt der Familien größer geblieben und auch geworden, als man bei dem schon beschriebenen modernisierungs- und industrialisierungsbedingten Funktionsverlust der Familie öffentlich zu vermuten bereit war. Das mag auch damit zusammenhängen, dass inzwischen fast jeder von uns in seiner Familie Erfahrungen mit einem Mitglied im dritten und einem Mitglied im vierten Lebensalter hat.

Es scheint also ein Merkmal der postsäkularen Epoche zu sein, dass die Familie nicht mehr »unmodern«, nicht mehr out ist. Im Gegenteil: indem wir uns (auch kontrafaktisch) von dem Ziel bestimmen lassen, dass alle allein schon das Recht haben, zu leben und zu sterben, wo sie hingehören, und alle anderen somit die Pflicht, dem zu dienen, werden die Familienangehörigen zu den »Pionieren«, weil sie dies schon mal für mehr als die Hälfte der Alterspflegebedürftigen verwirklichen. Sie machen den helfenden Bürgern dadurch Mut, dass es sich lohnt, sich ebenfalls diesem Ziel auszusetzen, was diese empirisch ja auch vorrangig tun.[106] Die Angehörigen und der familiäre Haushalt erweisen sich also in der Tat als eine Institution, die das neue Hilfesystem und damit die helfende Bürgerbewegung wieder stabilisiert, selbst dann, wenn dies mangels nachwachsender Kinder quantitativ sich verringern würde. Das ist dann nicht mehr so wichtig. Auch wenn die Angehörigen zum Sozialraum des Privaten und nicht zum dritten Sozialraum der Bürgerhelfer gehören, darf man daher und wegen der noch zu beschreibenden Vielfältigkeit familiären Helfens getrost die Frage stellen, ob man nicht auch die helfenden und pflegenden Angehörigen zur neuen Bürgerbewegung zählen

105 Hier heißt der Leitsatz: »Es ist mit dem … Grundgesetz nicht zu vereinbaren, dass Mitglieder der sozialen Pflegeversicherung, die Kinder betreuen und erziehen und damit neben dem Geldbeitrag einen generativen Beitrag zur Funktionsfähigkeit eines umlagefinanzierten Sozialversicherungssystems leisten, mit einem gleich hohen Pflegeversicherungsbeitrag wie Mitglieder ohne Kinder belastet werden.«

106 vgl. Fußn. 87

sollte, zumal es zwischen ihr und dem privaten wie dem öffentlichen Sozialraum fließende Übergänge gibt. Das gilt auch dann, wenn das Mischungsverhältnis zwischen Pflicht und Neigung in beiden Räumen naturgemäß unterschiedlich ist. Auch mag dafür sprechen, dass es in der Psychiatrie seit fünfzehn Jahren die inzwischen etablierte Institution des »Trialogs« gibt, also eines Forums, wo alle wichtigen Behandlungs- und Versorgungsfragen zwischen den drei wesentlich beteiligten Gruppen diskutiert werden: den psychisch Kranken, den Profis und den »Dritten«, mögen sie nun Angehörige, gesetzliche Betreuer oder andere Bürger sein.

Hinzu kommt, dass die Bürger – nach Befragungen – längst ein Drei-Säulen-Modell der Altersvorsorge erfunden haben, bestehend nicht nur 1. aus der gesetzlichen Grundversorgung, 2. privaten finanziellen Rücklagen, sondern auch 3. dem vorsorgenden Aufbau eines sozialen Netzes, wozu v. a. Familien- und Freundschaftspflege, aber auch bürgerschaftliches Engagement und Bildung gehören; von dieser dritten Säule haben zwischen 1997 und 2003 noch einmal insbesondere Angehörige und Freunde an Bedeutung gewonnen.[107] Daher spricht man heute auch gern von »sozialen Konvois«, also von der Sorge für das »langfristig wirksame generationsübergreifende Zusammenwirken von Personen«, die durchaus nicht immer miteinander verwandt sind.[108] Man kann sogar sagen, dass die entscheidende Neuerung des neuen gegenüber dem alten Hilfesystem darin besteht, nun auch aus der Perspektive des Dritten (von den Angehörigen bis zu den Bürgerhelfern) denken zu können. Wie institutionalisiertunfähig hierzu die Profis auch heute noch in der Regel sind, konnte demjenigen aufgehen, der an einem mehrjährigen, höchst aufwendigen und liebevollen Weiterbildungskurs für Pflegedienstleitungen der Arbeiterwohlfahrt zur »Angehörigenarbeit« (scheußliches Wort!)

107 Horst Opaschowski: Der Generationenpakt. Das soziale Netz der Zukunft, Darmstadt: Primus 2004, S. 167 u. 174: »Die Familie wird zum Wohlfahrtsverband, mögen die Kosten für Gesundheit und Alter in Zukunft noch so sehr explodieren: die Familie bleibt billig und barmherzig ... Mit der Wertbeständigkeit und Zukunftsfähigkeit des Megatrends Familie kann das Geldkapital nicht ernsthaft konkurrieren.«

108 Blätter der Wohlfahrtspflege 152, S. 8-12, 2005

teilgenommen hat: den eigentlich sehr erfahrenen Pflegeleitungen eröffneten sich buchstäblich neue Welten,[109] obwohl es hier erst mal »nur« um das Einnehmen der Perspektive der Angehörigen, noch nicht der übrigen Bürger, ging.

Die Situation oder besser das Schicksal helfender und vor allem pflegender Angehöriger lässt sich in einem Satz zusammenfassen: Die Lebensläufe aller Beteiligter werden verändert; man ist hinterher ein anderer. Entsprechend verfehlen Glorifizierung (»Bereicherung«) und Überlastungs-Diagnose (»Helfersyndrom«: die meisten werden krank) gleichermaßen die Wahrheit; insbesondere die letztere Klinifizierung und Pathologisierung verrät auch im empirischen Untersuchungsbefund oft die Profi-Rivalität (»Gebt uns doch lieber euren Pflegling, dann geht's euch besser.«). Die Wahrheit liegt hier nicht in der Mitte, sondern bei einem »Schicksal« ist die eine Bewertung ohne die andere nicht zu haben. Ein langfristig hilfsbedürftiges Familienmitglied zu unterstützen, zu pflegen, ist in sich selbst immer nicht nur eine Forderung (das wäre ja harmlos), sondern eine Überforderung, kann gar nichts anderes sein. Wenn ich einen Angehörigen pflege, tue ich das in jedem Fall – egal, wie meine Neigung oder auch Liebe beschaffen ist – auch aus Pflicht, die ich Gott sei Dank andererseits auch – dank der Freiheit meines Willens – ablehnen kann, ohne dass irgendein anderer mir das vorzuwerfen berechtigt ist. In jedem Fall geht dieses mein Schicksal über meine Grenzen hinaus, führt mich über meine Grenzen hinaus, führt mich, wohin ich nicht will – in ein Anderes, das mich gleichermaßen bereichert und auslaugt, also verausgabt, was wiederum ja auch bloß gelebtes Leben ist.

109 zum Beispiel Monika Hansel (Hg.): Angehörigenarbeit in Altenhilfeeinrichtungen in Nordrhein-Westfalen zum Beispiel ethische Aspekte, am 11./12.2.2000, zu beziehen über: Haus Neuland, Postfach 110334, 33633 Bielefeld. Nach dem Zusammenschluss der Angehörigen geistig Behinderter Ende der 50er Jahre zur »Lebenshilfe« wurde in der Psychiatrie die Angehörigenperspektive erst in den 70er Jahren entdeckt: Klaus Dörner, Albrecht Egetmeyer, Konstanze Koenning (Hg.): Freispruch der Familie, Bonn: Psychiatrie-Verlag 2001. 1985 schlossen sich die Angehörigen psychisch Kranker zu einem Bundesverband zusammen.

Mir kann hier eigentlich so recht nichts helfen. Was gut tut, ist, von der Faustregel auszugehen, die freilich nur die Erfahrenen kennen, dass es den helfenden oder pflegenden Angehörigen immer schlechter geht als dem Hilfsbedürftigen oder Gepflegten, was übrigens auch und gerade (das schon mal vorab) fürs Sterben gilt. Was mir als Pflegendem weiterhin gut tut, schon um mir Enttäuschungen zu ersparen, ist es: den zugezogenen Profis ihre institutionsbedingte Dummheit nachzusehen, sie müssten mich, den Verantwortlichen, ins Pflegen »einbeziehen«, und sie müssten besser wissen, was mit dem Pflegling zu tun sei, und es fiele ihnen ein Zacken aus der Profi-Krone, wenn sie zunächst mal mich als den einzigen Profi für diesen konkreten, einmaligen Hilfsbedürftigen anerkennen, bevor sie ihr sicher hilfreiches Leistungswissen nachschieben würden.

Und was schließlich gut tut, eigentlich auch notwendig wäre, ist, dass ich mich öffne, mit anderen über das Pflegen spreche und mich so entlaste. Aber obwohl ich das weiß, ist es genau das, was ich immer in Gefahr bin, mir verbieten zu müssen. Denn hier bin ich immer noch gelähmt und gezeichnet von den verinnerlichten Folgen der Modernisierung des 19. Jahrhunderts mit ihrer Institutionalisierung und Professionalisierung des Helfens und dem damit einhergehenden sozialen Funktionsverlust der Familie (Arbeiten, Erziehen, Pflegen), was ja als Modernisierungsgewinn zur funktionsentlasteten, freien Familie (als Gefühlsgemeinschaft) geführt hat, die stolz ist auf ihre Autarkie, darauf, dass kein Fremder in meinen Kochtopf guckt und kein Nachbar zur Hilfe benötigt wird, dass meine Familie sich hermetisch abschließen darf gegen den Rest der Welt. Mich jetzt wieder nach außen zu öffnen, über meine familiären Pflegegeheimnisse zu plaudern, gar um Hilfe zu bitten, würde für mich das Aufgeben meines Modernisierungsgewinns und den Rückfall in vormoderne »Barbarei« mit ihrem lästigen nachbarschaftlichen Getratsche und ihrer Abhängigkeit von anderen bedeuten. Lieber krepiere ich!

In vielen Fällen ist es nun aber schon das Geschenk der vielen zu pflegenden Alten (eine ihrer sozialen Rollen), mich von diesem zu überwertigen Hirngespinsten gewordenen Ballast aus der Epoche der Moderne zu befreien. Oft jedoch muss ich als Profi mich auch heute noch der Mittel der Autorität eines kommunalen Amtes oder einer moralischen Erpressung bedienen, um die »Festung Familie« zu knacken, wobei *dieses* Profi-Besserwissen sich moralisch nur durch mein Erfahrungswissen rechtfertigt, dass die Angehörigen um das Befreiende ihrer Öffnung entweder im Stillen längst wissen oder aber es durch die Folgen erfahren würden. Fazit: Es gibt halt kaum etwas praktisch Brauchbareres, als sich scheinbar idiotisches Verhalten aus der Geschichte heraus, historisch verständlich zu machen.

Vor diesem Hintergrund wird auch plausibel, warum das Herzstück der europaweit führenden Altenhilfe in Dänemark in der mit kommunaler Autorität ausgestatteten Beratung besteht. Was sich allmählich – immer noch halbherzig – auch in Deutschland herumzusprechen scheint, zum Beispiel in Nürnberg.[110] Denn sowohl die haustechnische als auch die pflegetechnische als auch die soziale Beratung kann die Spielräume dramatisch erweitern, die es den Pflegebedürftigen zu leben erlauben, wo sie hingehören, ohne dass nur die Angehörigen die Zeche zahlen. Ähnliches gilt inzwischen für das flächendeckende Netz der Alzheimer-Gruppen für pflegende Angehörige.[111] Freilich kann der Gewinn einer Gruppe oder einer Beratung auch in der schmerzlichen Einsicht bestehen, dass etwa die Tochter eines Dementen, die Eltern eines psychisch Kranken oder geistig Behinderten und der Ehepartner eines chronisch Kranken die Beziehung zueinander emotional so aufgeladen haben, dass sie, obwohl sie es aus ganzem Herzen wollen, die Einzigen sind, die aktiv nicht helfen können, sich daher auf die Grundhaltung des passiven Für-den-Anderen-Daseins beschränken und das reale Helfen Dritten überlassen müssen.[112]

Wenn nun dennoch der eigene Haushalt oder die Familie an ihre physischen Grenzen, sei es, weil gar keine da ist, oder sei es, dass sie nicht mehr kann, gestoßen ist, heißt die Alternative unter den Bedingungen des neuen Hilfesystems noch lange nicht Heim. Vielmehr lässt sich

110 Jahresberichte der »Angehörigenberatung e.V. Nürnberg«, Adam-Klein-Straße 6, 90429 Nürnberg

111 Deutsche Alzheimer Gesellschaft e.V., Friedrichstraße 236, 10989 Berlin

112 Diese Einsicht verdanke ich nicht zuletzt meiner Angehörigen-Freundin Susanne Heim, Köln.

der Sozialraum des Privaten und der Ort der Hingehörigkeit, wenn man nur wirklich an diesem Ziel orientiert ist, heute zunehmend phantasievoller erweitern, ergänzen oder modifizieren. Damit wir mit den Realitäten, wie sie nun mal sind, möglichst kreativ umgehen, ist schon mal der Nachweis der Historiker hilfreich, dass es unseren beliebten nostalgischen Wunschtraum, die Großfamilie, auch früher, auch vor 150 Jahren außer in den Oberschichten nie gegeben hat, die familiären Haushalte vielmehr eher ähnlich klein, unvollständig und mobil gewesen sind wie heute, also für überdurchschnittlichen Pflegebedarf auf Dritte angewiesen.[113] Dann müssen wir uns auch nicht mehr so sehr in unser Bedauern darüber verlieren, dass das »schöne« Zusammenleben von Jung und Alt nicht so häufig zu finden ist, während stattdessen heute die »multilokale Mehrgenerationenfamilie« nach dem heilsamen Motto der »Nähe auf Distanz« eine erstaunliche Funktionsfähigkeit und Verlässlichkeit auch für das Pflegen beweist. So lassen sich auch entferntere Verwandte eher für ein Pflegenetz mobilisieren als früher – wenn man sie nur fragt, was – wie wir gesehen haben – nicht durch dafür gelähmte Angehörige, sondern nur durch unschuldige, neutrale Dritte erfolgen darf. Dabei müssen wir uns immer wieder, weil es uns sonst wegrutscht, nicht nur an die subjektive Bedeutung, sondern auch an den objektiven, realen Sinn des Sterbenwollens, wo ich hingehöre, erinnern; denn mein Altern ist ein Mich-in-meine-eigenen-vier-Wände-Hineinformulieren, bis innen und außen eins ist.[114] Und mobil in wesentlichem Sinne sind nur 20-30% von uns mit eher abnehmender Tendenz.

113 zum Beispiel Jürgen Kocka: Arbeitsverhältnisse und Arbeiterexistenzen, Bonn: Dietz 1990

114 Im Zweiten Weltkrieg kam es immer mal wieder vor, dass man einem ausgebombten Handwerker eine viel praktischere Werkstatt baute, bei deren Betreten er sich erst als dement erwies. Und ein Frankfurter Gemeindepfarrer hat sich in den letzten Jahren angewöhnt, den Angehörigen seiner Schäfchen, sobald sie im Krankenhaus oder im Heim starben, anzubieten, sie vor der Beerdigung nach Hause in ihre Wohnung zu bringen, weil es sich gehöre, sich dort zu verabschieden; zuerst fand man das befremdlich, jetzt versteht man den Sinn und stimmt immer häufiger zu.

Als nächste Gruppe derer, die den Ort meiner Hingehörigkeit mit helfenden Menschen beschicken können, sind die Freunde zu nennen, auf die bis vor kurzem kaum jemand gekommen wäre. Nicht nur seit der Aids-Pflegekultur haben Freundschaftsbeziehungen auch allgemein inzwischen wieder eine solche Bedeutung und Tragfähigkeit, wie vielleicht zuletzt zu Beginn der Moderne um 1800 (vgl. Fußn. 107). Möglicherweise hat auch das etwas mit dem erwähnten kulturellen Umbruch um 1980 zu tun: Die Wahlverwandten ziehen mit den Blutsverwandten gleich und vergrößern so die Verlässlichkeit meiner eigenen vier Wände.[115]

Als Nächstes stehen in konzentrischen Kreisen schließlich die Nachbarn und die übrigen Bürger der Kommune – nun eindeutig aus dem Sozialraum der Bürgerhelfer – ins Haus. Da sie erst in III. 2. dran sind, hier nur so viel: Da wir wissen, dass sie mit Vorliebe sich gerade für pflegebedürftige Alleinstehende, also für die unter dem Hingehörigkeitsaspekt problematischste Gruppe engagieren, stellen sie eine besonders kostbare Ressource dar. Wie wir ebenfalls wissen, lassen sich genug von ihnen allein schon mit der Methode des Klinkenputzens mit hinreichender Wahrscheinlichkeit – mit oder ohne Geld – mobilisieren, wenn man nicht auf sie wartet, sondern sie aktiv anspricht. Als solche aktiven und »neutralen« Ansprecher sind die jeweiligen Stadtviertel-»Honoratioren«, zum Beispiel Hausärzte, ambulante Pflegedienstleiter oder Pfarrer privilegiert wirksam.[116]

Da hierfür die den Pflegebedürftigen (im vierten Lebensalter) biografisch Nächsten vor allem in Frage kommen, also die besonders zahlreichen und besonders helfensbedürftigen Bürger im dritten Lebensalter, wäre es nicht mal so schwierig, das Beispiel aus Minden

115 Ein beeindruckendes Beispiel dafür findet man in der Erzählung von Henriette Kaiser: Schlussakkord, Wien: Deuticke 2006

116 In mehreren Fortbildungsseminaren traf ich auf Hausärzte, die damit schon längst angefangen haben, indem sie ihr Klientel nach hilfsbedürftigen, aber auch helfensbedürftigen Patienten unterschieden und diese miteinander »verkuppeln«, nicht ohne jedes Mal dafür längere Zeit zu brauchen, bis sie den entsprechenden Kloß in ihrem Hals überwinden konnten, da es ja bei einem solchen Ansprechen eigentlich um einen »unsittlichen« Antrag gehe – auch hier wieder der Ballast aus der Epoche der Moderne.

zu verallgemeinern: Dort hatte ein mittelständischer Unternehmer, um sein beginnendes Rentenalter hinreichend mit gesundheitserhaltender Bedeutung für Andere zu belasten, mit sechzig Gleichaltrigen beschlossen, den Mitbürgern im vierten Lebensalter eines bestimmten Viertels auf Wunsch das Sterben in den eigenen vier Wänden zu ermöglichen, was ihnen nicht immer, aber doch überwiegend gelungen ist.[117]

Wenn man nun noch hinzunimmt, dass die ambulanten Pflegedienste der Profis sich bemühen, den »Kundschaftern«[118] der neuen Bürgerbewegung zu folgen und die Begleitung rund um die Uhr in Pflegewohnungen immer kostengünstiger anzubieten,[119] und wenn man außerdem noch die osteuropäischen Pflegenden hinzunimmt, die sich gerade aus der Illegalität zu befreien versuchen (Innovationen entstehen historisch gesehen häufig aus der Illegalität),[120] dann drängt sich einem folgende Utopie auf: Wie wäre es, wenn man unter Ausnutzung aller bisher beschriebenen Wege allen Menschen, die leben, altern und sterben wollen, wo sie hingehören (und dies nicht nur mit Rücksicht auf andere ablehnen), diesen Wunsch erfüllen würde, notfalls mit Hilfe rund um die Uhr in der eigenen Wohnung, wie es ohnehin viele Körperbehinderte schon erstritten haben? Man könnte das ja zunächst nur in einer Modellregion erproben. Wenn nun für dieses scheinbar atemberaubend teure Verfahren sämtliche Kosten für die institutionelle Hilfe und – außer einer opulenten kommunalen Beratung – fast alle anderen Administrations- und Mediationskosten wegfallen würden, würde das nicht außer dem Menschenrechts-, Integrations- und damit Gesundheitsgewinn der Region hinsichtlich der Kosten ein Sparpaket sein?

117 Informationen über Anna-Luise-Altendorf-Stiftung, Geschäftsführer: Claus Lemcke, Goethestraße 42, 32427 Minden

118 So der Begriff von Frank Schirrmacher: Das Methusalem-Komplott, München: Blessing 2004; er hält dort unser aller zunehmendes Altern für eine »Mission«.

119 So etwa der Verein »Pflege und Hilfe Daheim« in Naumburg, der 2006 vor dem Bundessozialgericht erstritten hat, seine ambulanten Dienste in allen Bundesländern anbieten zu dürfen, was ich allerdings wegen des fehlenden Gemeinwesenbezugs falsch finde. Auch dieses Gericht denkt also noch im alten Hilfesystem.

120 Meine Enkeltochter Dorothea, 6,5 Jahre im Wachkoma, verdankt es nicht zuletzt solchen polnischen Pflegenden, dass sie im familiären Haushalt leben und sterben durfte.

Wem diese Utopie zu schroff ist, der kann sie mildern, indem er weitere Wege nutzt, die nicht zuletzt durch die neue Bürgerbewegung gangbar geworden sind. Wenn das Leben in den eigenen vier Wänden nämlich aus irgendwelchen Gründen gar nicht mehr möglich ist, dann können Angehörige, andere Bürgerhelfer und auch Profis dafür sorgen, dass der Sozialraum des Privaten über die eigene Wohnung hinaus ein wenig erweitert wird. Denn die Vertrautheit des eigenen Viertels hat zwar etwas, aber nicht viel weniger biografische Tragfähigkeit als die Vertrautheit der eigenen Wohnung. So wird etwa, wie in II. schon beschrieben, 1. im generationsübergreifenden gemeinsamen Siedeln ein neuer »sozialer Konvoi« von Jung und Alt konstituiert; 2. in den sich vermehrenden Beginenhöfen (zum Beispiel Bremen oder Köln) bleibt wenigstens die Solidarität der Gleichaltrigkeit erhalten, auch in der Göttinger Alten-WG;[120a] 3. in Pflegefamilien ist eine familiäre Zugehörigkeit garantiert; und 4. auch das betreute Wohnen kann akzeptabel sein, wenn es – wie in Ettenheim – sowohl als eigenes Appartement als auch als Gruppe in der Vertautheit des eigenen Viertels erlebt werden kann. 5. Schließlich und vor allem landen wir wieder bei der schon mehrfach erwähnten ambulanten Nachbarschafts-Wohnpflegegruppe, die ich genauer aus der Pflegebedürftigen-Perspektive in IV.2 beschreiben will.

Hier nur ein allerdings wichtiger Aspekt aus der Bürgerhelferperspektive: Diese ambulante Wohngruppe darf nie und nimmer von oben herunter, etwa wie ein deinstitutionalisiertes Heim gedacht werden. Sie muss vielmehr von unten herauf als Ausweitung des Privatraums in den ohnehin zur Hälfte privaten Nachbarschaftsraum verstanden werden. Etwa so, als ob der unilokale oder auch der multilokale familiäre Haushaltsraum, gemessen an gewachsenem Pflegebedarf zu eng geworden sei, weshalb entweder der Betroffene selbst oder seine Familie, ersatzweise der Betreuer, einen weiteren Wohnraum »um die Ecke« in der Nachbarschaft hinzumietet, wodurch, weil andere das gleichzeitig auch tun, die ambulante Nachbarschafts-Wohnpflegegruppe entsteht, die somit eindeu-

120a Freie Altenarbeit, Am Goldgraben 14, 37073 Göttingen

tig weiterhin auch zum Sozialraum des Privaten gehört. Denn das erfolgt aus Angehörigen-Perspektive in Analogie zum Modell des Altenteils der vormodernen Agrargesellschaft, das seinen Charme darin hatte, dass unter dem Schutz einer alle entlastenden Distanzierung auch wieder mehr Nähe, Liebe, Sorge und Pflege gelingen konnte. Und in der Bürgerhelfer-Perspektive bedeutet eine solche ambulante Wohngruppe die kulturelle Vervollständigung des Stadtviertels oder der Dorfgemeinschaft; denn wurde diese früher mehr in der hinreichenden Zahl an Kindergartenplätzen gesehen, so zählt jetzt mindestens ebenso sehr die hinreichende Zahl an ambulanten Pflegeplätzen.

Auch dies begründet abschließend – hier vorab – die längst überfällige Aufgabe des Gesetzgebers, die Freistellung pflegender Angehöriger für eine Pflegezeit ebenso wie für eine Elternzeit gesetzlich zu regeln, wenn er sich nicht der Diskriminierung der Pflegebedürftigen und ihrer Angehörigen schuldig machen will.

2. Der dritte Sozialraum der Nachbarschaft

Dieser Abschnitt ist schon deshalb das Herzstück des Büchleins, weil es die wichtigste Gemeinsamkeit der vielen Initiativen der neuen Bürgerbewegung ist, dass sie überwiegend in diesem Sozialraum der Nachbarschaft stattfinden, ja, dass sie durch ihr praktisches Tun Nachbarschaft überhaupt erst wiederbeleben und dadurch die Struktur der Gesellschaft verändern. Dabei ist von allen vier solidaritätsstabilisierenden Institutionen die Nachbarschaft diejenige, die durch die Modernisierung und Institutionalisierung des Helfens am meisten demontiert und fast (denn ganz verschwinden konnte sie nie) unsichtbar gemacht wurde. Sie gehört zu dem merkwürdigen Zwischengebilde des dritten Sozialraums, der zwischen dem ersten Sozialraum des Privaten und dem zweiten Sozialraum des Öffentlichen liegt. Mit Ausnahme der auch insofern abnormen Epoche der Modernisierung (1880-1980) konnte keine Kultur der Menschheitsgeschichte auf diesen dritten Sozialraum verzichten, weil er für das notwendig war, was die Fähigkeiten des einzelnen familiären Haushalts überstieg, also einmal für die Integration zwischen sozial Innerem und Äußeren, Eigenem und Fremdem (auch für unser

Migrationsproblem entscheidend) und zum anderen für das Helfen, also für den überdurchschnittlichen Hilfebedarf, für die Alleinstehenden, die gar keine Familie haben, und für die Bewegungsbeeinträchtigten, damit sie alles fußläufig erreichen können, was sie zum Leben brauchen. Auch Plessner (a.a.O) sieht zwischen dem Privatraum und der Gesellschaft den »Wir«-Raum, womit der Raum gemeint ist, den die Menschen als »Wir« erleben können, die Zone der Begegnung zwischen dem konkreten Anderen und dem verallgemeinerten Anderen. Dabei versteht er aber diesen Raum streng territorial, weil die dort mögliche Wir-Solidarität *alle* Menschen umfassen muss, die dort leben, während er »Gemeinschaft« als gesellschaftszerstörend ablehnt, weil sie die Zugehörigkeit von Menschen nach Eigenschaften bewertet, zum Beispiel nur Arbeiter, nur Katholiken, nur »Volksgemeinschaft«, alle anderen ausgrenzt. So gesehen, ist – vor allem im Unterschied zum Markt – die bürgerschaftliche Steuerungsform des Helfens die territorial begrenzte Solidarität, die auf einer »asymmetrischen Gegenseitigkeit« beruht«,[121] wo ich zu geben habe, was ich kann (etwa Zeit, aber auch Geld), während der hilfsbedürftige Andere zu bekommen hat, was er braucht.

Es gibt also viele überlebenswichtige Gründe, den Sozialraum der Nachbarschaft für das zugegebenermaßen schillernde und sich der Planbarkeit entziehende Herzstück der Gesellschaft zu halten.[122] Nachdem der 100-jährige Modernisierungsfortschritt uns vermuten ließ, Nachbarschaft sei als vormodern überholt, ist unsere Einsicht

121 Friedhelm Hengsbach: »Mehr Markt« reicht nicht – gesellschaftliche Risiken und solidarische Sicherung entsprechen einander, in: Sozialpsychiatrische Informationen, Heft 2, S. 3-10, 2006

122 Vertreter der Profis oder der Wissenschaftler benutzen hier gern das französische Fremdwort Quartier. Aus Praktiker-Sicht ist davon dringend abzuraten; denn einmal kann man hinter Fremdworten besonders gut unterschiedliche Interessen verbergen; zum anderen geht es bei der Mobilisierung von Solidaritätsressourcen mehr um Emotionen, die durch technische Begriffe gerade wegrationalisiert werden; und zum dritten ist »Quartier« im deutschen Sprachverständnis überwiegend von militärischen Vergangenheiten besetzt. Im Übrigen ist die ganz wörtliche Übersetzung von Quartier das »Viertel«, zum Beispiel im Kölner Dialekt das »Veedel«.

ein Geschenk der Zunahme der Alten und Chroniker, dass wir diese, das Gemeinwesen auch im Übrigen verlebendigende Kostbarkeit dringender brauchen als je zuvor. Da Nachbarschaft heute aber noch ein ziemlich unbekanntes Wesen ist, beschränke ich mich im Folgenden darauf, ihre Eigenarten herauszuarbeiten und alles zusammenzutragen, was man heute über Nachbarschaft wissen kann und muss. Da die (vor allem deutsche) Literatur hierzu aber noch ziemlich unergiebig ist, stütze ich mich dabei mehr auf die zahllosen Basis-Praxisfelder, in denen ich Erfahrungen machen oder sammeln konnte, auch auf die Gütersloher Deinstitutionalisierung, die nur gelungen ist, weil sich dort zeigte, dass Bürger heute hinreichend tragfähig Nachbarn sein können, was – nebenbei – auch noch die Kosten halbiert hat.[123] Aus Bürger-Perspektive stelle ich die folgenden Eigenarten der Nachbarschaft zur Diskussion:

1. Solidarität lässt sich wirksam nur mobilisieren, wenn alle Beteiligten ihre Verantwortung streng territorial definieren, zwar jenseits der Grenze lebende Menschen ausschließen, dafür aber *alle* im Territorium lebende und hingehörende Menschen einbeziehen. Das entspricht dem Konzept des community living. Das sollte sich finanziell abbilden nicht in einem kommunalen, sondern in einem Sozialraum- oder Nachbarschaftsbudget. Angenähertes *Beispiel*: Das Sozialraumbudget in Hamburg-Eimsbüttel.[124]

2. Die Größenordnung eines Nachbarschafts-Sozialraums wird vor allem zu Beginn des Prozesses der »Vernachbarschaftlichung« sehr unterschiedlich sein, könnte etwa den Einzugsbereich einer Grundschule oder einer oder zwei Kirchengemeinden umfassen. *Beispiel*: vgl. III, 4 zur Kirchengemeinde.

3. Wichtiger für die Größenordnung ist es, dass es sich dabei um einen anschaulich erlebnisfähigen Erfahrungsraum handelt, eben um einen »Wir«-Raum. *Beispiel*: Dass wir in Gütersloh auf dem richtigen Weg waren, zeigte sich daran, dass wir zunehmend auf Bürger trafen, die sich etwa so äußerten: »Wissen Sie, an sich interessiere ich mich für psychisch Kranke überhaupt nicht. Die könnte man von mir

123 Klaus Dörner (Hg.): Ende der Veranstaltung, a.a.O.

124 Michael König (Hg.): Erfahrungs- und Endbericht über das Sozialraumbudget in Hamburg-Eimsbüttel 2003, zu beziehen über das Jugendamt Hamburg-Eimsbüttel

aus auf den Mond schießen. Aber die da, die bei mir um die Ecke wohnen, mit denen ist das etwas völlig anderes; denn das sind ja ›unsere‹ psychisch Kranke, die gehören zu uns!«

4. Damit sind wir schon dem Wirksamkeitsgeheimnis von Nachbarschaft auf der Spur: Nur wer sich von der Zuständigkeit für das Elend der ganzen Welt freigestellt sieht, wird sein Engagement – bei immer zu unterstellendem Bedürfnis nach Bedeutung für Andere – für seinen eigenen Sozialraum geradezu zwangsläufig erhöhen, ob er will oder nicht, weil er sich auf die Begrenztheit seines Aufgabenfeldes verlassen kann. Das birgt natürlich einen gesunden Schuss Fremdenfeindlichkeit, eine Gefahr, die man vom ersten Tag an zu beachten hat; jedoch bleibt dieser Schuss dann ›gesund‹ und ist auch demokratisch legitimierbar, wenn das Unterscheidungskriterium ausschließlich im Territorium besteht, das *alle* Menschen einschließt, die dort leben. *Beispiel*: Die 18 Ettenheimer Frauen konnten sich nur deshalb länger als 25 Jahre am Stück ihren pflegebedürftigen und dementen Bürgern aussetzen, weil sie stets sicher sein konnten, dass es sich nur um die Bürger dieses 10.000-Einwohner-Städtchens handelt.

5. Nachbarschafts-Engagement muss von den einheimischen Bürgern ausgehen und kann nicht von oben oder außen angestoßen werden, weil man nur dann davon ausgehen kann, dass auch hinzukommende Profis im Dienst der Bürgerbewegung stehen. *Beispiel*: Das Engagement für die Alterspflegebedürftigen in Steinen begann mit der Seniorengenossenschaft e.V., sodass auch das später hinzukommende Seniorenzentrum in bürgerschaftlicher Trägerschaft liegt, gesteuert und geprägt von den bürgerschaftlich Engagierten.[125]

6. Unser Wissen, dass es auch früher in der Regel keine Großfamilie gab, ist auch für unsere heutige Praxis ganz brauchbar, denn somit steht fest, dass sowohl menschheitsgeschichtlich als auch heute die kleinste tragfähige Einheit zum Helfen-für-alle »Haushalt+Nachbarschaft« (gewesen) ist. Es handelt sich um eine funktionelle Einheit, die man nur künstlich auseinandernehmen kann. *Beispiel*: Die neuen generationsübergreifenden Siedlungen werden trotz ihres gegenseitigen Versprechens bei nüchterner Betrachtung im Falle

125 Initiative Seniorengenossenschaft Steinen e.V., Mühlenweg 3, 79585 Steinen

schwerster Pflegebedürftigkeit oder Demenz an ihre Grenzen stoßen. Um ihr Versprechen trotzdem für jede Situation halten zu können, sind sie gut beraten, auch noch eine der ambulanten Wohnpflegegruppen zu gründen. Dasselbe gilt dann, wenn ein familiärer Haushalt im Einzelfall eine solche ambulante Wohnpflegegruppe ausgründet.

7. Da der dritte Sozialraum nicht nur in den privaten, sondern auch in den öffentlichen Sozialraum ausstrahlt, gilt ebenfalls, dass er die kleinste Einheit demokratischer Selbstverwaltung darstellt; damit ist er auch der einzige Raum, wo sich der konkrete Andere und der verallgemeinerte Andere (Benhabib a.a.O.), die sonst zwischen privatem und öffentlichem Raum eher aufgeteilt sind, sinnlich wahrnehmbar begegnen. Das legitimiert Bestrebungen, wonach zu jeder Nachbarschaft insbesondere für die Organisation des Helfens (einschließlich Klinkenputzen) auch so etwas wie ein Sprecherrat oder ein Nachbarschaftsverein gehört. Es könnte anfangs – *Beispiel* – auch so etwas wie ein Runder Tisch der Honoratioren oder Multiplikatoren des Helfens (etwa Hausarzt, ambulanter Pflegedienstleiter, Pfarrer, Schulrektor) sein.[126]

8. Die Nachbarschaft ist aber nicht nur ein Wohn-, sondern auch ein Lebensraum, woran uns die tiefsinnige Philosophie des Werbespots von Ikea erinnert: »Wohnst du noch oder lebst du schon?« Und insofern hat der dritte Sozialraum nicht nur die objektive Aufgabe, beim Helfen für den überdurchschnittlichen Hilfebedarf und für Alleinstehende dem kategorischen Imperativ der Solidarität zu fol-

126 In Neuwied trafen sich am 21.6.2006 erstmals die Gemeindepfarrer und die Hausärzte, um über dergleichen nachzudenken. Jedenfalls wäre so etwas praktischer als der gegenwärtige Profi-Vorschlag, für diese Funktionen flächendeckende und kostenträchtige Profi-Systeme von Care-Managern sowie Case-Managern zu schaffen. Weitere *Beispiele*: Der schon erwähnte Bürgermeister von Ettenheim mit seiner Idee, die Stadtverwaltung um ein Amt für Nachbarschaft zu ergänzen, oder die Stadt Seattle, deren Nachbarschaftsamt die Stadt in Nachbarschaften (à 5000 Einwohner) aufgeteilt hat, die alle sich selbst verwalten und über ein eigenes Budget verfügen. In Hamburg-Eidelstedt wird zurzeit für einen kleinen Sozialraum die Funktion eines »Bürgerlotsen« erprobt, zuständig für die Vermittlung der hilfe- und der helfensbedürftigen Bürger, lediglich professionell angestoßen von der Evang. Stiftung Alsterdorf, Geschäftsführer Wolfgang Kraft, Alsterdorfer Markt 4, 22297 Hamburg.

gen, also vom Letzten her zu denken, sondern auch hinsichtlich der fußläufigen Erreichbarkeit von allem, was man zum Leben braucht, vom bewegungsbeeinträchtigtesten Bürger auszugehen, so sehr dies auch gegen den Markt-Zeitgeist der Konzentration gerichtet ist. Gelingt dies zunächst mal im Interesse der Altersverwirrten, so profitieren alle davon und das Viertel wird für alle kulturell vollständiger und lebendiger, für die alleinerziehende Mutter ebenso wie für den Jetset-Unternehmer. *Beispiele*: Die Bewegung der Genossenschaftsläden, aber auch Bad Marienberg, wo die Bewohner des AWO-Heims für psychisch Kranke nacheinander in drei umliegenden Dörfern den jeweils einzigen, pleitegegangenen Dorfladen im Zuverdienstsystem und zugleich erfolgreich übernommen haben, weshalb sie in der Lokalpresse gefeiert werden, weil es ihnen zu verdanken ist, dass die alterspflegebedürftig gewordenen Dorfbewohner jetzt ihre Heimat nicht mehr verlassen müssen.[127]

9. Die Nachbarschaft ist – nächst dem familiären Haushalt – der niedrigschwelligste Sozialraum zum Helfen. Daher entfällt hier die auf höheren und institutionelleren Ebenen immer noch beliebte Spezialisierung, also Sortierung der Menschen nach Beeinträchtigungsarten. Auf der Nachbarschaftsebene leben die Menschen mit unterschiedlichem Hilfebedarf nach dem Normalverteilungsprinzip, so wie sie gerade mal irgendwo hingehören. Daher interessieren sie hier auch nicht so sehr nach ihren Defiziten, sondern mehr nach dem, was sie für Andere beizutragen haben. Hier sind also Wechselbeziehungen und Synergien möglich, die auf höherer Ebene undenkbar wären. *Beispiel*: Die schon erwähnten integrierten Wohngruppen in Reutlingen, aber auch in München die »Weiße Feder«: das ist ein normaler ambulanter Pflegedienst, der aber – bürgerschaftlichem Engagement offen – sich seit fünfzehn Jahren gleichzeitig als Zuverdienstfirma für psychisch Kranke versteht. Das hat die Folge, dass pflegebedürftige Ältere und psychisch kranke Jüngere, in hilfreiche Beziehungen verstrickt, sich gegenseitig Bedeutung für Andere spenden.

127 Frank Kröller: AWO-Gemeindepsychiatrie, Nassauische Straße 13, 56470 Bad Marienberg

10. Man kann nicht genug daran erinnern, dass der Bürger als Nachbar in der Regel nicht von sich aus mit dem Helfen beginnen kann, dass er es nach seinem gesund-egoistischen Willen nur widerwillig wollen kann und dass dies vor allem nicht ehrenrührig, sondern erlaubt, weil normal ist. Er will geradezu die Ansprache von außen, um sein zwar immer auch vorhandenes, aber rudimentäres und auf sein Territorium begrenztes Pflichtgefühl ins Handeln umzusetzen. Nur diese Ansprache bedarf, wie schon gesehen, der Organisation. Der *Beispiele* (s. »Bürgerlotse«, Fußn. 126) sind unzählige, wie ein Bürger zunächst nur, weil er geschickt worden ist, zwecks Hilfeangebot irgendwo klingelt. Dies wird oft von der anderen Seite, wenn nicht abgelehnt, dann stattdessen – weil im System absolut nicht vorgesehen – wie eine »Gabe Gottes« empfunden. Und dennoch muss das Helfen erst zur Gewohnheit geworden sein, bis der betreffende Bürger also weiß, dass er das, was er tut, obwohl immer noch lästig, auch weiterhin tun wird, dass er sein Tun nur wegen diesem Wissen nicht mehr negativ, sondern sekundär positiv umdeutet, nämlich zum Beispiel, dass das, was er tut, gerade weil er es umsonst tut, auch seinem Mangel an Bedeutung für Andere und damit seiner Gesundheit gut tut. Dass man mit dieser rudimentären Anfangsbereitschaft überall rechnen kann, nicht nur in einer gut-bürgerlichen Villengegend, sondern auch in desintegrierten Mietskasernen, hat vor einiger Zeit – ganz gegen den Meinungstrend – in Heilbronn eine empirische Untersuchung herausgefunden.[128]

11. Noch ein bisschen mehr zum merkwürdigen Innenleben der Nachbarschaftsbeziehungen: Zunächst bedeuten sie eine *quantitative* Vermehrung der Schultern, auf die sich eine konkrete Pflegelast verteilt, bis die jeweilige Tochter oder Schwiegertochter (um die handelt es sich meistens, wenn sich das auch noch ändern wird) wieder zu ihren eigenen Interessen kommt und bei allen Beteiligten Selbstbestimmung und Bedeutung für Andere sich im Gleichgewicht befinden. Weiteres *Beispiel*: Nach dem niederländischen Konzept »Kwartiermaken« hat für jedes Viertel ein »Wegweiser«

128 Kerstin Mai: Ressourcen der Nachbarschaft. Eine Erhebung zu den tatsächlichen Nachbarschaftsbeziehungen in einer Ortschaft in Württemberg. 1992, Diplomarbeit an der Berufsakademie Stuttgart, Ausbildungsbereich Sozialwesen

(Quartiermacher) die Aufgabe, um jeden einzelnen psychisch Kranken so lange Bürger herumzugruppieren, bis man zu einem durchschnittlich üblichen Freundeskreis kommt, der sich als für die Integration entscheidendes Medium erweist, ähnlich wie es zum Beispiel in Kanada schon für geistig Behinderte erfolgreich erprobt ist.[129]

12. Nachbarschaftshilfe macht aber, was leicht vergessen wird, das familiäre Sorgesystem auch *qualitativ* tragfähiger; denn wenn ich als Tochter oder Sohn meiner dementen Mutter in 24-Stunden-Schicht dienlich bin, wird auch die größte Liebe zeitweilig in Hass, Todes- oder Tötungswunsch und dann auch in Gewalt umschlagen. Hier wirkt schon die gelegentliche Präsenz eines Nachbarn als eines System-Fremden emotional abkühlend und damit entlastend. Weiteres Anwendungs*beispiel*: Nicht der Angehörige und nicht der Profi, sondern ausschließlich der Bürger als Nachbar fördert die eben nur in diesem dritten Sozialraum mögliche Integration einer Person, die dieser noch bedarf.

13. Philosophisch gesehen, besitzt gerade der Bürgerhelfer als Nachbarn die Urteilskraft, also dasjenige Vermögen, das es erlaubt, einen konkreten Anderen in einem nicht zu verwissenschaftlichenden Freiheitsraum in seiner stets unvergleichbaren Einmaligkeit zu sehen, während Wissenschaft, Profis und Markt stets gehalten sind, diesen konkreten Anderen zu verallgemeinern, zu vergleichen, zu standardisieren und ihn zu rationalisieren, so wichtig das für sich auch sein mag. Dem Anderen in seiner Selbstzweckhaftigkeit dienend, darf der Bürgerhelfer, will er als er selbst wirksam bleiben, sich nicht zur Verallgemeinerung verführen lassen. Er hat vielmehr diesen Freiraum mit Zähnen und Klauen zu verteidigen. Das wird einmal relevant, wenn die Profis sich beeilen, die Bürgerhelfer »schulen« zu wollen, was bis zu einem gewissen Grad okay ist, jedoch gefährlich wird, wenn der Bürgerhelfer zum Schluss den Anderen genauso sieht wie der Profi, der sich dadurch auch noch einen attraktiven Arbeitsplatz verschafft hat. Zum anderen wird das relevant, wenn die Profis dazu übergehen, den Hilfsbedürftigen »Kunde« zu nennen. Hier hat der

129 Doortje Kal: Gastfreundschaft. Das niederländische Konzept Kwartiermaken, Neumünster: Paranus Verlag 2006

Bürgerhelfer darauf zu bestehen, dass dies zumindest in seiner Anwesenheit unterbleibt, da für ihn der Andere, der Hilfsbedürftige, ja alles Mögliche sein kann, jedoch nie ein Kunde. Negatives *Beispiel*: Seit langem kämpfen die ambulanten Hospize mit Recht um eine gewisse finanzielle Ausstattung. Seit sie nun aber ein bisschen Erfolg damit haben, haben die Geldgeber dies mit der (kontraproduktiven) Forderung nach einer gewissen Professionalisierung verbunden, womit die Grundabsicht der Hospizler, auch das Sterben wieder in die Gesellschaft zu integrieren, was nur ihnen als sie selbst und nicht den Profis möglich ist, gefährdet ist und weitere Institutionalisierungsschritte befürchten lässt.

14. Wollte man die Haltung der Nachbarschaftshilfe beschreiben, dann fallen mir zunächst nur zwei Begriffe ein, auch wenn sie etwas pathetisch klingen: Einmal Zivilcourage, die ja, weil das französische Wort für Herz darin steckt, am ehesten mit Großherzigkeit zu übersetzen ist, was ja durchaus mit der Urteilskraft aus 13. zusammenhängt. Zum anderen Demut, auch wenn jedem dabei sofort das Messer in der Tasche aufgeht; aber Demut leitet sich von Dienst-Mut ab, und für das Dienen bin ich nun mal als Bürgerhelfer primär da, weil nur über das Dienen (mit und ohne Geld) Beziehungen und damit Integration herzustellen sind, während den Profis eher das Leisten obliegt. Zu diesem Dienen gehört aber immer wieder Mut. Wer lässt sich so was schon nachsagen, dass er »dient«? (Die vormodernen Hausärzte sprachen übrigens gern von den »Herren Patienten«.)

15. Die Existenz eines dritten Sozialraums und damit von Nachbarschaftsmentalität sprechen sich wohl umso besser herum: 1. je öffentlich sichtbarer und sinnlich erfahrbarer die Hilfsbedürftigen im Gemeinwesen sind, 2. je gleichmäßiger seine Besiedlung mit ihnen ist (von hier haben ja die Heimbetreiber das Prinzip der »gesunden Mischung« erst abgeguckt),[130] 3. je mehr die Kommunen und Städteplaner (s. d.) etwa über community building dem zuarbeiten, 4. je mehr auch Tätigkeitsräume für Hilfsbedürftige existieren und 5. je

130 So haben die »Diakonische Hausgemeinschaften e.V.« (Veit-Stos-Straße 5, 69126 Heidelberg) mehrere Viertel mit Wohnungen für Menschen mit ganz unterschiedlichem Hilfebedarf besiedelt, wobei außerdem in jedem Viertel so etwas wie ein Zentrum existiert, etwa als Wohnhof mit Dorfplatzcharakter.

mehr die Lehrer in den Schulen die Kinder darüber aufklären, dass die Gesellschaft nicht mehr nur nach Privat und Öffentlich strukturiert ist, sondern zum größten Erstaunen sich dazwischen noch der dritte Sozialraum der Nachbarschaft befindet.[131]

16. Kristallisationskerne für nachbarschaftliche Initiativen, die man auch als Lastenausgleichsprojekte bezeichnen kann, sind nicht nur Angehörige und andere Bürger; es können auch Kommunen, Wohnungsbaugesellschaften, ambulante Pflegedienste, Kirchengemeinden oder Heime sein.[132]

17. Auch aus Bürgerperspektive sind die ambulanten Nachbarschafts-Wohnpflegegruppen diejenigen Neuerungen, die den Nachbarschaftscharakter des jeweiligen Viertels oder der jeweiligen Dorfgemeinschaft bisher am nachhaltigsten prägen, egal, ob sie eher von Angehörigen, von anderen Bürgern oder von Pflegediensten angestoßen wurden. Dies gilt besonders dann, wenn, wie in Bielefeld, die ambulante Wohnpflegegruppe von allen Bürgern des Viertels als »unsere« Wohnpflegegruppe, gewissermaßen als das »Pflegeherz« des Viertels erlebt wird, nicht nur weil viele Bürgerhelfer dort tätig sind, sondern auch weil da die pflegerische Kompetenz konzentriert ist, die von dort aus bei Bedarf zu jeder Tages- und Nachtzeit in jede beliebige Wohnung mit einem Pflegeproblem wegen der kurzen Wege in wenigen Minuten verlässlich kommen kann. So können alle Bürger des Viertels sicher sein, dass jeder von uns auch im Fall der größten Pflegebedürftigkeit weiterhin dort leben und sterben kann, wo er hingehört. Und dafür tut man schon mal was![133] Im Übrigen schafft das für alle Bürger des Viertels eine kaum zu überbietende Grundsicherheit, in dessen Schutz – wie man weiß – um so mutigere Integrationsschritte riskiert werden können.[134] Für Bürger, die ihr

131 In mehreren Städten, zum Beispiel Gütersloh und Hamburg, findet diese Aufklärung (zum Beispiel über praktische Begegnungsprojekte zwischen Schülern und Hilfsbedürftigen) schon seit Jahren statt, in Gütersloh etwa über Hans-Werner Küster, Feldstraße 16, 33330 Gütersloh, in Hamburg über Thomas Bock, Psychiatrische Universitätsklinik, Martinistraße 52, 20246 Hamburg.

132 So engagieren sich für »ihr« Altenheim Rhynern/Hamm (Johannes Kochanek, St.-Reginen-Platz 9, 59069 Hamm) so viele Bürger dieser Ortschaft, dass man tagsüber oft mehr Bürgerhelfer als Profis dort findet, weshalb die Heimleitung die Bürger inzwischen in alle Entscheidungsgremien einbezogen hat; so haben die Bürger »ihr« Heim quasi besetzt, sich angeeignet.

Viertel, ihre Dorfgemeinschaft, ihren dritten Sozialraum mit einem solchen »Pflegeherz«, also einer ambulanten Nachbarschafts-Wohnpflegegruppe kultivieren wollen, hat das Kuratorium Deutsche Altershilfe (An der Pauluskirche 3, 50677 Köln) eine »Arbeitshilfe für Initiatoren«[135] vorgelegt. Dieser Text hat das Verdienst, nach Auswertung eines Teils der inzwischen über 300 solcher Wohngruppen aufzulisten, an was man dabei denken muss. Bei der Lektüre muss man allerdings über die Gründlichkeit, mit der das geschieht, hinweglesen, da diese einen sonst lähmen würde; immerhin befinden wir uns noch in der Pionierphase, sodass eigene, neue Wege nur zu begrüßen sind; denn der beste Weg ist sicher noch nicht gefunden.[135a]

133 Ein ähnliches Konzept hat der Verein »Leben mit Behinderung« (Südring 36, 22303 Hamburg) dafür entwickelt, dass er in wenigen Jahren ein Drittel seiner 400 Behinderten »ambulantisiert«: Mehrere Viertel, so das Schanzenviertel und das Saarland-Viertel, werden so kultiviert, dass eben nicht die Schwierigsten die Zeche zahlen und keine »Konzentration der Unerträglichkeit« entsteht, indem es in jedem Viertel u. a. auch ein Haus mit etlichen ambulanten Einzelappartments, aber auch einer stationären Wohngruppe gibt, wodurch dort eine personelle Betreuungsintensität entsteht, die auch die übrigen über das Viertel verstreuten Wohnungen begleiten kann.

134 Da all das nur dann funktioniert, wenn im Wesentlichen in einem Viertel nur ein ambulanter Pflegedienst tätig ist (wegen seiner Wahlfreiheit kann jeder Bürger natürlich auch ein paar hundert Meter weiter den Pflegedienst des Nachbarviertels wählen), ist das Urteil vom Bundesverwaltungsgericht 3C45.03 vom 13.5.2004 ebenso unsinnig wie gemeinwohlgefährdend, wonach in Rheinland-Pfalz für jedes Viertel auch mehrere Pflegedienstträger gefördert werden müssen, weil dies sonst »das Grundrecht der konkurrierenden Anbieter freier Berufsausübung verletzt«. Dabei hat das Bundesverfassungsgericht mehrfach deutlich gemacht, dass »Gemeinwohlbelange von hoher Bedeutung« von höherem Gewicht seien als das Grundrecht auf Berufsfreiheit – was hier wohl eindeutig der Fall ist.

135 Bertelsmann-Stiftung u. Kuratorium Deutsche Altershilfe (Hg.): Ambulant betreute Wohngruppen – Arbeitshilfe für Initiatoren, Köln 2006

135a In Elmar Altvater: Das Ende des Kapitalismus, wie wir ihn kennen, Münster: Westfälisches Dampfboot 2006, ist auf den letzten vierzig Seiten (z.B. S. 200) immer wieder davon die Rede, dass es gegenüber der weltweiten restlosen Markt-Globalisierung schon längst einen Gegentrend von Seiten der Bürger-Basis gebe, dass nämlich die Bürger versuchten, einen Teil ihres Lebensraums »sozioterritorial« und ihrer Lebenszeit »soziotemporal« der Marktverwendung wieder abzubringen, also wieder zu resozialisieren. Dazu gehören Bewegungen wie Land- oder Fabrikbesetzung, nicht nur in Südamerika. So gesehen wäre die Wiederbelebung der Nachbarschaft die größte sozioterritoriale und -temporale, von den Marktzwängen befreiende Bewegung.

3. Die Kommune

Auch die Kommunen, ganz besonders verantwortlich für Stabilität und Organisation der dritten Sozialräume und der Nachbarschaften, gehören zu den Modernisierungsverlierern. Wenn auch als Kernaufgabe der Kommunen die »Daseinsvorsorge« im Grundgesetz festgeschrieben ist, so ist doch dieser Begriff – wie nicht zufällig auch die schwammige »Teilhabe« – ziemlich nichtssagend, jedenfalls an Dehnbarkeit und Unverbindlichkeit nicht leicht zu überbieten. Auch spiegelt schon die relative Schwachbrüstigkeit des Sozialen in unserer Verfassung den Industrialisierungs- und Modernisierungsprozess, in welchem, je moderner wir wurden, das Helfen wie dem einzelnem Bürger, dem familiären Haushalt und der Nachbarschaft, so eben auch den Kommunen immer mehr weggenommen wurde. Bei deren Entlastung oder auch – ironisch – »Befreiung« von ihrer Kernaufgabe können wir zwei Richtungen unterscheiden:

Einmal die horizontale Richtung: Die Entfernung des Hilfebedarfs und damit der Hilfebedürftigen möglichst weit weg aus der Stadt (in die freie Natur mit ihrer guten Luft und den niedrigen Grundstückspreisen) ist in ihren Folgen nirgends so beschämend-skandalös heute noch zu sehen wie im Ruhrgebiet. Dies wurde ab 1850 aufgezogen als eine Konzentration von ausschließlich Leistungsstarken, die den ganzen Tag und ihr ganzes Leben ausschließlich und ungestört arbeiten und so für Deutschlands Stärke und Reichtum sorgen sollten. Wer abhängig oder unabhängig davon unbrauchbar wurde, war ein Störfaktor und wurde daher gnadenlos nicht nur ausgemustert, sondern auch ausgegrenzt; denn es gab im ganzen Ruhrgebiet so gut wie keine sozialen Einrichtungen, weder für Unfallopfer, Sieche, Krüppel, noch für sonstige Behinderte, psychisch Kranke oder Alterspflegebedürftige. Diese waren vielmehr mit kleinerem oder größerem Abstand um das Ruhrgebiet herum angesiedelt. Die Ruhrgebietskommunen hatten dies derart verinnerlicht, dass sie selbst heute noch lange zögerten, das Helfen wieder in die Städte zurückzuholen, als es für sie mit dem Vorteil verbunden gewesen wäre, ihre gegenwärtigen hohen Arbeitslosenzahlen durch Umschulungen in soziale Dienstleistungstätigkeiten zu verringern und die Sozialhilfekosten dafür selbst zu investieren.[136] Die andere

Richtung ist die vertikale: Hierfür gibt es sogar den technischen Begriff der »Hochzonung«. Je moderner und damit auch institutioneller und professioneller man sein wollte, desto mehr wurde die auch finanzielle Verantwortung für das Helfen von den Kommunen hochgezont, entweder auf eine mittlere Ebene (Landschaftsverbände, Landeswohlfahrtsverbände) oder auf die staatliche Ebene eines Sozialministeriums. Eine parallele Hochzonung erfolgte übrigens auch beim bürgerschaftlichen Engagement: von den kleinen lokalen Hilfs- und Nachbarschaftsvereinen zu den großen, überregionalen Wohlfahrtsverbänden. Die Bedeutung dieses Prozesses wird an seiner Umkehrung besonders deutlich: Überall in der Welt, wo man sich – gegen den Widerstand aller Modernisierer – zu dieser Umkehr, zum Sprung in das neue Hilfesystem, zur Deinstitutionalisierung und Rekommunalisierung des Helfens sowie zur »Hochzonung« der Bürger- und Menschenrechte entschlossen hat, hat das bis heute immer mit der Forderung begonnen, die Verantwortung, auch die finanzielle, wieder dorthin zurückzugeben, wo die hilfsbedürftigen Menschen leben und sterben wollen, also an die Kommunen.[137] Wie Nana Andersen und die anderen dänischen Bürger es uns allen ab 1934 (s. II, 1) vorgemacht haben.

Gegenwärtig befinden sich die Kommunen in einer verwirrenden Umbruchssituation. Einerseits ist es ihnen, die doch die Keimzellen demokratischer Selbstverwaltung sind, nicht gelungen, im Rahmen der gesamten Staatsorganisation ihren Machtverlust gegenüber Bund und Ländern auszugleichen. Bei jeder Finanzteilung bleiben sie weiterhin die Letzten, sodass man von einer »Demokratisierung der Machtlosigkeit« gesprochen hat.[138] Gleichzeitig organisieren sie

136 Die Gütersloher Langzeitpatienten stammten zur Hälfte aus der Nähe, zur anderen Hälfte aus dem Ruhrgebiet, was sich selbst noch bei der Selektion zur NS-Euthanasie auswirkte: man wählte bevorzugt die aus dem Ruhrgebiet Entwurzelten, weil man dann weniger Ärger mit Angehörigen hatte.

137 Klaus Dörner: Kommunale Daseinssorge und Sparzwang, in: Mitteilungen des Schleswig-Holsteinischen Landkreistages 4, S. 5-7, 2004 (nach einem Vortrag auf Einladung des Sozialausschusses des Kreises Herzogtum Lauenburg in Ratzeburg)

diese Machtlosigkeit marktförmig um, sie werden unternehmerisch, betreiben new public management und public private partnerships, an die Stelle von Ämtern treten Fachbereiche und Agenturen, an die Stelle von Juristen treten Betriebswirte, und die Bürger werden zunehmend zu ihren kaufkräftigen Konsumenten und Kunden. Dieser Prozess, der sicher Bürgerbeteiligung aktivieren und Bürokratie abbauen (was im Hinblick auf Gleichbehandlung nie nur gut ist) kann, wird die wohl vornehmste Aufgabe der Kommune, vom Letzten ihrer Bürger her zu denken, eher schwächen. Das aber wird in einer Zeit besonders gefährlich, in der die Wohlfahrtsverbände und die frei-gemeinnützigen Träger sich gleichfalls vermarktlichen und damit von ihrer Gemeinnützigkeit und deren vier wichtigsten Aufgaben Abstriche machen, nämlich erstens sozialanwaltliche Funktionen wahrzunehmen, zweitens nicht-marktfähige Dienstleistungsbedarfe abzusichern, drittens sozial-bürgerschaftliches Engagement darzustellen und viertens Gemeinwesenorientierung und Selbsthilfestrukturen zu fördern.[139] Erfüllen aber die Gemeinnützigen nicht mehr hinreichend diese Verpflichtungen nach dem Subsidiaritätsprinzip, dann werden diese von selbst wieder verpflichtende Aufgaben der Kommunen, die zu garantieren haben, dass die Versicherungssolidarität der Bürger hinreichend in lokaler Zeit- und Handlungs-Solidarität der Bürger basiert ist.[140] Insofern ist Konrad Hummel, jetzt Sozialdezernent der Stadt Augsburg, Recht zu geben, wenn er »Soziale Kommunalpolitik« statt »Kommunaler Sozialpolitik« für die Zukunft fordert: »Unsere Chance ist die Bürgerstadt, die Netzwerke knüpft und Vernetzungen ermöglicht. … Die Ära des zentralen Sozialstaates geht zu Ende. Der Kampf um eine

138 Dies und das Folgende nach: Roland Roth: Auf dem Wege zur Bürgerkommune? in: Schröter, Eckhard (Hg.): Empirische Policy- und Verwaltungsforschung, Opladen: Leske + Budrich 2001, S. 133-152

139 Gerhard Naegele: Neue Herausforderungen an die kommunale Seniorenpolitik, in: Bertelsmannstiftung u. Kuratorium Deutsche Altershilfe (Hg.): Dokumentation des Kommunalkongresses in Berlin 25.11.2004, S. 11-21

140 Insofern klingt die Forderung der Liga der Wohlfahrtsverbände in Brandenburg zwar marktförmig, aber auch zynisch, die Kommunen sollten ihre eigenen Hilfe-Einrichtungen nach der Kommunalisierung der Sozialhilfe und der Wiedereingliederungshilfe privatisieren, da sie sich sonst in einer Interessenkollision befänden.

vernetzte Stadt mit erlebbaren Rechten und Pflichten für alle hat begonnen.«[141]

Aber es gibt – trotz aller gegenläufiger Trends – viele Indikatoren, die dafür sprechen, dass die Kommunen sich an dem Sprung in das neue Hilfesystem beteiligen und ihre Aufgabe der Stabilisierung nachbarschaftlicher Solidarität der Bürger wesentlich ernster nehmen, als dies noch vor zwanzig Jahren der Fall war. Und natürlich verdankt sich dieser Trend zwar unterschiedlichen Umständen, gehört aber vor allem zu den Geschenken der zunehmenden Zahl der Alten, nicht zuletzt und gerade auch der Letzten unter ihnen, der alleinstehenden Dementen. Hier eine Auswahl:

1. Trotz der knappen Kassen nehmen zunehmend mehr Städte und Landkreise die zentrale Bedeutung der mobilen Beratung in Altersfragen ernst, oft verankert in einem eigenen »Seniorenamt«, einem »Seniorenbüro« oder – besonders interessante Formulierung, etwa in Hamm – in einem »Amt für Soziale Integration«, zugleich zuständig für die Mobilisierung, Organisierung und Begleitung von Bürgerhelfern – neben den schon eher obligaten »Seniorenbeiräten« mit beratender Stimme in den einschlägigen Ausschüssen. All dies ist in größeren Städten und in Landkreisen sozialräumlich dezentralisiert. Ein »Nachbarschaftsamt« ist mir bisher freilich noch nicht begegnet.

2. Stuttgart hat im Rahmen seiner Gemeindepsychiatrischen Zentren (in denen es zum Teil auch Zuverdienstmöglichkeiten für Hilfebedürftige gibt) zusätzlich Stellen für vierzehn Mitarbeiter geschaffen, die in acht »GerBeras« (Gerontopsychiatrischer Beratungsdienst) beratend und bürgerhelfervermittelnd – gerade auch für Demente – tätig sind.[142]

3. Einer der Stuttgarter GerBera-Träger ist die psychiatrische Institutsambulanz (PIA) der zuständigen Klinik, wodurch ein Teil der GerBera-Leistungen über die Krankenkassen refinanzierbar ist. Da

141 Konrad Hummel: Eine Ära geht zu Ende – Soziale Kommunalpolitik statt kommunaler Sozialpolitik. In: Blätter der Wohlfahrtspflege 151, S. 3-6, 2004

142 Sozialpsychiatrische Hilfen Stuttgart 2005, zu beziehen etwa über Klaus Obert, Gemeindepsych. Zentrum Bad Cannstatt, Kneippweg 8, 70374 Stuttgart

nun seit einiger Zeit sämtliche psychiatrischen Kliniken mit Pflichtversorgung eine PIA betreiben dürfen, könnte flächendeckend für Deutschland jede Klinik – wenn man dort nicht schläft oder immer noch etwas gegen Alte hat – ihre PIA gerontopsychiatrisch weiterentwickeln und über Krankenkassen finanzierbare GerBeras betreiben, was sich auch schon in Gütersloh und Münster (Alexianerkrankenhaus) bewährt hat.

4. Für Körperbehinderte liegt – ziemlich vorbildlich auch für andere Bereiche – ein Konzept vor, wie man die erforderlichen Hilfen überall wohnortnah regionalisieren kann.[143]

5. Die Stadt Nürtingen hat geradezu modellhaft vorgemacht, wie man sich auch insgesamt zu einer »Bürgerkommune« entwickeln kann.[144] Von der »Aktion Menschenstadt Essen«, die die Vollständigkeit städtischer Kultur durch die »gesunde Mischung« aller bisher ausgegrenzter Bürgergruppen anstrebt, war früher schon – anlässlich des »Bürgerjahres« – die Rede.

6. Der Kreis Nordfriesland will dasselbe, dass alle Menschen leben, wo sie hingehören, erreichen, indem er, wie schon erwähnt, das Konzept des Sozialraumbudgets von der Jugendhilfe auf alle anderen hilfsbedürftigen Gruppen ausweitet.[145]

7. In Gütersloh haben wir die Erfahrung gemacht, dass man bei den Bürgern die Bewusstmachung von Nachbarschaftsmentalität optimiert, wenn man, weil die Kommune als politische Körperschaft aus lauter Subkommunen oder Teilgemeinden, also etwa aus Schul-, Kirch-, Wirtschafts-, Kultur-, Gesundheits- und Sportgemeinde usw. besteht, gezielt all diese Subkulturen in deren Sprache anspricht.[146]

143 Matthias Schmidt-Ohlemann: Regionalisierung und soziale Netzwerke, Verband Ev. Einr. f. d. Rehab. Behinderter 1995

144 Gabriele Langfeld u. a. (Hg.): Bürgergesellschaft konkret, Gütersloh: Verlag Bertelsmann Stiftung 2001

145 Gabriele Lamers, Kreis-Sozialamt, Kreishaus Husum

146 Hilfreich ist hier die Dokumentation der Tagung »Neue Nachbarschaftsmodelle« am 8.9.2005 – über Landesvereinigung für Gesundheit, Fenskeweg 2, 30265 Hannover. Weiterführend auch die Dokumentation des Kongresses »Community care« 23.-25.10.2000, hier im Hinblick auf Menschen mit Behinderung, zu beziehen über Ev. Stiftung Alsterdorf, Alsterdorfer Markt 4, 22297 Hamburg; Ende 2006 fand die Anschlusstagung zum Folgekonzept »Community living« statt.

8. Mutmachend ist eine Sammlung zwölf vorbildlicher Beispiele aus der Praxis zu »Seniorenpolitik« in den Kommunen. Für mich erhellend ist, dass größere Kommunen ihre Aufmerksamkeit für die Alten eher spezialisiert organisieren, während kleinere Kommunen das vehement ablehnen und Konzepte entwerfen, die auf die Beziehungsförderung zwischen *allen* Bürgern gerichtet sind, von denen die Alten nur »zufällig« ein Teil sind, womit sie vielleicht zukunftsfähiger, weil mehr sozialräumlich denkend und mehr schon an »Community living« orientiert, sind. Im Übrigen sind originelle Einzelbeispiele anregend, so wenn in Amtzell eine Ganztagsschule kontinuierlich bestimmte Tätigkeiten in einem Altenzentrum übernimmt; wenn in Saarlouis zweimal im Jahr die Stadt ihren Alten ein Fest (kostenlos) schenkt und wenn es dort Tagesmütter für Demente gibt; wenn es in Hamm in jedem Stadtteil für insbesondere alleinstehende Alte ein Frühstückstreffen gibt; in Kaiserslautern vier Hilfezentren mit ungewöhnlich vielen Bürgerhelfern ein dichtes Beziehungsnetz schaffen, fokussiert auf Alleinstehende, wobei in den Vororten die Scheu vor »Fremdenhilfe« noch größer ist als in der Innenstadt, daneben noch ein Tagescafé für Demente von Behinderten betrieben wird; und wenn es in Leipzig 46 Alten-Clubs gibt und tausend Alte in achtzig Sportclubs gehen. Fast immer gibt es für die hier beschriebenen Bürgerengagements eine Aufwandsentschädigung.[147]

9. Entscheidend für die zukünftige Integration des Alterns und Sterbens der Bürger in die Kommunen dürfte die Wohnungsbaupolitik und die Städteplanung sein. Die Wohnungsbaugesellschaften und -genossenschaften scheinen – schon aus eigenem Interesse – am frühesten in der Breite wach geworden zu sein und achten bei neuen Wohnbauprojekten immer konsequenter darauf, dass bei der vermuteten Normalverteilung Alterspflegebedürftige und Demente auch bis zu ihrem Tod den Wohnbedarf dort finden, wo sie ihn wollen. Dies ist nur zu verwirklichen, wenn die Wohnprojekte stadtviertel- und nachbarschaftsbezogen sind, weil

147 Bertelsmann Stiftung (Hg.): Demographie konkret – Seniorenpolitik in den Kommunen, Gütersloh: Verlag Bertelsmann Stiftung 2006

nur so die erforderliche Beziehungsdichte zwischen hilfs- und helfensbedürftigen Bürger zustande kommen kann. In Bielefeld haben die »Freie Scholle« und die städtische gemeinnützige Wohnungsgesellschaft (BGW) hierin die größte und längste Erfahrung. Was das hierzu erforderliche Sozialraumdenken angeht, empfiehlt Kaltenbrunner, erstens möglichst multifunktional und nutzungsoffen zu bauen (damit ein verträgliches Nebeneinander verschiedener Nutzungsarten möglich ist); zweitens die ständige Austarierung des Gleichgewichts von Homogenität und Heterogenität mit der Faustregel: im Viertel durchmischt, im Haus homogen; und drittens die Verzahnung und Verschmelzung unterschiedlicher, bisher getrennt gesehener Sektoren und Bevölkerungsgruppen der kommunalen Politik, was – wie wir eben gesehen haben – die kleineren schon schneller erkannt haben als die großen.[148] Dieses Denken würde auch verhindern, dass man das an sich äußerst verdienstvolle Projekt »Soziale Stadt«[149] so missversteht, als ob nur soziale Brennpunkte und Krisenregionen sozialräumliches Denken verlangen. Im Gegenteil ist die Aufhebung der industrialisierungsbedingten vor allem auch sozialen Entmischung für die Integration des Alterns und Sterbens in die Kommune für sämtliche Viertel und auch Dorfgemeinschaften gleich wichtig.

10. Vielleicht wird auch bei uns die nächste Phase in der Entwicklung der Kommune zu einem neuen, mehr bürgerorientierten System – wie in den USA – Elemente des Community-Building-Konzepts aufgreifen:[150] Diesem zufolge besteht das Problem darin, dass die Bürger bisher dazu neigen, sich immer nur von dem, was sie brauchen, von ihren Bedürfnissen, Nöten und Defiziten zu verstehen, worin sie von den Medien nur zu bereitwillig unterstützt werden. Solange das so ist, können die Bürger ihr Wohl und die Lösung ihrer Probleme nur von externen Experten und Profis erwarten, zu deren Klienten/Kunden und Consumers/Verbraucher von Dienstleistungen sie dege-

148 Robert Kaltenbrunner: Kommt gute Nachbarschaft über den Städtebau ins Quartier? In der in Fußn. 146 beschriebenen Dokumentation der Tagung über »neue Nachbarschaftsmodelle«

149 Dokumentation des Wettbewerbes Preis Soziale Stadt 2002, zu beziehen etwa über Christoph Kulenkampff, Schader-Stiftung, Darmstadt

150 John P. Kretzmann + John L. McKnight: Building Communities from the inside out, Chicago IL: ACTA Publications 1993

nerieren. (Auch bei uns gibt es kaum noch eine Diskussion über Gesundheitsprobleme, wo nicht die Verbraucherschützer wichtige Sprecherrollen haben.) Um aus dieser tödlichen Spirale der marktausgelieferten, selbstverschuldeten Verunmündigung herauszukommen, wird eine Strategie entwickelt, derzufolge in jedem Viertel die Vereinigungen und die Sprecher der Nachbarschaft vereinbaren, möglichst alle Bürger dahin zu bringen, dass sie sich nicht mehr über ihre Bedürfnisse und Defizite (die sind einfach uninteressant), sondern weitgehend nur noch durch das, was sie geben können, ihre assets, ihre Fähigkeiten definieren, bis alle glauben können, dass buchstäblich jeder etwas beizutragen hat und insofern gebraucht wird. Danach gilt es, dies miteinander zu verknüpfen, währenddessen die vorhandenen Geldmittel immer mehr von den Profis auf die Bürger umgeleitet werden. Als Praktiker würde ich freilich hinzufügen, dass ein solches pragmatisch-faszinierendes Bürger-Empowerment einen ziemlich starken Rahmen kommunaler Autorität braucht, damit bei alledem (allein schon kompensatorisch) vom »Letzten«, also etwa vom alleinstehenden Dementen, ausgegangen wird.

Elemente von community building finden wir auch bei uns sicher an vielen Stellen, so etwa im schon beschriebenen Hilfesystem des Landkreises Schwandorf. Witzigerweise auch seit 1980 entspricht dem ein neues Interesse an »genossenschaftlichen Wohnformen«, basisorientiert, nicht schichtenspezifisch festgelegt, etwa im Sinne von Öko-Siedlungen, social architecture, Kollektivhäusern oder Nachbarschaftsgruppen; gemeinsam ist diesen Trends, wie es das »Hamburger Manifest« von 1989 ausdrückt, »der Versuch, die Isolation des Einzelhaushaltes zu überwinden, eine höhere Identifikation mit der sozialen und bebauten Umwelt herzustellen, mehr Verantwortung und Kontrolle über die eigenen Wohn- und Lebensbedingungen zu schaffen, informelle Nachbarschaftsnetze, Arbeits-, Kooperations- und Kommunikationsmöglichkeiten zu eröffnen«.[151]

151 Adelheid von Saldern: Häuserleben, zur Geschichte städtischen Arbeiterwohnens vom Kaiserreich bis heute, Bonn: Dietz 1999

Vielleicht – abschließend – drücken sich solche Trends auch darin aus, dass die neueren Gründungen ambulanter Nachbarschafts-Wohnpflegegruppen in Bielefeld ihren Gruppencharakter auflockern, wenn etwa in der »Heinrichstraße«[152] jeder Hilfsbedürftige ein Recht nicht nur auf ein Zimmer, sondern auf eine Wohnung hat, nur dass in einer Siedlung von 42 barrierefreien Wohnungen um einen Komplex aus Gemeinschaftsraum, Wohnküche und Pflegestützpunkt herum eine Zone von Wohnungen mit hoher Pflegeintensität (Demenz, Wachkoma) besteht. Diese größere Offenheit nach außen, Transparenz und Niedrigschwelligkeit scheint so in die Umgebung auszustrahlen, dass die Nachbarn von selbst das Wohnungsensemble geradezu infiltrieren.

4. Die Kirchengemeinde

Ob nun auch die Kirchengemeinden wieder zu ihrer früheren solidaritäts-stabilisierenden Funktion kommen und damit in der neuen Kultur des Helfens von Bedeutung sein können, ist freilich fraglich; zurzeit werden sie entweder serienweise geschlossen oder fusionieren zu überregionalen Großgebilden, mit denen sich niemand mehr identifizieren kann. Aber auch hier eröffnet der Umweg über die Entstehungsgeschichte der gegenwärtigen Situation neue Perspektiven.

Während in den fast 2000 Jahren der Vormoderne den Kirchengemeinden schon vom Urchristentum her die Einheit von Gottes- und Menschendienst mehr oder weniger eine Selbstverständlichkeit war, zumal es für das Helfen hierzu keine systematische Alternative gab, sich aber ab dem 19. Jahrhundert mit der Verlagerung des Arbeitens aus den Haushalten in die Fabriken auch die Auslagerung der besonders Hilfsbedürftigen und, schon aus Kostengründen, ihre massenhafte Konzentration als notwendig abzeichnete, erfanden einige besonders kreative Kirchenleute eine Problemlösung,

152 »Heinrichstraße« Wohnungsgesellschaft Bielefeld, Carlmeyerstraße 1, 33613 Bielefeld

die sowohl die soziale Frage beantwortete als auch den Kirchen ihre fast vollständig verloren gegangene gesellschaftliche Akzeptanz zurückgeben konnte. So kam es zu den neuen Unterbringungsformen für Hilfsbedürftige, anfangs noch vorbildlich klein, auch sozialintegriert und mit den Hauseltern als Familienersatz konzipiert. Doch bald folgte man auch hier – wie in I. schon angedeutet – dem Zeitgeist der Industrialisierung und schuf stattdessen – zwecks Rationalisierung – die weitab von der Heimatgemeinde gelegenen, daher entwurzelnden Großinstitutionen, ein Reservat, eine innere Kolonie, die – nun eher auf Dauer angelegt – ein dörfliches Gemeinwesen zu imitieren versuchte.

Da die damaligen Kirchenpioniere ab 1850 aber denselben Fehler gemacht haben wie wir heute bei der Deinstitutionalisierung, nämlich nicht vom Letzten, also vom übrig bleibenden Rest, und nicht von den unbeabsichtigten Nebenwirkungen her zu denken, hatte die so in Gang gekommene Institutionalisierung des Helfens zerstörerische Rückwirkungen auf den kirchlichen Bereich, obwohl es niemand so gewollt hatte. Das Ergebnis dieser Operation der modernen und scheinbar rationalen Arbeitsteilung für die Kirchengemeinden war nämlich die Zerschlagung ihrer bisherigen Einheit von Gottes- und Menschendienst. Während man Letzteren in die Einrichtungen der Diakonie oder Caritas verlegte, ihn dort zunehmend professionalisierte, wodurch diese Einrichtungen heute inzwischen von anderen Anbietern immer ununterscheidbarer geworden sind und daher ihren Gemeinnützigkeitsvorteil zu verlieren drohen, empfanden die Kirchengemeinden zwar anfangs die Entlastung vom lästigen Menschendienst als Befreiung, weil man meinte, man könne sich jetzt ganz auf das »Kerngeschäft« des Gottesdienstes, auf »Gott pur« konzentrieren. Aber auch hier hatte man nicht die Nebenwirkungen bedacht, nicht überlegt, was aus dem »Rest« werden würde, auch wenn dieser Rest jetzt Gott war.

Theologisch gesprochen, hatte man nämlich mit dieser Modernisierung die Bibel selbst verraten; denn deren oberstes Gebot, deren wahres Kerngeschäft, besteht – im Alten wie im Neuen Testament – in der Einheit der Liebe zu Gott und dem anderen Menschen. Indem man – zum Beispiel kulturprotestantisch – Gott isolierte, hatte man ihn so schrecklich erhöht, ontotheologisch

»hinterweltlich« gemacht, dass Gott – jetzt nicht mehr »unter den Menschen« – alltags- und lebensweltlich verschwunden war. Irgendwie müssen die Menschen das im Laufe der Zeit mitbekommen haben, weshalb dies der wichtigste Grund dafür sein dürfte, dass sie heute den Kirchengemeinden in Scharen davonlaufen und es zu dem beschriebenen heutigen Desaster der Kirche gekommen ist. Nur dass auch hier wieder die Funktionäre in den höheren Rängen dies zuletzt mitbekommen, weshalb sie sich immer noch – selbst theologisch ignorant – wie heute üblich, von Beratungsfirmen gesteuert, auf betriebswirtschaftliche Rationalisierungen beschränken, was hier aber in einer selbstmörderischen Spirale die Kirchengemeinden immer noch mehr zu einem Auslaufmodell machen dürfte: die Trennung von Gottes- und Menschendienst tut beidem nicht gut.[153]

Dabei liegt die Lösung des kirchlichen Problems auf der Hand. Sie ist zugleich anschlussfähig an die Bedingungen des neuen Hilfesystems, das die Hilfe nicht mehr institutionalisiert, sondern in die Wohnungen bringt. Sie kann nur bestehen in der ohnehin biblisch gebotenen Wiedervereinigung von Gott und dem anderen Menschen und das heißt vom bürgerschaftlichen Engagement der (noch) vorhandenen Kirchgänger und diakonischer Professionalität und – nebenbei – auch von Dienen und Leisten.

Man stelle sich nur einmal vor, die für die ausgelagerten Hilfsbedürftigen einer Region zuständigen diakonischen Profis kehrten gemeinsam mit ihnen in die Region zurück und vereinigten sich mit den dortigen Kirchenbürgern; das ergäbe ein kaum zu schlagendes Modell an Bürger-Profi-Mix, an Ressourcendichte und damit an kommunaler Lebendigkeit. Wenn alle gemeinsam dann noch einmal das Samariter-Gleichnis läsen, kämen sie außerdem darauf, dass die diakonische Gemeinnützigkeit sich nur durch die Samariterfunktion legitimiert, während die Funktion des Wirtes nach dem Gleichnis die Aufgaben betrifft, die andere auch übernehmen können. Von solchen Aufgaben würde man sich dann vielleicht eher trennen, vielleicht auf

153 Ich habe diesen Komplex ausführlicher dargestellt in »Kirche ohne Diakonie verliert die Erde – Diakonie ohne Kirche verliert den Himmel« in: Ev. Pressedienst-Dokumentation Nr. 13, Frankfurt 21.3.2006.

die Deckung einiger künstlicher Bedürfnisse verzichten, sodass man dann auch mehr Ressourcen hätte, um sich wieder – vom Letzten her – auf die wirklich existenziellen lebensbedrohlichen Armuts- und Leidenssituationen, die ohnehin zunehmen, zu konzentrieren.[154]

Etwas vielleicht noch Wichtigeres kommt hinzu und macht die Erfolgswahrscheinlichkeit für die Wiedervereinigung eher noch größer: In der Ära der Moderne galten Diakonie und Caritas, nicht ohne werbewirksame Selbstdarstellung, meist als das fortschrittliche Aushängeschild der Kirchen, während die Kirchengemeinden eher als rückständig belächelt wurden. Unter den Bedingungen der neuen Kultur des Helfens dreht sich diese Wertschätzung um: Institutionalisierung wird abgewählt und die Hilfe soll wieder dahin kommen, wo die Menschen leben und hingehören wollen. Unter diesem Aspekt nun erhält die Kirchengemeinde einen dramatischen Standortvorteil. Denn, soziologisch gesehen, auch wenn man mit Gott nichts am Hut hätte, sind die Kirchengemeinden die einzige flächendeckende Institution, die mit ihrem Einzugsbereich ziemlich genau dem Territorium des dritten Sozialraums, des Wir-Raums der Nachbarschaft, entsprechen (vielleicht gemeinsam mit ihrem ökumenischen Zwilling). Und diese territoriale Voraussetzung ist, wie wir gesehen haben, entscheidend für die Chance, systematisch Nachbarschaftsmentalität wach zu küssen. Selbst die ganz und gar säkularen Kommunen haben also allen Anlass, den flächendeckenden Fortbestand dieser bürgerschaftlichen Kostbarkeit mit Zähnen und Klauen zu verteidigen und zu resozialisieren.
Und in der Tat gibt es freilich überwiegend bisher nur an der Basis unzählige Beispiele dafür, wie man die erwähnte Wiedervereinigung zu erreichen versucht. So laufen etwa, wie unlängst in Reutlingen, auch in Bielefeld mit mehreren Kirchengemeinden Gespräche darüber, wie man die Gebäudesubstanz gemeinsam für Gottes- und

154 Steffen Fleßa: Arme habt ihr allezeit! Ein Plädoyer für eine armutsorientierte Diakonie, Göttingen: Vandenhoeck & Ruprecht 2003; einen, wenn auch eingeschränkt, entgegengesetzten Standpunkt nimmt Johannes Degen »Die Diakonie ist Unternehmen« ein, in: Günter Ruddat u. a. (Hg.): Diakonisches Kompendium, Göttingen: Vandenhoeck & Ruprecht 2005

Menschendienst nutzen kann, zum Beispiel durch Implantationen einer ambulanten Nachbarschafts-Wohnpflegegruppe, nicht ohne für beide Aufgaben professionelles durch auch kostengünstiges und dem Urchristentum näheres bürgerschaftliches Engagement anteilig zu ersetzen. Die Idee der »Gemeindecaritas« gewinnt fortlaufend an Boden und Gewicht.[155] Das setzt auch zum Glück dem noch profizentrischen Unwesen Grenzen, in jedem helfensbereiten Bürger zunächst ein schulungsbedürftiges Wesen zu sehen, etwa zum »Seniorentrainer«, was zwar zum kleineren Teil Sinn macht, zum größeren Teil aber Profi-Arbeitsplätze schaffen soll und die integrationsförderlichen Eigenarten der Bürger abzuschleifen bestrebt ist. Weiterhin haben etwa in Köln eine Pfarrgemeinde und ihr ambulanter Pflegedienst sich auch technisch so eng miteinander verbunden, dass die Bürgerhelfer der Gemeinde und die Profis der Sozialstation sich gegenseitig auf Knopfdruck über die Hilfen insbesondere für einen Alterspflegebedürftigen unterrichten und für die weitere Entwicklung der Zusammenarbeit Zielvereinbarungen fortschreiben.[156] Dergleichen könnte im Übrigen ein Modell sein für Regionen, in denen die Koexistenz von Kirchengemeinde und Krankenhilfeverein noch selbstverständlich ist, und ihre Rekultivierung fördern, zu beiderseitigem Nutz und Frommen – wie wir das im neuen Hilfesystem am Beispiel Schwandorf schon beschrieben haben.

155 Jahrbuch des Deutschen Caritasverbandes 2004 und 2005, Deutscher Caritasverband, Karlstraße 40, 79104 Freiburg

156 Beate Neuhöfer: Eine gemeinsame Aufgabe von Pflegedienst und Pfarrgemeinde in: Caritasjahrbuch 2004, a.a.O., S. 294-299

5. Bürger-Helfen ist Sozialzeit, die Bedeutung für Andere weitergibt

Wie in jedem Kapitel, so beugen wir uns auch in diesem mit dem 5. und letzten Abschnitt auf das bisher Erzählte zurück, um uns für die Frage, was es denn mit der neuen Bürgerbewegung auf sich habe, an ein paar Verallgemeinerungen, auch anthropologischer Art, zu versuchen. Und da wir uns in diesem III. Kapitel bisher mit den Sozialräumen der Bürgerhelfer beschäftigt haben, soll es hier als Ausgleich mehr um die Sozialzeit des Helfens der Bürger gehen, und dies nicht nur wegen der Ikea-Wahrheit, wonach Leben sich eben nicht auf Wohnen reduzieren lasse.[157]

Helfen findet also nicht nur in Sozialräumen statt, sondern, weil es sich um ein auf Andere bezogenes Tätigkeitsein in der Zeit handelt, auch in Sozialzeit. Diesem Umstand sind wir schon mal in II. 4. begegnet, als es darum ging, dass wir Menschen, wenn wir zu viel sinnfreie Zeit haben, geradezu gezwungen sind, einen Teil davon »sozial zu erden«, weil wir sonst daran leiden und psychotherapiebedürftig würden. Wir hassen zwar mit Recht eine Überlastung durch Helfen, aber wir leiden auch, wenn wir in dieser Hinsicht unterlastet sind. Insofern sind grundsätzlich alle Menschen, zumindest potenziell, lebenslang helfens-bedürftig und daher auf Gelegenheiten angewiesen, dies in Tätigkeitsein umzusetzen; wir brauchen unsere Tagesdosis an Bedeutung für Andere.

Zum Glück hat die condition humaine für hinreichend viele Gelegenheiten gesorgt, zumindest solange das Profi-System den Bürgern nicht zu viel davon wegnimmt. Denn grundsätzlich sind die Menschen ebenso helfens-bedürftig wie hilfe-bedürftig, was sie fundamental zu Beziehungswesen macht; sie leben im Spannungsfeld

157 Eben das tun die Heimbetreiber, indem sie anhaltend die ihnen anvertrauten Menschen als »Bewohner« bezeichnen und sie damit auf die Wohnfunktion reduzieren. Dem Leser wird aufgefallen sein, dass auch ich dies mehrfach getan habe, was daran liegt, dass ich, wenn ich mich in meine eigene Heimtätigkeit hineinversetze, aus dieser Rolle heraus formuliert habe.

zwischen griechischer Ich-Aktivität und biblischer Aktivität vom Anderen her (Levinas), zwischen tierischer Selbstbestimmung und menschlicher Selbstentzogenzeit (Plessner). Und dies verdankt der Mensch – darin sind sich diese beiden so unterschiedlichen Autoren einig – der allen Aktivitäten vorhergehenden Ur- oder Grundpassivität, indem wir uns vor allem Tun und Lassen, schon von Geburt an, immer schon als gegeben, abhängig, begrenzt, fragmentiert und endlich vorfinden, uns zur Hälfte uns selbst, zur anderen Hälfte dem Anderen verdankend, gebend und nehmend, helfensbedürftig und hilfsbedürftig, Letzteres konzentriert am Anfang und am Ende sowie sporadisch in der Mitte unseres Lebens, Ersteres lebenszeitlich komplementär. Für Ulrich Körtner ist all das die Matrix von dem, was wir Kultur nennen: »Der Wunsch, alles durch sich selbst sein zu wollen, ist ein falscher Stolz. Auch was man anderen verdankt, gehört ebenso zu einem und ist ein Stück des eigenen Lebens ... Man ist eben mit dem, was man selbst ist und was man empfängt, ein Ganzes ... Unsere Grundpassivität zeigt sich aber in unserer Hilfsbedürftigkeit und Verletzlichkeit, ... in unserer Gebrechlichkeit und Hinfälligkeit, ... auch in der Liebe und im Verzeihen. Das Entscheidende kann der Mensch sich selbst nicht geben: Liebe, Anerkennung und Vergebung. Sie kann er nur als Geschenk bzw. als Gnade empfangen.«[158]

Würde man also auf dem Hintergrund all solcher mehr oder weniger anthropologischer Gegebenheiten sämtliche Tätigkeiten der Bürger in einer Gesellschaft zusammentragen, käme heraus, dass der Teil davon, den wir Erwerbsarbeit (inkl. des Profi-Hilfesystems) nennen, gar nicht mal so groß und sowohl historisch als auch systematisch in die Matrix der zwischenmenschlichen Hilfebeziehungen eingebettet gedacht werden muss. Dies vor allem dann, wenn man die Hilfebeziehungen des Sozialraums des Privaten und des dritten Sozialraums zusammen sieht, was aber erforderlich ist, weil kultur-

158 Ulrich Körtner: Frailty – medizinethische Überlegungen zur Gebrechlichkeit des alten Menschen, in: Ethik in der Medizin 18, S. 108-119, 2006. Aus diesen Gründen gibt auch Paul Pearsall in: Denken Sie negativ (Heidelberg: mvg Verlag 2005) der »Wirhilfe« gegenüber der »Selbsthilfe« den Vorzug.

geschichtlich nur die Einheit beider Sozialräume mit fließenden Übergängen die sozialtragfähige Matrix darstellt. Diese Sicht macht auch deutlich, dass unsere noch vorherrschende Gewohnheit, die Erwerbsarbeit als hochwertiger als das Helfen einzuschätzen, durch nichts als den messbaren Geldwert begründet ist. Eine Würdigung nach dem individuellen und gesellschaftlichen Sinn müsste anders ausfallen.[159]

An dieser Stelle – darauf werden vor allem weibliche Leser schon lange gewartet haben – ein notwendiger Blick auf den Umstand, dass das Helfen immer noch weiblich ist. Hier ist zunächst daran zu erinnern, dass die »Frau«, deren Andersheit übrigens etymologisch mit »Gott« verwandt ist, hinsichtlich des Helfens einen etwa 10.000-jährigen Vorsprung vor dem Mann hat, wie immer man das auch erklären mag. Hannah Arendt[160] würde hier vielleicht auf die gegenüber der Sterblichkeit traditionell zu gering geschätzte Gebürtlichkeit des Menschen hinweisen, vielleicht auch auf seine Gastlichkeit. Gemessen an diesem Vorsprung ist nun das wie immer auch geringfügige Aufholen des Mannes in den letzten 40 Jahren schon als bedeutsam zu gewichten. Man könnte sagen, schneller gehe das eben nicht. Nun stellt sich aber ganz aktuell heraus, dass es wohl doch deutlich schneller geht – möglicherweise auch ein Indikator für den von mir strapazierten »kulturellen Umbruch«. Denn wenn man nicht nur die Kurve der seit Jahrzehnten ständig steigenden Erwerbsquote der Frauen betrachtet, sondern auch die Kurve der ständig sinkenden Erwerbsquote der Männer hinzunimmt und zusätzlich noch die notorisch besseren PISA-Schulergebnisse der Mädchen berücksichtigt, spricht alles dafür, dass in 10-20 Jahren mehr Frauen als Männer erwerbstätig sind. Dann würden sich die Männer von selbst verstärkt bei den hauswirtschaftlichen Hilfstätigkeiten wiederfinden und dann wohl auch in den diversen Feldern des Helfens. Schließlich sei auch noch an das Mindener Beispiel erinnert, wo die Bürger des dritten Lebensalters den Bürgern im vierten Lebensalter geholfen haben,

159 Ulrike Schumacher: Lohn und Sinn. Individuelle Kombinationen von Erwerbsarbeit und freiwilligem Engagement, Opladen: Leske + Budrich 2003

160 Hannah Ahrendt: Vom Leben des Geistes 2, München: Piper 1989, S. 107

sterben zu können, wo sie hingehören; dass bei den 60 Aktiven verhältnismäßig viele Männer waren, hat ziemlich sicher damit zu tun, dass die Initiative von einem Mann ausgegangen ist, woraus sich anderweitig lernen lässt.

Das leitet von selbst über zu den häufigen Forderungen, denen – Beispiel Minden – auch schon zahlreiche Realisierungsansätze entsprechen, dass die Bürger im dritten Lebensalter, die – ohne soziale Rolle – besonders untätig und daher besonders helfensbedürftig sind, auch besonders aufgefordert seien, in wie auch immer zu systematisierender Weise in den Dienst gerade ihrer biografischen Nachbarn im vierten Lebensalter zu treten. Schon die »Berliner Altersstudie«[161] hat nachgewiesen, dass die Menschen im dritten Lebensalter besonders viel geben, während die im vierten Lebensalter besonders stark auf das Nehmen angewiesen seien. Und Hans Peter Tews[162] hat fünf Formen der Alten-Produktivität herausgefunden: Aufrechterhaltung der selbstständigen Lebensführung; intergenerative Produktivität; intragenerative Produktivität; »Umfeld«-Produktivität; gesellschaftliche Produktivität im weiteren Sinne, wobei er die Felder Bildung, Ehrenamt, Seniorengenossenschaften, Seniorenbüros und Bürgerbüros unterscheidet. Es ist also keine Frage, dass wir gerade zur Verknüpfung der wechselseitigen Hilfebeziehungen zwischen drittem und viertem Lebensalter, hinsichtlich der Verallgemeinerbarkeit noch viele Experimente und Modelle brauchen, natürlich in sozialräumlicher Begrenzung, wie in Minden.

161 Karl Ulrich Mayer u. Paul B. Baltes: Die Berliner Altersstudie, Berlin: Akademie 1999; zum Tätigkeitsbedürfnis der Alten auch Jens Prager u.a. (Hg.): Länger leben, arbeiten und sich engagieren, Gütersloh: Bertelsmann Stiftung 2006; dagegen sind wir im Alter zwar öfter (wegen Untätigkeit) deprimiert, aber wirklich klinisch depressiv seltener als im mittleren Lebensalter (Pearsall a.a.O., S. 227).

162 Hans Peter Tews: Produktivität des Alters, in: Margret Baltes u. Leo Montada (Hg.): Produktives Leben im Alter, Frankfurt: Campus 1996, S. 184-211

Bei alledem müssen wir aber schließlich auch noch auf eine besondere Schwierigkeit für Bürgerhelfer zu sprechen kommen. Es gibt nämlich zwei Grundformen des Helfens, die beide zum Glück und zum Unglück nicht in Reinform zustande kommen. Ich kann einmal so helfen, dass ich dem Anderen gebe und der Andere nimmt, und dabei bleibt es. Dann besteht die Gefahr, dass es mir zwar besser geht, ich habe an Bedeutung für Andere gewonnen, während es dem Anderen eher schlechter geht, da er – immer nur nehmend – an Selbstachtung verliert. Dies wäre aber nichts anderes als eine weitere Spielart der instrumentellen Vernunft, wo der Andere von mir zum Mittel meiner Zwecke gemacht wird, sodass ich mir im Ergebnis den Anderen durch mein Helfen, das dann nur ein Leisten ist, aneigne.

Die Alternative besteht darin, dass ich dem Anderen so helfe, dass ich zunächst mal nicht aktivisch auf den Anderen zugehe, sondern mich passivisch (»Grundpassivität«) als von dem Anderen in Dienst genommen betrachte, was für mich das Eigentliche ist, während das mehr oder weniger technische Helfen in den Nebenschluss gerät, nebenbei passiert. Denn nur dienend kann ich eine Beziehung eröffnen, in die das Helfen eingebettet ist. Ich gebe dann zwar immer noch, aber sozusagen ins Offene hinein, ohne Erwartung, dass etwas zurückkommt, was die Möglichkeit eröffnet, dass der Andere nicht auf die Rolle des ewigen Nehmers fixiert wird. Vielmehr mache ich mich dienend dem Anderen zur Bedingung, dass er selbst wieder instandgesetzt wird, auch Anderen geben zu können. Und das ist mehr als die beliebte Formel der Hilfe zur Selbsthilfe; denn vollständig und korrekt müsste die Formel – unschön – lauten: Hilfe zur Anderen-Hilfe. Kriterium für ein solches, nicht-aneignendes, gelingendes Helfen wäre, dass eine Beziehung entsteht, in der ich und der Andere, getrennt voneinander, an Bedeutung für Andere zunehmen. Es versteht sich, dass ich dies vollständige Helfen stets meine, wenn ich von Helfen spreche, wie näherungsweise wir es auch nur erreichen können.

Wie man das macht, das lässt sich eigentlich nur in Geschichten erzählen. Eine biblische Geschichte hierzu ist die von Hiob, von dem Gott und der Teufel sich einig waren, dass das Besondere an ihm sei, dass er »umsonst« helfe, weshalb sie auch – ein bisschen eifersüchtig

– versucht haben, es ihm auszutreiben. Wenn man weiter fragt, wie denn ein Hilfsbedürftiger trotz seines Zustandes zu Bedeutung für Andere kommen kann, dann kann das auf dem niedrigsten Anspruchsniveau schon darin bestehen, dass ich »eine Gelegenheit für Andere« bin, also etwa dass Andere mir helfen können. Das klingt zynisch, ist heute sicher auch nicht ausreichend, auch wenn man sich daran erinnern mag, dass im Mittelalter die Institution des Almosens der Reichen für die Armen immerhin ein halbwegs wirksames System darstellte. Heute stünde dem allerdings mit Recht das Instrumentalisierungsverbot entgegen, was übrigens auch noch für die beliebte Formel gilt, dass das Helfen den Helfer »bereichere«; Ähnliches gilt für die »Anerkennung«, die der Helfer dem Geholfenen gewährt (wie kommt er dazu?). Wesentlich angemessener sind schon die unzähligen Beispiele für wechselseitige persönliche Wertschätzung, wenn beide in ihrer Selbstzweckhaftigkeit unterscheidbar sich begegnen. Aber das Angemessenste in unserer Gesellschaft dürfte immer noch darin bestehen, dass der Hilfsbedürftige instand gesetzt wird, Bedeutung für Andere dadurch zu gewinnen, dass er etwas für Andere tut, und das lässt sich immer noch am leichtesten und verallgemeinerbarsten dadurch erreichen, dass es dem Hilfsbedürftigen ermöglicht wird, zu arbeiten, also durch Zusammenarbeit mit Anderen für einen Betrieb für unbekannte Dritte Gegenstände zu produzieren oder zu bearbeiten. Zudem ist Arbeiten das geeignetste Medium, über das gerade Hilfsbedürftige nicht nur zur Integration in den Wir-Raum, sondern darüber hinaus Anschluss an den Sozialraum des Öffentlichen mit seinem allgemeinen Rollenhaushalt und somit zu Sozialzeit und Integration in die Gesellschaft finden.

Abschließend ein paar Beispiele für die extreme Spielbreite der Wege, über die ganz unterschiedlich Hilfsbedürftige sich durchs Arbeiten verwirklichen können, was – aktiv oder passiv – durchaus auch Alte oder gar Alterspflegebedürftige betreffen kann. So sind Letztere auf dem erwähnten niedrigsten Anspruchsniveau eine »Gelegenheit«, durch die – zwingend für die neue Bürgerbewegung – ihr Viertel oder ihre Dorfgemeinschaft so rekultiviert werden kann, dass alles, was man zum Leben braucht, nun auch für alle Bürger fußläufig erreichbar ist. Über die schon erwähnten Beispiele hinaus (Bad Marienberg) gibt es inzwischen über 25 »cap-Märkte«[163], über ganz Deutschland verstreut, die von einer Mischung aus psychisch Kranken, Körperbehinderten und Lernbehinderten seit Jahren erfolgreich betrieben werden (cap ist die Abkürzung von Handicap), die damit unmittelbar in den Dienst der Gebrechlichen, Hinfälligen und Siechen treten (um hier bewusst die alten Begriffe zu nutzen), wovon aber zugleich das ganze Viertel, die ganze Nachbarschaft profitiert. Auf diesem Umweg haben die Alten dann durchaus Bedeutung für Andere.

Man kann aber auch in die Ära der Hilfsvereinsgründungen zu Beginn der Industrialisierung zurückgehen, etwa zu Amalie Sieveking, die bereits 1832 ihren weiblichen »Verein für Armen- und Krankenpflege« in Hamburg gegründet hat. Geradezu postsäkular begründet sie bereits in ihrem zweiten Rechenschaftsbericht von 1834,[164] warum sie den weitaus größten Teil des verfügbaren Geldes nicht für unmittelbare Zuwendungen verwandt hat, sondern um den verelendeten Familien zu Arbeit zu verhelfen, da das oberste Vereinsziel die »rechtzeitige Emancipation« sei. Dadurch dass Mitglieder der einen Armenfamilie Dienste in der anderen Armenfamilie übernahmen, andere in den Dienst reicher Familien vermittelt wurden, Leinwand und andere produzierte Gegenstände (in bewusster Umgehung des Zwischenhandels) selbst verkauft wurden, auch etwa durch »Seidenzupfen für zu jedem Erwerb unfähige Personen, auch Alte und Kranke«, wurden bereits in diesem zweiten Jahr 25 Familien und »einzelne alte Frauen« mit dem Existenzminimum versorgt.

Ähnlich war es mit dem »Elberfelder System«[165], 1853 gegründet, heute leichthin wegen seines paternalistischen Stils kritisiert, wo Bürger Patenschaften für verarmte Familien und Alleinstehende über-

163 Cornelia Schäfer: Erster cap-Markt in NRW bewährt sich, in: Psychosoziale Umschau 1, S. 22-23, 2006. Da dieses System gemeinsam mit einer großen Lebensmittelkette betrieben wird, lautet die Kontaktadresse: Genossenschaft der Werkstätten für Behinderte eG, Waldenbucherstraße 30, 71065 Sindelfingen

164 Amalie W. Sieveking: 2. Bericht über die Leistungen des weiblichen Vereins für Armen- und Krankenpflege, Hamburg 1834

165 Dr. Münsterberg: Das Elberfelder System, in: Schriften des deutschen Vereins für Armenpflege und Wohltätigkeit 63, S. 1-54, 1903

nahmen und auch hier wieder mit Vorrang die Vermittlung in Arbeit betrieben. Heute gibt es mit der Übernahme von Patenschaften, vor allem durch Bürger im dritten Lebensalter, wieder die ersten schüchternen Ansätze, an diese damals verbreitete Tradition anzuknüpfen.

Unlängst hat im Kreis Unna das vierte »Sozialkaufhaus« mit vergleichbarer Zielsetzung eröffnet,[166] ähnlich wie schon seit fünfzehn Jahren in der Stadt Gütersloh mit dem »Schnäppchen« ein Textilgeschäft nur von psychisch Kranken betrieben wird, das sich, weil es hier auch Kaffee, Kuchen oder ein Butterbrot gibt, zum Zentrum der sozial Isolierten dieses Viertels entwickelt hat.[167]

Vor ca. zwanzig Jahren haben sich die Angehörigen psychisch Kranker in Detmold zusammengetan und mit dem »Lippischen Kombi-Service« und in den Bereichen Dokumentenarchivierung, Heißmangel, sieben Schulcafeterien und Mensen insgesamt 45 sozialversicherungspflichtige Arbeitsplätze geschaffen, davon 25 für psychisch Kranke und auch Körperbehinderte.[168] Lehrreich ist die Entstehungsgeschichte, die ich begleiten durfte: Monatelang diskutierten die Angehörigen ergebnislos über den Plan der Firmengründung, bis eine Angehörige eines Tages sagte, sie wisse jetzt, warum man nicht weiterkäme: »Das liegt daran, dass jeder von uns nur an sein eigenes krankes Familienmitglied denkt; ich höre jetzt damit auf und denke nur noch an die Schaffung von Arbeitsplätzen überhaupt!« Wenige Wochen danach war die Firma gegründet: die Angehörigen hatten sich mit dieser Grundhaltungsänderung zu Bürgerhelfern oder Nachbarn resozialisiert.

Im Saarland wurde in den letzten Jahren die »dezentrale virtuelle Werkstatt« erprobt. Sie besteht darin, dass ein an sich WfMB-berechtigter Hilfsbedürftiger mit dem Geld, das ihm dort zustehen würde, direkt auf einen Arbeitsplatz in einem normalen Betrieb des ersten Arbeitsplatzes vermittelt wird, was ihn da so attraktiv macht, dass

166 Sozialkaufhäuser der Diakonie im Kirchenkreis Unna, Morgenstraße 71, 59423 Unna

167 Wolfgang Büscher, Wohnen-Arbeit-Freizit e.V., Gartenstraße 4, 33332 Gütersloh

168 Eugen Heinen, Sachsenstraße 21, 32756 Detmold

dies durchaus auch zu einem festen Arbeitsplatz führt.[169] Die Bedeutung dieses Schritts besteht darin, dass hier der auch fachlich zwingende Imperativ »erst platzieren, dann rehabilitieren« nicht nur für das Wohnen, sondern auch für das Arbeiten ernst genommen und somit erstmals die Deinstitutionalisierung nicht nur der Heime, sondern auch der Behindertenwerkstätten in Angriff genommen wird, wenn auch hier das Erreichen des Ziels der Integration aller Behinderter in die normalen Betriebe des ersten Arbeitsmarkts noch etwas länger dauern dürfte, als das bei den Heimen der Fall sein wird; utopisch ist dies freilich nicht mehr.[170]

Das niedrigschwelligste und daher für die Integration der Hilfsbedürftigen fast jeden Schweregrads geeignetste Instrument ist jedoch die »Zuverdienstfirma«,[171] wo Menschen zum Beispiel nur zwei Stunden am Tag arbeiten, weil das für sie so viel bedeutet, wie für andere Menschen acht Stunden, weshalb sie dadurch auch so ausgelastet und damit gesund sind, dass sie das auch im Wohnbereich besser stabilisiert als alles andere.

Abschließend: In fast allen von mir erwähnten Projekten, insbesondere auch in den Zuverdienstfirmen trifft man natürlich auch Alte, auch Alterspflegebedürftige oder Hochaltrige, weil diese nämlich, wie wir noch genauer sehen werden, den Zuwachs an Bedeutung für Andere genauso brauchen wie alle anderen Menschen. Ich werde nie die leuchtenden Augen einer 80-jährigen Frau, die 40 Jahre in der Anstalt war, vergessen, die aus einer unserer zwölf Zuverdienstfirmen in Gütersloh kam und mir erzählte, sie habe heute das erste Weihnachtsgeld ihres Lebens erhalten.

169 Workshop am 29.6.2006 in Berlin der SPD-Bundestagsfraktion (Silvia Schmidt): Die dezentrale virtuelle Werkstatt – dritter Weg und innovatives Instrument der Arbeitsmarktintegration psychisch behinderter sowie lernbehinderter Menschen

170 Klaus Dörner: Jeder Mensch will notwendig sein, Gütersloh: Verlag Jakob van Hoddis, jetzt im Paranus Verlag, 1995, bes. S. 45-55

171 a.a.O., S. 203-229

IV. Hilfsbedürftigen-Perspektive: die Hilfe kommt dahin, wo ich hingehöre

Spätestens seit wir im neuen Hilfesystem sind, das ist inzwischen klar, haben wir beim Nachdenken über das Helfen stets vom gesamtgesellschaftlichen Hilfebedarf auszugehen, also von sämtlichen helfenden Tätigkeiten, die von den Betroffenen selbst, ihren Angehörigen, ihren Nachbarn und anderen Bürgern und von den Profis verrichtet werden. Wer sich zum Beispiel mit »Allokation«, also der gerechten Verteilung von Hilfstätigkeiten, beschäftigt und dabei nur die Profi-Ressourcen berücksichtigt, muss wissen, dass dies wissenschaftlich Quatsch, praktisch unbrauchbar und moralisch verboten ist. Wie Adalbert Evers und manche andere spricht daher auch Thomas Klie[172] vom »Pflege-Mix« oder umfassender vom »Wohlfahrtsmix«, gesteuert vom Staat, vom Markt, aber auch von der neuen Bürgerbewegung, worunter ich die Angehörigen und die übrigen Bürger verstehe, schon weil beide weder historisch noch systematisch so recht unterscheidbar sind.

Da also grundsätzlich stets nur ein Bürger-Profi-Mix des Helfens zukunftsfähig sein kann, bin ich, wenn ich heute selbst hilfsbedürftig bin, immer sowohl Bürgern als auch Profis ausgesetzt, kann mich ihrer eigenen Beiträge erfreuen, habe ihre tief verankerten Rivalitäten zu erleiden und bin daher gehalten, ihr Tun zumindest an mir als Einzelfall möglichst zu harmonisieren, wenn es geht auch selbstbestimmte Regie zu führen, nur dass das je nach dem Grad meiner Hilfsbedürftigkeit mir nicht immer gegeben ist.[173]

172 Thomas Klie u. Paul Stefan Roß: Wie viel Bürger darf's denn sein!?, in: Arch. f. Wiss. u. Praxis d. soz. Arbeit, 36. Jg., Heft 4, S. 20-42, 2005

173 Am Beispiel der geistig Behinderten haben Susanne Göbel und Ottmar Miles-Paul in »Stärkung gemeindenaher Wohn- und Unterstützungsformen für behinderte Menschen in Rheinland-Pfalz« gezeigt, was in diesem Bundesland diesbezüglich alles möglich ist; zu beziehen über »Bildungs- und Forschungsinstitut zum selbstbestimmten Leben Behinderter« (Bifos), Kölnische Straße 99, 34119 Kassel.

Die andere Aufgabe, die mir als Hilfsbedürftigem zukommt, hat mehr mit unserer menschlichen Eigenart zu tun, dass wir uns höchst ungern helfen lassen, sondern uns viel lieber selbst helfen, was dummerweise durch die öffentliche Meinung noch einmal verstärkt wird. Wir sind daher gut beraten, darauf zu achten, dass uns so geholfen wird, dass wir als Hilfenehmer gleichzeitig auch Hilfegeber sein oder wieder werden können, zumal sowohl die Bürgerhelfer als auch die Profi-Helfer in ihrer Hilfe-Begeisterung dazu neigen, dies außer Acht zu lassen. Und was unsere Lebensführung angeht, ist es in höchstem Maße zu empfehlen, dafür zu sorgen, dass wir, bevor wir hilfsbedürftig werden, selbst Gelegenheit finden, mit dem Helfen in Vorleistung zu treten, Bedeutung für Andere zu haben, für Andere da zu sein, bevor Andere für uns da sein werden, weil das dann leichter zu ertragen ist. Dies ist eindrucksvoll am Beispiel der Beziehung zwischen Menschen im dritten und im vierten Lebensalter im europäischen Vergleich beschrieben worden.[174]

Schließlich habe ich als Hilfsbedürftiger die Aufgabe, mich dafür einzusetzen, je nach dem Hilfeanlass auch dafür zu kämpfen, dass ich nicht dorthin gebracht werde, wo die Hilfe stattfindet, sondern dass die Hilfe zu mir kommt, dorthin, wo ich hingehöre. Das ist vielleicht nicht gerade bei der Herzoperation anzuraten, gilt aber für immer mehr Hilfstätigkeiten, selbst technischer Art, weil der technische Fortschritt darin zu fördern ist, dass seine Produkte mobiler und bürgertauglicher werden. Ein solches Kämpfen ist zunehmend bedeutsam, weil einmal die Hilfe, wenn sie in meinem Haushalt stattfindet, bei geringerem Aufwand wirksamer und nachhaltiger ist (zum Beispiel Hausarzt), weil zum anderen ich damit die Chancen des neuen Hilfesystems nicht nur nutzen, sondern auch fördern kann und weil ich zum Dritten zunehmend darauf einen Rechtsanspruch habe.

174 Freiwilligenaktivitäten von Hochbetagten und für Hochbetagte – ein europäischer Vergleich. Dokumentation der Expertentagung des Internationalen Rates für soziale Wohlfahrt, 24.-25.8.2000 in Frankfurt, zu beziehen über »Kuratorium Deutsche Altershilfe«

175 Ich habe das Rechts-Argument an die letzte Stelle gesetzt, weil es immer besser ist, etwas mit dem Argument der Wirksamkeit im vor-juristischen Raum durchzusetzen; mein Pochen »auf mein Recht« ist immer nur eine Ersatzlösung, wenn es anders gar nicht geht.

Gerade daran will ich auch die Gliederung dieses Kapitels festmachen. Denn wir betreiben ja die Deinstitutionalisierung des Helfens und in eins damit die Förderung der neuen Kultur des Helfens, um unser aller vornehmstes Ziel zu erreichen, leben, altern, sterben zu können, wo ich hingehöre. Und diese Hingehörigkeit will ich hier biografisch am Beispiel meines Haushalts, meines Viertels (hier endlich ausführlich zur ambulanten Nachbarschafts-Wohngruppe), meiner Schule und meines Betriebes entfalten, um zum Schluss zu begründen, wieso solche »humankapitalistischen« Erweiterungen auch der Gesundung des öffentlichen Sozialraums, meiner Gesellschaft dienen.

1. In meinen Haushalt

Egal, ob als Kind, Erwachsener, Alter oder Sterbender, egal, ob ich allein oder mit anderen zusammen wohne, und egal, wie groß mein Hilfebedarf ist: Ich kann schlechterdings eine für mich erforderliche Hilfe nur in der Wohnung, die ich als meinen Haushalt führe, wollen. Ausnahmen verdanken sich meist verständlicher, aber falscher Rücksicht auf andere. Es mag noch ein paar andere begründbare Ausnahmen geben, die man berücksichtigen sollte; aber sie sind nicht versorgungsrelevant. Hier von Wunsch- und Wahlrecht zwischen ambulant und stationär zu reden, veralbert mich. Dies auch noch zu begründen, ist eigentlich überflüssig, weil offensichtlich, wenn nicht technische Gründe (Herzoperation) dagegen stehen. Mein Haushalt ist der Mittelpunkt meiner Lebenswelt, weshalb Hilfen nur unter den Bedingungen dieser Lebenswelt optimal wirksam sein können.[176] Denn mein Haushalt ist der Ort meiner biografischen Erinnerung, damit meines Lebensstils, der Anker meines Gefühls- und Rollenhaushalts, nicht nur der Ort meiner Selbstbestimmung, sondern auch meiner Bedeutung für Andere, sei es, dass ich ihn durch

176 Wir alle kennen den rein deutschen Luxus-Unsinn der fernab gelegenen psychotherapeutischen Kur- oder Reha-Kliniken, wo die dort empfundene Besserung oft genug am Härtetest der Übertragbarkeit in meine Alltagswelt scheitert, weshalb sich ja auch endlich und gegen diverse gut aufgestellte Interessenswiderstände die Rehabilitation ganz allmählich ambulantisiert.

meine Haushaltsführung gastlich für Andere mache, oder sei es, dass ich von dort aus exzentrisch mich meiner Selbstentzogenheit aussetze und meine für mich notwendige Tagesdosis an Bedeutung für Andere in der näheren oder weiteren Welt verwirkliche. Und das gilt, wie gesagt, für jeden Pflegebedarfsgrad, ob ich mich im Wachkoma befinde, beatmungspflichtig bin, schwerst körperbehindert oder dement. Hier von »Stufen« zu sprechen, die ich erst steigen können muss, vom Training, in dem ich mich erst bewähren muss, um eines eigenen Haushaltes würdig zu werden, abhängig von der Begutachtung durch Dritte – Profis oder Angehörige –, die nicht in mir stecken, ist uns zwar allen noch aus der Zeit der Institutionalisierung gewohnt, heute gleichwohl durch nichts zu rechtfertigen und zynisch,[177] ein Relikt aus der Zeit des Missbrauchs von Behinderten, indem man sie als unmündig diffamiert. Stattdessen gilt auch hier kompromisslos: Erst platzieren, dann rehabilitieren, qualifizieren oder sonst wie fördern, nämlich in der Wohnhaut meines Haushalts.

Somit hat mein Anspruch auf den eigenen Haushalt, auf meine eigene Wohnung absolute Priorität – wie für alle anderen Bundesbürger. Diesen verfassungsgemäßen Anspruch kann nichts brechen, auch nicht die Aufnötigung der Zumutbarkeit, zu mehreren Menschen in einer Unterkunft zu leben; dies ist heute stets unzumutbar. Und weil der Anspruch grundgesetzlich immer vom Letzten her zu denken ist, gilt er auch dann, wenn ich wegen meines Hilfebedarfs persönliche Assistenz rund um die Uhr benötige. Dies nicht nur, weil die Hilfe vollständig sich nur in meinem Haushalt auswirken kann, sondern auch, weil zum Beispiel Körperbehinderte diesen Anspruch längst durchgesetzt haben, wenn auch noch in jedem Einzelfall mühsam erkämpft. In fast jeder Nummer der Zeitschrift »Inforum« von ForseA kann man nachlesen, wie man das macht. Und weil es sich hier ausnahmslos um Integration, also um Wiedereingliederung oder um bedrohte Eingliederung handelt, ist für die Finanzierung auch 24-stündiger Assistenz außer Eigenmitteln stets zunächst SGB XII

177 Christian Lindmeier: Ein Weg zur Selbstbestimmung – »Supported living«, in: Inforum (Zeitschr. v. ForseA), Heft 3, S. 12-23, 2004

zuständig, wenn auch für Pflegeanteile zusätzlich die Pflegeversicherung heranzuziehen ist. Da es somit undenkbar ist, wenn ich nun mal allein leben will, mir mit meiner Wohnung, meiner Häuslichkeit den Boden meines privaten Sozialraums unter den Füßen wegzuziehen, kann dies nicht nur für meine Körperbehinderung gelten, sondern muss auch für meine geistige Behinderung[178], meine psychische Erkrankung, mein Schlaganfallleiden, meine Alterspflegebedürftigkeit und meine Demenz Gültigkeit haben.

Für meine Alterspflegebedürftigkeit und für meine Demenz gilt das aus mehreren Gründen sogar ganz besonders. Denn mein Altern ist so ziemlich das Einzige in meinem Leben, das sich von selbst vollzieht, ohne dass jemand was dazu tut. Es macht vielmehr etwas mit mir. Mein Altern verzeitlicht und verräumlicht sich und mich, bis ich mit dem, worin ich wohne, eins geworden bin. Das gehört zu meiner Grundpassivität, meiner Gegebenheit, auch zu meiner Selbstentzogenheit.[179] Jeder Praktiker weiß, dass man einem Alterspflegebedürftigen, wenn man ihn gegen seinen Willen (Zwangseinweisung) aus seiner Wohnhaut entfernt und ihn einer ihm fremden Umgebung (Klinik, Heim) aussetzt, mit erhöhter Wahrscheinlichkeit genau dadurch tötet. Zum anderen und im Zusammenhang damit lässt sich sagen, dass ich in der ersten Lebenshälfte mehr an meinem Ich und meiner Selbstbestimmung orientiert bin, während ab der zweiten Lebenshälfte[180] meine Bedeutung für Andere und Anderes für mich zunehmend wichtiger wird, noch mal besonders akzentuiert in der Phase des Sterbens.[181] Schließlich hat das Kuratorium Deutsche

178 Mehrere europäische Länder haben dies bereits anerkannt, vgl. Lindmeier a.a.O., wobei hier in der Praxis meist die Autonomie meines Mieterstatus von Bedeutung ist, die Trennung zwischen Miet- und Betreuungsvertrag und die Existenz eines Unterstützungskreises, der hinreichend groß sein muss, um tragfähig zu sein.

179 Emmanuel Levinas: Jenseits des Seins oder anders als Sein geschieht, Freiburg: Alber 1992, S. 50, 124 f., 137

180 Gerhard Schulze: Die Erlebnis-Gesellschaft, Frankfurt: Campus 1992, hat dort empirisch nachgewiesen, dass die früher üblichen Altersunterscheidungen heute nicht mehr so recht gelten, sondern dass man vielmehr bis etwa zum 42. Lebensjahr zu den Jüngeren gehört, danach zu den Älteren.

181 Körtner a.a.O

Altershilfe in einer jüngeren Hochrechnung prognostiziert: Wenn wir weitermachen wie bisher, verdoppelt sich die Zahl der Pflegeheimplätze auf 1,2 Millionen im Jahre 2050, was für die Finanzierung alle zehn Jahr eine Aufstockung um zusätzliche 40 Milliarden Euro bedeuten würde, was allein uns schon zwingt, wirklich alles dafür zu tun, dass möglichst alle Menschen in ihren eigenen vier Wänden altern und sterben.[182]

Nur wenn solchermaßen unsere normativen Bindungen und unser Ziel – alle Menschen und besonders alle alten Menschen leben und sterben dort, wo sie sich hingehörig fühlen – unmissverständlich geklärt sind, lohnt es sich überhaupt, dass wir uns jetzt an die Arbeit machen, wie wir ganz pragmatisch, Schritt für Schritt, uns eben diesem Ziel nähern können.

Damit ist natürlich nicht nur dem Solidaritäts-, sondern auch dem Subsidiaritätsprinzip zu folgen, wobei es gilt, eine unendlich große Zahl von Einzelmaßnahmen zu erfinden und miteinander zu kombinieren. Daher ist es nur natürlich, dass ich zunächst mit meiner Pflegebedürftigkeit und auch mit meiner Demenz zu versuchen habe, alleine zurechtzukommen und in meiner Wohnung zu altern und zu sterben, wie ich das ja ohnehin will. Überhaupt orientiert mich mein Altern oft, auch zur eigenen Überraschung, in Wirklichkeit an anderen Vorlieben, als ich dies auf Befragung anderen Leuten auf die Nase binde. So kann ich etwa besser als früher selbstgenügsam mit mir allein sein, komme mit weniger Kontakten aus, brauche zugleich weniger Bedeutung für mich als für Andere, hasse nichts mehr als meine Zuordnung zu einer Gruppe von Gleichen (Alten oder Dementen) und lehne auch meine Besonderung aufgrund meines Alters ab, verstehe mich lieber als ein altersmäßig normalverteiltes Teil eines Ganzen. Im Übrigen scheint es bei den anderen Bundesbürgern diese Unterscheidung zwischen dem, was man anderen und was man sich selbst sagt, auch zu geben: So finden 84% der Bundesbürger den Zusammenhalt ihrer eigenen Familie als soziales Netz stark oder sehr

182 Kuratorium Deutsche Altershilfe: Schlussfolgerungen aus dem Gemeinschaftsprojekt »Leben und Wohnen im Alter« – Handlungsansätze für die Politik, Köln 14.3.2005, zu beziehen über das Kuratorium Deutsche Altershilfe

stark, während zwei Drittel von ihnen davon überzeugt sind, dass genau dies für die meisten Familien eben nicht gilt, weshalb sie zum solidarischen Handeln nichts taugten.[183] Fazit: Was jemand sich vorstellt oder mir erzählt, muss meine Handlungsmöglichkeiten nicht einengen; ich kann seiner Wahrheit unter Umständen auf anderen Wegen besser gerecht werden – oft zu unser beider Überraschung.

Damit sind wir schon mitten in der Gretchenfrage: Was mache ich, wenn ich – weiterhin alleinstehend (weil das nun mal oft die schwierigste Konstellation ist) – mit meiner Selbsthilfe am Ende bin und Hilfe von anderswo brauche? Schon die Frage ist falsch gestellt. Denn je mehr ich Hilfe brauche, desto mehr verbietet mir mein Stolz, dies überhaupt wahrzunehmen und dann auch noch Anderen gegenüber zuzugeben; lieber würde ich mir die Zunge abbeißen. Wer Hilfe braucht, kann in der Regel nicht darum bitten. Vielmehr müssen jetzt meine Nächsten, also die Angehörigen oder die Freunde, eigentlich selbst schon genug belastet, mir gegen meinen Widerstand ihre Hilfe aufdrängen, notfalls meine Selbstbestimmung mit Füßen treten[184]. Das kann nur funktionieren, weil es zu den Eigenarten des ersten Sozialraum des Privaten gehört, dass mich hier schon der Blick des Anderen auch ohne Worte endogen in Pflicht nimmt, ihm zu dienen, und weil hier ein gewisses Maß an moralischer Erpressung und anderer Gewaltanwendung erlaubt ist. Dass das Familiensystem auf diesem Wege auch wirklich immer noch 70% der Alterspflegebedürftigen integriert, mag gerade auch damit zusammenhängen, dass es in der Regel nicht mehr als »Drei-Generationen-Familie« existiert, die Mitglieder der Familie aber überwiegend so wohnen, dass man sich nicht täglich auf den Wecker geht, aber zur Stelle sein kann, wenn es gilt, solidarisch zu sein. Solchermaßen hat sich das kluge Institut des Altenteils der vormodernen Agrargesellschaft anteilig urbanisiert, worauf zum Beispiel Hans Bertram[185] hingewiesen hat: Nähe im Schutz von Distanz.

183 Veröffentlichung des Instituts für Demoskopie Allensbach vom 30.5.2006

184 Typische Konstellation: Vater sagt zu den Kindern: »Ich will ins Heim«; und die Kinder können es zwar nie beweisen, spüren es nur, dass er das in Wahrheit am wenigsten will. Was tun?

185 Hans Bertram: Der demographische Wandel, Frankfurt: Campus 2006

Damit ich nun in meinem Haushalt leben, altern und sterben kann, was ja nicht nur ein vielleicht altersstarrsinniger, egoistischer Wunsch von mir ist, sondern woran sich auch finanziell die Zukunft unseres Hilfesystems entscheidet, kommt nun alles darauf an, meine Familie (oder, wenn ich keine Familie habe, die Ersatzfamilie, bestehend aus Freunden, Betreuern, Nachbarn usw.) so zu stärken und zugleich zu entlasten, dass die Last, die ich bedeute, sich auf hinreichend viele Schultern verteilt, mit deren Hilfe sie einen längeren Atem haben kann als ich. Wie man dieses oberste Ziel für mich und meinesgleichen erreicht, das bedarf jedes Mal anderer Wege. Das für mich Wichtigste dürfte aber das sein, was die meisten, die mit mir zu tun haben, am ehesten vergessen: Statt ständig meine Selbstbestimmung zu fördern, die mir – oft entgegen meiner eigenen Behauptung – gar nicht mehr so wichtig ist, haben alle darauf zu achten, dass ich meine Tagesdosis an Bedeutung für Andere bekomme, was ich mit vitaler Dringlichkeit brauche und es dennoch – wie wir gesehen haben – nur widerwillig wollen kann, daher nicht davon spreche, und am liebsten vermeide, sodass es manchmal auch gegen meinen gesund-egoistischen Bequemlichkeitswillen durchgesetzt werden muss, wenn es nicht anders geht. Und dies in allen drei Sozialräumen: erstens im privaten Sozialraum, dass ich etwa meinen Haushalt wirklich, so gut ich noch kann, führe und aktiv gestalte (manchmal muss ich sozial gezwungen werden, zum Beispiel Gastgeber für Andere zu sein); zweitens im Nachbarschaftssozialraum, indem ich zum Beispiel für den Nachbarn den Hund ausführe oder in der zugehörigen Grundschule aus meinem Leben erzähle; und drittens im öffentlichen Sozialraum, in dem ich zum Beispiel, wenn ich noch kann, ein wenig arbeite, also einfache Tätigkeiten auch gegen Entgelt verrichte (Kisten im Gemüseladen sortieren), aber auch in Form von Heimarbeit, in der Tagesstätte oder in einer Zuverdienstfirma, weil ich das dringlicher brauche als das ganze Tanderadei von Volkstanz und Kaffeefahrten und weil ich das – das ist aber ein Geheimnis, das ich niemandem verraten werde – am liebsten bis in die Stunde meines Todes tun und darüber stöhnen möchte – zur Notwendigkeitsgemeinschaft der Gesellschaft gehören, daher notwendig sein für Andere.

Wie man die Schultern der Angehörigen vermehrt und tragfähig macht, um mir meinen Haushalt zu erhalten und selbst aber auch noch den eigenen Interessen folgen zu können, um zwar selbstvergessen, aber keineswegs selbstlos zu sein, dazu ist in den letzten zwanzig Jahren schon viel unternommen, noch mehr experimentiert worden; aber vieles steht auch noch aus. Hier eine Auswahl:

1. Auch wenn die Kommunen mehr oder weniger alles Soziale wegsparen sollten, hätten sie dennoch ein familiär orientiertes Altenberatungssystem vorzuhalten, das es dem einzelnen Berater ermöglicht, in Abständen in meinen Haushalt zu kommen, sowohl für die technische Beratung der Haushaltsanpassung als auch für die Fragen der zwischenmenschlichen Ressourcenmobilisierung (case und care management), und zwar hinreichend kleinräumig dezentralisiert auf die einzelnen Bezirke, Viertel oder Dorfgemeinschaften, wie dies viele Kommunen auch schon tun. Dies ließe sich natürlich weitgehend an Bürger delegieren, etwa auf die Alzheimer-Gesellschaftsortsgruppen oder Nachbarschaftsvereine (zum Beispiel »Bürgerlotse«, Fußn. 126), wobei hier wegen des zwar niedrigschwelligen, aber breiten Fragenspektrums eine Fortbildung durchaus am Platze ist. Das hat sich – wie vorbildlich bei den Dänen – bewährt, vor allem wenn man bei Spezialfragen, die nicht jeder beantworten können muss, auf notfalls kommerzielle Experten zurückgreift.
2. Kein Gemeinwesen kann sich heute noch auf seine Verfassung berufen, wenn es Erziehungszeiten schafft, nicht aber Pflegezeiten für die Angehörigen. Es würde sich dann dazu bekennen, Kinder für wichtig zu halten, Alterpflegebedürftige jedoch für überflüssig; es würde sogar indirekt den Befürwortern der aktiven Sterbehilfe Recht geben. Dänemark hat mit der Einrichtung von Pflegezeiten schon vor fünfzehn Jahren begonnen und zwar mit anteiliger, kommunaler Finanzierung des Verdienstausfalls. Auch dies ist nach dem Gleichheitsgrundsatz zwingend. Die Ungleichbehandlung, Relikt aus dem alten Hilfesystem, zu beseitigen, dürfte die vornehmste Aufgabe des Gesetzgebers sein.
3. Eine familien- und nachbarschaftsorientierte Umformulierung der Sozialhilfe und der Pflegeversicherung ist überfällig, seit wir wissen, dass die ja zu stabilisierende kleinste tragfähige soziale Einheit aus

der Einheit von Haushalt und Nachbarschaft besteht; zumindest ist das Individualisierungsprinzip der Finanzierung um das Familienprinzip zu ergänzen, wie dies schon Amalie Sieveking 1832 praktiziert hat.

4. Ähnlich ist das persönliche Budget, auch das integrierte Pflegebudget, zwar ein Fortschritt, auf die Besonderheiten meines Einzelfalls flexibilisiert und zugleich den Haushalt als den Ort der Hilfe stärkend.[186] Aber ein Schuh wird erst daraus, wenn das persönliche in ein regionales Budget eingebettet ist; denn einmal kann damit der Nachteil der Individualisierung des Ersteren kompensiert werden, zum anderen werden durch Letzteres auch Beziehungen und damit die Kultur des jeweiligen Viertels gefördert, was zum Dritten die Identifikation der Profis mit dem Viertel mit der der Bürger gleichziehen lässt: aus Expertokratie, aufs Individuum borniert, wird Wir-Raum-Kooperation auch der Profis. Wie die Verhältnis- nachhaltig wirksamer ist als die Verhaltens-Prävention, so entgeht auch die überindividuelle Sozial-»Raumpflege« eher der Effizienzfalle als der aufs isolierte Individuum konzentrierte Aktivismus noch so vieler und toller Spezialisten.

5. Schon in den 90er Jahren nahmen 11% der Pflegehaushalte nachbarschaftliches Engagement in Anspruch.[187] Das ist nicht etwa wenig, sondern viel, wenn man bedenkt, dass sich dies gegen Widerstände von allen Seiten nach dem noch vorherrschenden Denken des alten Hilfesystems durchsetzen muss und dass meines Wissens bisher noch nirgends Nachbarschaftshilfe systematisch mobilisiert wurde. Kleinere Gemeinden haben freilich auch hier einen Vorsprung. So werden etwa im Umland von München in Germeringen (vom kommunalen Sozialdienst aus) und in Eching (von einem Bürgerverein aus) systematisch mit Alterspflegebedürftigen in ihren eigenen Wohnungen Betreuungsverträge geschlossen, je nach Bedarf in unterschiedlicher Intensität, und – neben den Profis – im Wesentlichen

186 Thomas Klie: Wie es euch gefällt: Personenbezogene Pflegebudgets proben den Auftritt, in: Forum Sozialstation 126, S. 12-17, 2004

187 Ulrich Schneekloth: Hilfe- und Pflegebedürftige in Privathaushalten in Deutschland 2002, zu beziehen über TNS Infratest Sozialforschung, Landsberger Straße 339, 80687 München

durch einen »Überfluss« an Bürger-Paten umgesetzt.[188] Lokale Alzheimer-Gruppen bilden »Helferinnen in der häuslichen Betreuung von Demenzkranken« aus und organisieren »Betreuungsgruppen«.[189] Wo es noch keine solchen entweder kommunalen oder Bürgervereins-Aktivitäten gibt, ist es inzwischen erwiesenermaßen durchaus aussichtsreich, den zuständigen ambulanten Pflegedienst, den zuständigen Hausarzt oder den zuständigen Pfarrer zu ersuchen, für die Stabilisierung des Haushalts eines Hilfsbedürftigen einen oder mehrere helfensbedürftige Nachbarn zu vermitteln.

6. Für die Lebensfähigkeit der Haushalte von Alterspflegebedürftigen werden aber auch noch andere Wege, ohne Beziehung aufeinander, erprobt. So gibt es als Modellprojekt des Bundesfamilienministeriums »Generationen miteinander im Freiwilligendienst«, kurz GeMit genannt, wodurch zunächst 2700 »Tandems« entstanden sind, die grundsätzlich aus einem älteren und einem jüngeren Bürger bestehen, was zugleich die Integration der Generationen fördert (»Wir Alten wollen keine Sondergruppe sein«). Das Sozialministerium Rheinland-Pfalz erprobt in Mainz das Modellprojekt »Homepower«, womit die reguläre Beschäftigung von Haushaltshilfen in Pflegehaushalten durch finanzielle Förderung erschwinglich gemacht wird.[190] Aus Köln kommt der Vorschlag für ein »Au-Pair-Programm für Senioren«.[191] Und immer mehr ambulante Pflegedienste bieten »Pflegepartnerinnen« an, die im Haushalt des Alterspflegebedürftigen oder Dementen mitwohnen und sich dabei etwa zu zweit alle vierzehn Tage abwechseln.[192]

7. Langfristig aussichtsreich erscheint mir schließlich auch das WHO-Konzept der »Family-Health-Nurse«, weil es ebenso familien- wie nachbarschaftsorientiert ist und ein Schwerpunkt der Ausbildung

188 Kuratorium Deutsche Altershilfe: Anforderungen an die Gestaltung quartiersbezogener Wohnkonzepte, Köln 2004

189 Praxisreihe der Deutschen Alzheimer Gesellschaft, Bd. 1 (2003) und Bd. 4 (2003), zu beziehen über Dt. Alzh. Ges., Friedrichstraße 236, 10960 Berlin

190 Sozialministerium Rheinland-Pfalz: Menschen pflegen, über Bauhofstraße 9, 55116 Mainz. Ähnlich bildet der Main-Kinzig-Kreis Langzeitarbeitslose zu »Haushaltsengeln« für Alten-Haushalte um.

191 über Friedrich Karl Bänfer, Orchideenweg 6, 50769 Köln

192 zum Beispiel Pflege und Hilfe Daheim e.V., Weimarer Straße 5, 06618 Naumburg

in der Zusammenführung der Bürgerhelfer und der Profi-Helfer besteht. Analog bezeichnen sich auch die Hausärzte zunehmend gern als »Familienärzte«.

Fazit: Wenn man sämtliche Haushalte für Alterspflegebedürftige und Demente in dieser Weise nicht nur familiär, sondern auch nachbarschaftlich versteht, die heute schon vorhandenen solidaritäts-stabilisierenden Ansätze, soweit bewährt, verallgemeinert und vielleicht noch ein paar Ansätze hinzuerfindet, ist also das große Ziel, dass alle Hilfsbedürftigen leben, altern und sterben können, wo sie hingehören, durchaus erreichbar. Es wäre selbst dann, wenn eine kleine Minderheit der Haushalte übrig bliebe, die teilweise vollprofessionell rund um die Uhr zu begleiten wären, unter dem Strich vermutlich sogar ein Sparprogramm. Von diesem Selbstbewusstsein können wir ausgehen, bevor wir in IV. 2. sehen, dass der Nachbarschaftsraum noch weitere Wege birgt, die es ermöglichen, die Anspruchslatte noch niedriger zu hängen, ohne dass wir von unserem Staatsziel Nr. 1, dass alle in ihren Wohnungen leben, altern und sterben können, wie sie wollen, wesentlich abweichen müssen.

2. In mein Viertel, meine Dorfgemeinschaft

So kommt der Tag, an dem meine Angehörigen mir eröffnen, mit dem Leben in meiner Wohnung gehe es jetzt nicht mehr, ich müsse weg. Dies aus egal welchen Gründen (die aber grundsätzlich immer berechtigt und anzuerkennen sind!). Ich bin inzwischen in die neue Seinsweise der Demenz übergetreten. (Ich könnte auch sagen Schlaganfall, unfallbedingter Hirntraumatiker, geistig behindert, psychisch krank, Multiple Sklerose, aber ich wähle nun mal die Demenz, schon weil die Wahrscheinlichkeit dafür für uns alle besonders groß ist.) Ich bin also immerhin so dement, dass ich nur ziemlich schräg etwas mitkriege und dass meine Angehörigen weniger aus meinen Worten, sondern mehr aus meinem »natürlichen Willen«, also meiner Mimik, meiner Gestik und meinem sonstigen Verhalten herausfinden müssen, was ich will. Aber das ist inzwischen kein besonders großes Problem mehr, denn meine Angehörigen/Freunde sind darin inzwischen unschlagbare Experten. Natürlich (= »natürlicher Wille«)

wehre ich mich gegen jede Veränderung mit allen Kräften. Aber was kann man schon gegen eine Übermacht ausrichten.
Also wird verhandelt. Klar ist, ich muss weg von da, wo ich hingehöre. Klar ist aber auch, dass mir meine Hingehörigkeit nicht aus dem Leib gerissen, sondern nur möglichst wenig verdünnt wird: »Dann verlierst du zwar die Vertrautheit deiner Wohnung, aber nicht die Vertrautheit deines Viertels.« Diese ist mir in der Tat fast so wichtig wie die meines Haushalts, auch wenn ich nur einmal am Tag – meist in Begleitung, weil ich sonst weglaufe – raus, unter die Leute gehe, nach dem Rechten sehe. Ich muss aber eine weitere Bedingung stellen, nämlich nicht dorthin zu gehen, wo nur Alte sind, weil das nicht normal ist (gegen das Normalitätsprinzip verstößt). Aber noch mehr müsste ich es hassen, nur unter meinesgleichen, nur unter Dementen zu sein, weil das nicht nur nicht normal, sondern pervers ist; andere Hilfsbedürftige okay, aber doch bitte unterschiedlich, weil man sich sonst nichts zu erzählen hat (nicht das Prinzip der gesunden Mischung beachtet, gegen das Homogenisierungsverbot verstößt).

Wenn wir so weit sind, können wir schon mal einiges abhaken. So scheitert das Pflegeheim (in aller Regel) an meinen drei Bedingungen. Aber auch die Monokultur der reinen Dementen-WG kommt nicht in Betracht. Aber erstaunlicherweise, wie uns die kommunale Beratung belehrt, bleibt doch noch einiges übrig. Da gibt es die vierzig Bürger meines Viertels, die eine generationsübergreifende Siedlungsgemeinschaft planen, was ich mir schon vorstellen könnte. Aber die sind noch nicht so weit, und bei meiner Demenz machten sie auch etwas bedenkliche Gesichter. Ähnliches gilt für eines der tollen Häuser, die über die Stiftung Liebenau nach dem Konzept »Lebensräume für Jung und Alt« schon in mehr als fünfzehn Städten und Gemeinden entstanden sind, bis zu Zweidrittel Alte, ansonsten Familien und Alleinstehende, die aber zur Hälfte sich aktiv um die Hilfsbedürftigen kümmern, mit einem Sozialfonds für Gemeinwesenarbeit, sodass diese Häuser zu Bürgerhäuser werden können.[193]

193 Gerhard Schiele, St. Anna-Hilfe gGmbH, Siggenweiler Str. 11, 88074 Meckenbeuren

Und dann hat uns noch meine Betreuerin darüber aufgeklärt, dass es – bei richtiger Annoncierung – auch im städtischen Bereich Familien gäbe, die bereit wären, als Pflegefamilie[194] mich aufzunehmen. Eine solche emotionale Einbettung in familiärer Geborgenheit (wenn sie nicht zu eng wird), verbunden mit der Möglichkeit, Opa- und Onkel-Rollen übernehmen zu können, fanden wir alle ganz attraktiv. Aber während wir noch darüber nachdachten, hatte uns die kommunale Beraterin schon einen körperbehinderten Rollstuhlfahrer mit seinen Angehörigen, die in derselben fatalen Situation waren wie wir, vermittelt, schon weil sie herausgefunden hatte, dass wir mal gemeinsam zur Schule gegangen sind (wesentlich mobil sind ja in Wirklichkeit nur 30% der Menschen). Außerdem verkuppelte sie uns mit einer dritten Familie, die sich auch nicht mehr so wie bisher um ihren chronisch psychisch kranken Sohn kümmern konnte, und empfahl uns den Kontakt zu einem ambulanten Pflegedienst, mit der Aufforderung, wir sollten doch selbst eine Stadtteil-Wohnpflegegruppe für Hilfsbedürftige aller Art gründen.

Soweit meine Phantasiereise, sie hat mich im Rahmen dieses Büchleins an mein gewünschtes Ziel gebracht. Denn obwohl es also noch viele andere Wege gibt, über die man eine nachbarschaftlich noch vertretbare Ausdünnung oder Umlenkung meines Hingehörigkeitsanspruchs erreichen kann, will ich mich hier im Folgenden wegen seiner besonderen Verbreitung und seines besonderen Potenzials auf den Typ der ambulanten Nachbarschaftswohnpflegegruppe, von mir auch Haushaltsgemeinschaft genannt, beschränken und zwar vor allem auf die Spielbreite der Bielefelder Varianten begrenzt, sicher auch, weil hier die längste Erfahrungszeit besteht. Damit trage ich im Übrigen hier endlich das zusammen, auf was ich in fast allen bisherigen Abschnitten schon neugierig gemacht habe. Zu meinem Buchprojekt hat daher auch Theresia Brechmann, die norddeutsche Erfinderin des Bielefelder Typs, am 15.6.2006 geschrieben: »Nehmen wir einmal an, Prof. Klaus Dörner hat es da-

194 Einen guten Überblick über den deutschen und europäischen Entwicklungsstand gibt Jo Becker: Familienpflege in Europa 1997, zu beziehen über: Betriebsleitung der Rheinischen Kliniken, Schmelenheide 1, 47551 Bedburg-Hau

rauf ankommen lassen, wie es so seine Art ist, und ist nicht präventiv umgezogen. Er wird vielleicht sehr alt und mit 93 kurzfristig schwer pflegebedürftig. Wann müsste er denn wirklich aus seiner Wohnung raus? Da es bereits für diese Vision kaum ausreichend viele Katastrophenszenarien gibt, bleibt nur noch die Frage, Krankenhaus, da medizinisch erforderlich, oder Wohnprojekt in seinem Wohnviertel, da Familie kurzfristig nach Australien ausgewandert ist. Gibt es da nicht andere Nachbarn und Freunde, die helfen? Sind die inzwischen auch zu alt und alle über 90?

Nehmen wir weiter an, ganz Hamburg hat inzwischen im Abstand von 500 Metern jeweils Nachbarschaftszentren mit Gemeinschaftstreffs, Einkaufsmöglichkeit und Gottesdiensten, Service rund um die Uhr mit geeigneten Wohnungen und Gästewohnungen (für den Notfall des Prof. Dörner). Warum sollte es noch einen Grund geben, dass er ins Heim muss?«

Aus der Pionier- und Kampfzeit, als man noch wegen jeder Kleinigkeit Prozesse führen und gewinnen musste, weiß Theresia Brechmann zahllose tragikomische Geschichten zu erzählen. So etwa wie 1979 jemand beim damaligen ambulanten Pflegedienst »Alt und Jung« anrief: man habe ihre Freundin in ein Pflegeheim des Ev. Johanneswerkes (desselben, mit dem »Alt und Jung« heute harmonisch kooperiert) gegen deren Willen vom Krankenhaus aus gebracht. Ob man sie nicht rausholen könnte? »So gesagt und getan. Wir schlichen gleich am nächsten Mittag über die Hintertreppe und fanden die erhoffte Situation vor: Mitarbeiter sitzen in der Teamübergabe und keiner erlebt mit, was wir tun. Auf leisen Sohlen in das von der Freundin benannte Zimmer, begrüßten wir die alte Dame. Bezugnehmend auf ihre Freundin erlebten wir ihre freudige Zustimmung. Schnell packten wir die wenigen Habseligkeiten und bugsierten die Dame aus dem Heim heraus. Wir hinterließen einen Zettel: »Bin nach Hause gegangen.« Am Nachmittag riefen wir im Heim an und teilen mit, dass die alte Dame unseren ambulanten Dienst beauftragt habe, sie zu pflegen. Für uns leider stellte sich jedoch heraus, dass sie kaum fremde Hilfe benötigte. Die Freude hatte sie wieder gesund werden lassen. Heute ist ein solcher Menschen-Klau nicht mehr nötig – wir haben uns herumgesprochen.«

Wenn man sich die Broschüre von »Alt und Jung« über die ersten 19 Wohnprojekte in Bielefeld und Umgebung (inzwischen sind ca. zehn weitere hinzugekommen) besorgt,[195] dann sind allein schon die Entstehungsgeschichten der Projekte aufschlussreich. Denn meistens geht es dabei um eine einzelne konkrete Notlage, die es zu wenden gilt: Da tun sich zwei Schwägerinnen mit einer Nachbarin zusammen, weil sie alle drei Angst vor der Heimeinweisung haben; da will eine Multiple-Sklerose-Kranke gemeinsam mit Jüngeren leben; da sucht ein denkmalgeschütztes Rektoratsgebäude einen Weg, wie es zu einem lebendigen Bürgerhaus für das Viertel werden kann; da tritt ein Nachbarschaftsverein an den Pflegedienst heran; da tun sich mehrere Heimbewohner zusammen, weil sie wieder in einer eigenen Wohnung leben wollen; da sucht ein Alterspflegebedürftiger die gesunde Mischung zum Leben; da wünscht sich ein jugendliches hirntraumatisches Unfallopfer häusliche Rehabilitation; da sucht eine Familie für einen Wachkoma-Angehörigen »Wohnen in einer Gemeinschaft«; da wollen Angehörige, dass ihre Behinderten zwar getrennt, aber in der Nähe leben; da will ein anthroposophischer Verein seine Idee verwirklichen, wie auch Demente sich noch an der Haushaltsführung beteiligen und dadurch notwendig für Andere sind; oder da will eine Wohnungsbaugenossenschaft sämtlichen Mietern garantieren, dass sie in ihrer Siedlung leben, altern und sterben können.

Darauf aufbauend folgt nun meine Beschreibung der Grundgemeinsamkeiten der Bielefelder Wohnprojekte oder Haushaltsgemeinschaften (natürlich auch der meisten anderen gelungenen Beispiele in Deutschland), wie ich mir das aus der Perspektive des Hilfsbedürftigen wünsche, damit die Abweichung von meinem Hingehörigkeitsgefühl möglichst klein bleibt. Im Übrigen erfolgt die Beschreibung einerseits typisierend, sodass jedes einzelne Projekt aus

195 Theresia Brechmann u. a.: Deskriptive Studie zur Weiterentwicklung von Wohn- und Pflegestrukturen am Beispiel von Wohnprojekten in Ost-Westfalen, 2001, zu beziehen über Wohnprojektberatung Alt und Jung e.V., Huchzermeier Straße 7, 33611 Bielefeld

lokalen Gründen davon auch abweichen kann, und zum Anderen normativ; sodass alle Projekte darin auch noch Entwicklungsspielräume erkennen können, auf dem Weg zu ihrer optimalen Verwirklichung, die man ja – zum Glück – nie erreicht:

1. Jedes Projekt beginnt, immer wieder von Neuem, nicht von oben herunter, sondern von unten herauf, mit der zu wendenden Not eines konkreten Einzelnen, bleibt aber nie beim »Einzelfall« stehen, kennt nicht mal eine bestimmte »Zielgruppe«, weil es nicht etwa nach dem medizinischen, sondern nach dem Sozialraum-Konzept[196] nicht Menschen, sondern die allgemeinen Bedingungen eines ganzen Viertels so ändern will, dass jeder Einzelne, jeder konkrete Andere besser leben kann.

2. Jeder dort Tätige denkt daher jeden konkreten Arbeitsschritt vom Horizont des Sozialraums her, für den er verantwortlich ist, also von seiner Nachbarschaft, seinem Viertel oder seiner Dorfgemeinschaft her; denn weil er einerseits alle menschlichen Ressourcen seines Sozialraums als Nachbarschaftshilfe für den jeweiligen konkreten Einzelnen zu mobilisieren hat, muss er *allen* Bürgern des Sozialraums in Vorleistung erst mal etwas geben können, nämlich die Sicherheit, dass er mit seinem Pflegeteam jederzeit, bei Tag und Nacht, für jeden Hilfebedarf sowohl im Wohnprojekt als auch in jedem Haushalt des Sozialraums zur Verfügung steht. Insofern besteht für ihn sein Viertel ausschließlich aus hilfsbedürftigen und helfensbedürftigen Bürgern, egal, was sie sonst noch tun.

3. Und insofern kann es für sein Team nur Voll- oder Pflichtversorgung dieses Viertels geben; denn umgekehrt können nur so die Bürger des Viertels sich so mit dem Wohnprojekt identifizieren, es als das »Pflegeherz« des Viertels oder der Nachbarschaft wertschätzen, dass sie allein schon deshalb bereit sind, sich helfend für Andere zu engagieren.[197]

196 Wolfgang Hinte: Fälle, Felder und Budgets. Zur Rezeption sozialraumorientierter Ansätze in der Jugendhilfe, in R. Merten (Hg.): Sozialraumorientierung, Weinheim: Juventa 2002, S. 91-126

197 Da in diesem »Pflegeherz« immer auch Intensivpflege, etwa für einen Menschen im Wachkoma, stattfindet, könnten die Bürger es auch als ihre »Pflege-Intensivstation« wahrnehmen.

4. Dieser Anspruch der Vollversorgung ist unvermeidlich: man muss vom Letzten her denken, mit dem Letzten beginnen; denn sonst wäre alles Tun ein willkürliches Herauspicken pflegeleichter Markt-Rosinen, während man die Schwierigen, Letzten den Kollegen in den Heimen überlassen und damit deren Situation noch unerträglicher machen würde; und die Wohngruppe wäre dann als Versorgungsinstrument uninteressant, wäre nicht finanzierungsberechtigt.
5. Der Anspruch ist auch durchaus einlösbar, wie nicht nur Bielefeld zeigt, allerdings nur unter mindestens drei Bedingungen: Die erste Bedingung besteht darin, dass im Wohnprojekt, im Pflegeherz, so viele Schwerstpflegebedürftige leben, dass auf diese Weise ein Pflegedienst rund um die Uhr finanzierbar wird; denn nur so wäre ein Pflegender bei Bedarf auch für das ganze Viertel ständig verfügbar. Dazu könnte es auch mal gehören, dass zwei oder drei Demente im selben Appartement des Wohnprojekts schlafen, in dem sich auch die Nachtbereitschaft befindet, oder dass ein zeitweilig weglaufender Dementer auf andere Weise daran gehindert wird.
6. Die zweite Bedingung besteht darin, hier greift eins ins andere, dass *alle* Arten von Hilfebedarf im Viertel durch das Pflegeteam Hilfe erfahren. Nicht nur wegen der finanzierungsgünstigen kurzen Pflegewege. Vielmehr auch, weil die Hilfsbedürftigen, die ja die Institutionalisierung und Homogenisierung fürchten, sich dies in aller Regel wünschen, in einer möglichst gesunden Mischung zu leben, wegen der damit verbundenen Garantie größerer Lebendigkeit, oder es sich zu wünschen nach einiger Zeit lernen. Ähnlich wie es meist auch die Pflege-Profis erst zu lernen haben, mit *allen* Arten von Hilfebedarf umzugehen. Wenn man zum Beispiel nicht weiß, wie man mit einem Bürger im Wachkoma umgeht, kauft man sich so lange einen Experten der nahegelegensten Spezialeinrichtung ein, bis man das gelernt hat, was wiederum den Vorteil hat, dass kaum ein Profi-Pflegender sein Team verlässt, weil man nur dort alles lernen kann, was es zu lernen gibt.
7. Die dritte Bedingung zur Einlösung des Vollversorgungsanspruchs betrifft die Tatsache, dass dieses Ziel nicht nur finanziell nur zu erreichen ist, wenn ein hinreichend großer Teil der Gesamtheit der Hilfstätigkeiten von den Bürgern als Angehörige und Nachbarn wahrgenommen wird. In Bielefeld ist das – vorläufig – erreicht, insofern nach einer ersten Kontrolluntersuchung 22% der grundpflegeri-

schen und 50% der hauswirtschaftlichen Tätigkeiten von Bürgerhelfern wahrgenommen werden;[196] zum Beispiel in der Haushaltsgemeinschaft Dahlemer Straße sind zu jedem Zeitpunkt 25 Bürger als Angehörige oder Nachbarn tätig.

8. Gerade diese dritte Bedingung fordert natürlich ihren Tribut, insofern die Pflege-Profis in den Wirren des Sprungs aus dem alten in das neue Hilfesystem jetzt nicht mehr davon sprechen dürfen, dass sie die Bürger »einbeziehen« oder gar »einbinden«. Vielmehr handelt es sich jetzt um zwei Säulen, die für die Tragfähigkeit des Systems mindestens gleich wichtig sind. Eigentlich sind sogar die Bürger sowohl als Angehörige wie als Nachbarn nicht nur die Finanzierer, sondern auch die Auftraggeber, in deren Dienst die Profis stehen, und das selbst dann, wenn die Profis das System ans Laufen gebracht haben. Es gilt auch hier der Wechsel vom profi- zum bürgerzentrischen Konzept, weshalb Thomas Klie hierfür den schwierigen Begriff der »geteilten Verantwortung« wagt (s. Fußn. 172). Konkret würde das etwa heißen, dass schon die Subsidiarität es verlangt, dass bei der Aufstellung der Präsenz-Dienstpläne mit den Angehörigen und den Nachbarn begonnen wird, bevor in die verbleibenden Lücken Profis eingetragen werden, egal, wie hoch die Aufwandsentschädigung für die Nachbarn ist.

9. An diesem Tribut, dieser Abhängigkeit von den Bürgerhelfern scheitert auch die Gewohnheit, dass die Profis in ihrer Selbstherrlichkeit/Selbstbezogenheit die Hilfsbedürftigen als »Kunden« bezeichnen. Denn was im Marktbereich durchaus erlaubt ist, dass Dienstleister ihre »Kunden« zu »Königen« erheben, während sie als die in Wirklichkeit wahren Könige ihre Kunden nach Kräften zu ihren Gunsten manipulieren (und »schlechte« Kunden an die Konkurrenz abdrücken), ist in dem Augenblick verboten, in dem in der Teamsitzung Angehörige oder Nachbarn – gleichberechtigt? – dabei sind, da die Hilfsbedürftigen für die Bürger niemals Kunden sein können. Würden sich die Profi-Dienstleister daran erinnern, dass auch sie nur über Beziehungen wirksam sein können, Beziehungen

198 Andreas Heiber: Kostenvergleich ambulanter und stationärer Versorgung. Untersuchung in Kooperation mit Ev. Johanneswerk Bielefeld u. Verein Alt und Jung Bielefeld, 2004, zu beziehen über System u. Praxis, Andreas Heiber, Plaßstraße 49a, 33611 Bielefeld.

aber nur über das Dienen, nicht über das Leisten zu eröffnen sind, könnten sie nie auf den Kunden-Begriff (»klingt so schön selbstbestimmt«) hereinfallen.

10. Wenn andererseits die Angehörigen zum Beispiel als »Auftragsgemeinschaft« über die Neubelegung des Wohnprojekts zu entscheiden hätten, wäre die Wahrscheinlichkeit groß, dass sie nur nette und sympathische Neuankömmlinge gutheißen würden. Damit wäre die Vollversorgung dahin und das ganze Wohnprojekt versorgungspolitisch eine liebenswerte Spielerei. Hier wünschte man sich die diesbezüglich neutrale Autorität der Kommune – eigentlich als Träger der Wohnprojekte, aber doch zumindest als maßgebliche Instanz für die Belegung, also für den Abschluss der Miet-, getrennt von den Betreuungsverträge(n).

11. Der Perspektive der Hilfsbedürftigen ist auch dadurch Rechnung zu tragen, dass in allen Wohnprojekten auch nicht-hilfsbedürftige und junge Menschen oder Familien wohnen, wie bei »Alt und Jung« phantasievoll realisiert, egal, wie die Jüngeren mit und ohne Honorierung je nach ihrer eigenen biografischen Uhr mal mehr, mal weniger mit den Hilfsbedürftigen verstrickt sind – entscheidend für die wohlverstandene Bürger-Integration, weil nun mal nur Bürger, nicht Profis integrieren können.

12. Wo ein Viertel mit einem solchen Pflegeherz (mit wechselweisen Ein- und Ausstrahlungen) versehen ist, ist auch dem Anspruch der Hilfsbedürftigen Rechnung getragen, keine Sondergruppe darzustellen, sondern weitgehend nach der Normalverteilung gestreut zu leben, also in normaler, gesunder Mischung nach Alter, Geschlecht, Diagnose oder Beeinträchtigungsgrad oder auch nach Hilfs- und Helfensbedürftigkeit, womit ein denkbar hohes Maß an Integration erreicht ist. Denn je höher die Institutionalisierung, desto spezialistischer wird auch gearbeitet, während in der Alltagswelt der Sozialraum eines Viertels spezialisierte Wahrnehmung geradezu verbietet.

13. Diese Normalisierung ließe sich nur dadurch noch steigern, dass der Grad der Professionalisierung gegenüber dem Grad der Vernachbarschaftlichung noch weiter abgesenkt wird, was auch in Bielefeld durchaus möglich wäre, da man es bisher noch nicht systematisch und aktiv gewollt hat. Denn je mehr die Bürger mit und ohne Hilfebedarf ihre Beziehungen – bei kalkuliertem Rückzug und

Zurückhaltung der Profis – weitgehend selber regeln, desto höher ist der Integrationsgrad. Täten die Profis das – zwar gegen ihre eigenen Interessen –, dann wären die Wohnprojekte bei dreimal so hoher Betreuungsdichte gegenüber vergleichbaren Pflegeheimen nicht nur einigermaßen kostengleich, sondern auch noch deutlich kostengünstiger (Heiber a.a.O.).

14. In jedem Fall, auch wenn die Bielefelder Projekte nicht, wie das jedoch oft der Fall ist, über »Nachbarschaftscafés« verfügten, die den Transfer zwischen innen und außen fördern, haben diese ambulanten Haushaltsgemeinschaften die menschheitsgeschichtliche Wahrheit, dass Haushalt + Nachbarschaft die kleinste für alle tragfähige soziale Einheit darstellen, durch praktisches Tun bestätigt.

15. Gleichzeitig ist dies aber nichts anderes als die Wieder-Vervollständigung der Kultur eines Viertels, einer Nachbarschaft. Hatte man diese bisher gemessen an der hinreichenden Zahl der Kindergartenplätze, so gilt heute auch der hinreichende Raum für den Hilfebedarf für *alle* Bürger des Viertels als Kultur-Kriterium. Anders ausgedrückt: entspricht heute immerhin schon der Anerkennung des Erziehungsortes die Anerkennung der Erziehungs- oder Elternzeit, so haben wir heute zwar – wenigstens hier und da – den kulturell integrierten Pflegeort, müssen aber auf die Anerkennung der Pflegezeit für die Angehörigen noch warten, was aber nicht mehr lange dauern kann. Deshalb darf man die Wohnprojekte nicht so sehr als eine Ambulantisierung der Institutionen sehen, sondern man muss sie primär wahrnehmen als eine notwendige Raumerweiterung des einzelnen Haushalts, um dem überdurchschnittlich gewordenen Hilfebedarf weiterhin gerecht zu werden.

16. Man kann also feststellen, dass die Haushaltsgemeinschaften sich als geeignet erwiesen haben, postsäkular die wichtigsten Funktionen der vormodernen Institution der Nachbarschaft übernommen zu haben, nämlich zuständig zu sein für den Hilfebedarf, mit dem die einzelne Familie überfordert ist, und für den Hilfebedarf der Alleinstehenden, die gar nicht über eine Familie verfügen. Die dritte Funktion, nämlich die fußläufige Erreichbarkeit für alles, was auch Bewegungsbeeinträchtigte zum Leben brauchen, da kann man beobachten, wie dies in den einzelnen Stadtvierteln in Bielefeld allmählich mehr oder weniger von selbst nachwächst, sodass dies bisher noch nicht systematisch angegangen ist.

17. Dafür ist aber in Bielefeld die Besiedlung mit diesen ambulanten Haushaltsgemeinschaften so dicht geworden, dass die Verantwortlichen jetzt auch die versorgungspolitische Dimension ernst nehmen. So hat man herausgefunden, dass man im städtischen Bereich etwa alle 500 bis 1000 Meter ein ambulantes Wohnprojekt mit Pflegestützpunkt braucht, im ländlichen Bereich alle fünf Kilometer. Und bezogen auf einen Stadtteil lässt sich planen: »Hier brauchen wir noch ein Wohnprojekt, dort noch zwei«, was an Realisierungschancen in den letzten Jahren dadurch rasant gewonnen hat, dass nicht nur mit den wichtigsten Wohnungsbaugesellschaften zusammengearbeitet wird, sondern jetzt vor allem auch mit dem größten Heimträger, dem Ev. Johanneswerk, der seinerseits in Kooperation ambulante Wohnprojekte gründet, auch wenn dadurch eigene Heimkapazität überflüssig wird.

18. Alle ambulanten Haushaltsgemeinschaften würden aber wenig taugen, wenn sie nicht so betrieben würden, dass alle Hilfsbedürftigen, jeder nach seinen Möglichkeiten, in die Führung des Haushalts einbezogen sind. Man sagt also dem Neuankömmling: »Für dich ändert sich wenig, du tust hier dasselbe, was du bisher in deinem eigenen Haushalt getan hast, du führst einen Haushalt, nur jetzt, da du es alleine nicht mehr kannst, gemeinschaftlich mit Anderen.« Daher ist die große Wohnküche der Kern jedes Wohnprojekts. Auf diese Weise, was durchaus gelegentlich mit sanftem Druck zu fördern ist, weil es zum Arbeiten gehört, auch darüber stöhnen zu dürfen, wird das entscheidende »Lebensmittel« für die Hilfsbedürftigen garantiert, nämlich die für sie bekömmliche Tagesdosis an Bedeutung für Andere. Kleines Beispiel: In der Haushaltsgemeinschaft Angelstraße haben sich die Hilfsbedürftigen hartnäckig gegen die »Entlastung« durch eine Spülmaschine gewehrt.

19. Gerade diesen Trend fortsetzend, ist es nur konsequent, dass in den Haushaltsgemeinschaftsprojekten der letzten Jahre in Bielefeld jedem Hilfsbedürftigen nicht mehr nur ein eigenes Zimmer, sondern eine eigene kleine Wohnung zugestanden wird, auch wenn über die Haushaltsführung der Wir-Raum, nun befreit von der Gruppenideologie, beibehalten wird. Damit ist die Auslenkung vom Hingehörigkeitsgefühl für den einzelnen Hilfsbedürftigen noch geringer, die Normalisierung noch größer geworden.

20. Dieser Trend der letzten Jahre zeigt besser als alles andere, wie sehr wir noch mitten in der Entwicklung sind, den besten Weg für die endgültige Integration aller Hilfsbedürftigen und aller »Überflüssigen«, auch des Alterns und des Sterbens zu finden. Daher sind wir gut beraten, die allseits geforderte modische Qualitätssicherung zu verweigern, da sie in der heutigen Form nur standardisiert, die Phantasie lähmt und die Entwicklung stoppt. Dagegen mag die für uns alle gleichwohl immer erforderliche Kontrolle zwar für die Institutionen in den bürokratischen Mechanismen zum Beispiel des Heimgesetzes angemessen sein. Aber im Sozialraum der Nachbarschaft erfolgt sie durch die zahllosen zwischenmenschlichen Beziehungen organischer und lebensnäher. Ob dies ausreicht, gilt es abzuwarten.

Natürlich sind andere Wege genauso aufmerksam zu verfolgen. Den Ettenheimer Weg haben wir schon geschildert. Die Berliner Wege sind sehr unterschiedlich; zu empfehlen ist der der »Freunde alter Menschen«[199] oder – für psychisch Kranke – der der ASB-Pinel gGmbH,[200] während der Weg der Stiftung Schönholzer Heide[201] mit Vorsicht zu genießen ist, da er 46 Demente in sechs Wohngemeinschaften ein und derselben Wohnanlage zu sehr konzentriert homogenisiert und somit, wenn auch ambulant, institutionalisiert (das geht nämlich auch – gleichsam als Rolle rückwärts in das alte Hilfesystem). Zumindest vom Grundsatz her bedenkenswert ist die Idee aus Kirchheim/Teck, wo die Angehörigen, um ein bestimmtes Stundenkontingent für den Präsenzdienst einzubringen, ersatzweise einen entsprechenden Betrag zu zahlen haben, wofür bei Alleinstehenden die Sozialhilfe einzuspringen hätte. Weiterführend sind auch die Wege des »Freiburger Modells«, wenn etwa in dem Dorf Eichstetten der Bürgerverein, der schon eine betreute Wohnanlage betrieben hat, auch für die nun zu gründende ambulante Wohngruppe die Betreuung übernimmt, sich von der Fachpflege

199 Klaus Pawletko: Ambulant betreute Wohngemeinschaften für dementiell erkrankte Menschen, Bundesfamilienministerium, 53107 Bonn, 2003
200 Über Edmund Schirrmeister, Berliner Straße 46, 10713 Berlin
201 Heinrich-Mann-Straße 31, 13156 Berlin

nur ergänzen lässt, während die Vermietung der Wohngruppe die Gemeinde selbst übernimmt; aber auch am »Freiburger Memorandum« kann man sich konzeptuell gut orientieren.[202] Wie der Elternverein »Leben mit Behinderung« in Hamburg seine geistig Behinderten zu einem Drittel ambulantisiert, dabei aber auch seine Schwerstbehinderten einbezieht und dies vor allem sozialräumlich im Horizont bestimmter Stadtviertel kultiviert, haben wir schon erwähnt.[203] Ähnliche Gedanken, hier unter dem Konzept der »Inklusion«, sind von den Pädagogen der Universität Halle entwickelt worden.[204] Und schließlich finde ich die Idee eines »Pflegestammtischs« wie in Würzburg, wo alle wesentlich Beteiligten sich regelmäßig treffen, dann originell, wenn man sie auf der Ebene des Stadtviertels verwirklicht, weil dann dort nicht nur grundsätzliche Fragen, sondern auch die konkrete Not einzelner Hilfsbedürftiger, Angehöriger oder Nachbarn besprochen und einer Problemlösung näher gebracht werden kann.

3. In meine Schule

Orte der Hingehörigkeit, die mich biografisch prägen, sind nicht nur mein Haushalt und mein Viertel, sondern auch meine Schule und mein Betrieb. Solange ich im alten Hilfesystem nach der Besonderheit meines Hilfebedarfs besondert, diagnostisch homogenisiert und institutionalisiert wurde, waren auch die Angehörigen und die Profis besondert, spezialisiert und interessierten sich nicht im Mindesten für andere Besonderungen, Hilfebedarfe. In der neuen Kultur des Helfens geht das nicht mehr. Weil hier das Helfen kleinräumig organisiert ist, muss man vom Gesamthilfebedarf des jeweiligen Sozialraums her denken und handeln. Wenn ich zum Beispiel behindert bin oder an Behinderten mein Geld verdiene, muss ich gleichzeitig wissen, was in der Jugendhilfe oder in der Altenhilfe los ist, ein-

202 Informationen über Prof. Thomas Klie, Ev. Fachhochschule, Bugginger Straße 38, 79114 Freiburg.

203 Leben mit Behinderung, Südring 36, 22303 Hamburg

204 Georg Theunissen u. Kerstin Schirbort (Hg.): Inklusion von Menschen mit geistiger Behinderung, Stuttgart: Kohlhammer 2006

mal weil ich wegen der gesunden Mischung eine Straße nur mit einer Wohngruppe »belasten« sollte, zum anderen wegen ungeahnter Synergien wechselseitiger Art und zum Dritten, vielleicht am wichtigsten, weil ich für meinen Hilfebedarf von Anderen besser lernen kann, als wenn ich stets nur im eigenen Saft schmore; zudem geht es immer um dieselben Ressourcen. Das gilt auch für die Achtung und Kultivierung der jeweiligen Hingehörigkeitsorte, also auch für »meine Schule«.

Fangen wir mit den Erfindern der Deinstitutionalisierung, mit den Skandinaviern, an. Wie haben zum Beispiel die Schweden begonnen? Schon in den 50er Jahren hat sich zuerst eine neue Generation von Eltern behinderter Kinder zusammengetan und die Integration[205] und Inklusion ihrer Kinder in die Regelkindergärten gefordert. Entscheidend war, dass damals ein hinreichend großer Teil der Bürger sich die Forderung zu eigen gemacht hat. Nur so konnte der Kampf in Grenzen erfolgreich sein. Erst als man so weit war, entwickelte sich daraus gleichsam organisch die weitergehende Forderung nach Abschaffung der Sonderschulen und damit nach schulischer Integration der behinderten Kinder und Jugendlichen. Und erst als auch dies anteilig erstritten war, entwickelte sich wie von selbst die weitergehende Forderung daraus, dass die nun erwachsen gewordenen Jugendlichen nach dem Normalisierungsprinzip auch das Recht haben müssten, in normalen Wohnung zu wohnen und möglichst auch in normalen Betrieben zu arbeiten. Als hierfür die ersten Präzedenzfälle geschaffen waren, verlangte es das Gleichheitsprinzip, dass diese Rechte nun auch für diejenigen behinderten Erwachsenen gelten müssten, die früher schon institutionalisiert worden waren. Es war also diese zwingende biografische Entwicklungslogik, die das Gelingen der Abschaffung praktisch aller Institutionen für Behinderte, also die reale Deinstitutionalisierung erheblich erleichtert hat, auch wenn dies ein Prozess war, der sich über mehrere

205 Um Missverständnisse zu vermeiden: ich verstehe unter Integration nicht, dass eine kleine Gruppe in einer großen Gruppe spurlos aufgeht, sich assimiliert, sondern ich verstehe darunter eine Bewegung, in der die kleine und die große Gruppe sich aufeinander zu bewegen, sodass sich zum Schluss beide Gruppen verändert haben.

Jahrzehnte erstreckte und – nach derselben biografischen Logik – das System der Altenpflegeheime erst heute allmählich zu erreichen beginnt.

Vergleichen wir das mit Deutschland, dann ist beschämend leicht festzustellen, dass wir all dies von den Skandinaviern *nicht* gelernt haben. Offenbar war bei uns allen der Geist des institutionellen und spezialisierenden Schubladendenkens noch stärker ausgeprägt als bei unseren nördlichen Nachbarn. Jeder kümmerte sich nur um seinen Kram und hielt den für den Nabel der Welt. Kaum einer konnte den Gedanken denken – ich am wenigsten –, dass, wenn er meint, sich für die Rechte »meiner« psychisch Kranken oder Alterspflegebedürftigen einzusetzen, seine Sache in Wirklichkeit an der Front des Kampfes um die schulische Integration entschieden wurde. Das gilt auch für die Wohlfahrtsverbände und die Ministerien, wo jeder nur *sein* Ressort verwaltet. Uns fehlte die sozialräumliche, kommunale und damit auch bürgergesellschaftliche Wahrnehmung, was sich erst jetzt zu ändern beginnt.

Natürlich gab es die Pioniere der »Lebenshilfe« und die Eltern und Lehrer der BAG »Gemeinsam Leben, Gemeinsam Lernen«, die sich für die schulische Integration der Behinderten eingesetzt haben. Aber wir haben sie zu sehr allein gelassen, sodass der Funke nicht hinreichend überspringen und zu einer breiten politischen Willensbildung der Bürger führen konnte. Und der Misserfolg dort hatte den Misserfolg auf allen anderen Feldern der Deinstitutionalisierung zur Folge. Zwar hatte die Bewegung für die schulische Integration beachtliche Anfangserfolge, dann aber dümpelte sie Jahrzehnte vor sich hin – mit großem Schaden und Leiden für die Betroffenen.

Denn das System der selektiven Aussonderung blieb im Kern erhalten und konnte sich zum Teil – ähnlich wie bei der Verheimung – noch ausweiten, obwohl es sich auch heute noch nur um 5% der Schüler handelt.[206] Im System der Sonderschulen, das sich noch einmal – je nach Diagnose – in zahllose Spezial-Sonderschulen aufgliedert, sind Jungen, Migrantenkinder und Kinder aus schwachem sozialem Milieu überrepräsentiert, wobei Kinder aus ländlichen Regionen wegen der großen Entfernungen (zum Teil Internatsunterbringung) zusätzlich Schaden nehmen, obwohl doch nach dem Grundgesetz seit 1994 niemand wegen seiner Behinderung benachteiligt werden darf. Dass dieses Ausgrenzungssystem so gut funktioniert, kann man – auch im europäischen Vergleich – als einen deutschen Sonderweg bezeichnen, wesentlich bedingt einmal durch ein NS-Gesetz von 1938, wonach Kinder auch gegen den erklärten Willen der Eltern in eine Sonderschule überwiesen werden können, und zum Anderen durch die selektive Dreigliedrigkeit unseres Schulsystems, das es so sonst kaum gibt und dessen hartnäckig verteidigte Borniertheit schon erstaunlich ist; denn selbst das Funktionsgeheimnis des guten Heims bestand ja in der gesunden Mischung von Fitten und weniger Fitten, weil eben beide Seiten voneinander profitieren konnten.

Seit einiger Zeit scheint aber wieder ein bisschen Bewegung in die Landschaft gekommen zu sein. Mag sein, dass der kulturelle Umbruch, der uns die neue Kultur des Helfens beschert hat, sich auch im Bereich des pädagogischen Helfens auswirkt – postsäkular, weil sich herumspricht, dass niemand genug Sinn für sein Leben allein aus sich selbst beziehen kann, sondern dafür des Anderen, der Bedeutung für Andere bedarf. Jedenfalls haben einige Bundesländer ihre Gesetze ein wenig mehr in Richtung Integration oder Inklusion umformuliert. Und an der Basis gibt es eine Fülle beeindruckender Beispiele für integrative Schulen, etwa auch seit 1980.[207]

Sollte man mit Recht von einem Inklusions-Aufbruch sprechen können, durch den mehr Kinder als bisher in »ihre« Schule, in die Schule, wo sie hingehören, gehen können und der zwangsläufig das

206 Dazu und zum Folgenden Jutta Schöler: 13 Diskussionspunkte zum Werkstattgespräch »Schulische Integration« 2005, zu beziehen über: Beauftragter der Bundesregierung für die Belange behinderter Menschen; vgl. auch Brigitte Kottmann: Selektion in die Sonderschule, Bad Heilbrunn: Klinkhardt 2006

207 Wohl nicht zufällig haben Ines Boban u. Andreas Hinz (Hg.) ihrer reflektierten Beispielsammlung »Gemeinsamer Unterricht in Dialog«, Weinheim: Beltz 2004 den Untertitel »Vorstellungen nach 25 Jahren Integrationsentwicklung« beigegeben, vgl. auch den »Reader« zum 8. Integrationstag Sachsen-Anhalt 2005 des Arbeitskreises »Dialoge zwischen Regel- und Sonderpädagogik« der Uni Halle, Institut für Rehabilitationspädagogik, Selkestraße 9, 06122 Halle.

Solidaritätspotenzial der gesamten Gesellschaft verstärken würde, dann wäre dieser über mindestens fünf Wege zu stabilisieren:

1. Sozialräumliches Denken: Wo das Sozialraumbudget der Jugendhilfe greift, gibt es eine engere Verzahnung mit den Schulen, weil nach diesem Konzept, statt am einzelnen Kind förderlich herumzuzerren, eher seine lebensweltlichen Bedingungen verbessert werden.
2. Der Trend zur Ganztagsschule begünstigt nahezu von selbst benachteiligte Kinder.
3. Die Abnahme der Zahl der Kinder veranlasst alle Schulen, aus Angst geschlossen zu werden, sich auch um Kinder zu reißen, auf die man früher gern verzichtet hätte (so wie die Wohnungsbaugesellschaften gelernt haben, auch die Alterspflegebedürftigen zu lieben).
4. Immer mehr Schulen nehmen praktische Begegnungsprojekte mit Hilfsbedürftigen, wie schon erwähnt, in ihr Curriculum auf, wodurch sie ihren Schülern die Augen für die Existenz des dritten Sozialraums der Nachbarschaft (und damit der Integration) öffnen können.
5. Und selbst auf der Leistungsebene lassen die PISA-Ergebnisse keinen Zweifel daran, dass – wie in Skandinavien – die Solidaritätsbeziehungen zwischen Stärkeren und Schwächeren beiden Seiten helfen und sogar noch dem nationalen »Standort« zugute kommen.

Es lässt sich also auch hier vom notwendigen Bürger-Profi-Mix des neuen Hilfesystems eine Menge lernen. Es sei dahingestellt, ob mit diesem Trend auch zusammenhängt, dass – nach der wissenschaftlichen Albernheit des »kompetenten Säuglings« – auch ein Buch geschrieben werden kann mit dem lapidaren Titel, mit dem niemand so recht gerechnet hätte: »Kinder brauchen Erziehung«.[208] Jedenfalls hat Schöler (a.a.O.) der gegenwärtigen Entwicklungsphase die Aufforderung beigegeben: »Es ist normal, verschieden zu sein. – Eine Schule ohne Kinder mit Behinderung ist keine normale Schule.«

208 Bernd Ahrbeck: Kinder brauchen Erziehung. Die vergessene pädagogische Verantwortung, Stuttgart: Kohlhammer 2004

209 Hierzu zum Beispiel InitiativForum Generationenvertrag (Hg.): Altern ist anders, Münster: LIT 2004

Abschließend noch ein Ausflug in die Verlängerung »meiner Schule«, nämlich in die Hochschule. Hier aber nicht zur prekären Frage der Integration Behinderter, sondern zur Integration der Alten: An der Universität Köln hat die Zunahme der Studierenden im dritten Lebensalter zu einem ständigen Arbeitskreis »InitiativForum Generationenvertrag« (IFG) geführt, der ältere und jüngere Studenten und Wissenschaftler einer permanenten Diskussion dieses Thema aussetzen will, jedes Jahr dazu einen Kongress durchführt, zu dem jetzt auch regelmäßig die Alten-Initiativen der anderen Universitäten eingeladen werden.[209]

4. In meinen Betrieb

Natürlich kann ich in meinem Leben beliebig oft meinen Haushalt, mein Viertel, meine Schule oder eben auch meinen Betrieb wechseln. Das ist normal, nicht weiter aufregend. Aber entscheidend ist, dass ich hinsichtlich all dieser wechselnden biografischen Orte stets weiß, wo ich hingehöre, also auch, dass dieser Betrieb »mein Betrieb« ist; denn ein solches Hingehörigkeitswissen hat mit Grundsicherheit und Grundvertrauen zu tun, ist mehr als Identifikation, konstituiert eher Identität selbst. Niemand hat besser als Sennett (a.a.O.) gezeigt, wie weit die Freiheits-Zwänge des Marktes die Mobilität der Menschen treiben dürfen und wo die Grenze ist, jenseits derer ihre »Flexibilisierung«, ihre Rückgratverbiegung ihnen das Rückgrat bricht.

Wieso soll nun die Hilfe, wenn ich ihrer denn bedarf, nicht nur in meine Schule, sondern auch in meinen Betrieb kommen? Die erste Antwort ist einfach genug, obwohl man sie während der hundertjährigen Moderne im alten Hilfesystem weitgehend ignoriert hat: Denn von einigen Grundfertigkeiten abgesehen, können wir Menschen in A nicht oder nur schlecht das lernen, was wir erst in B brauchen. Daher der zwingende Imperativ der Hilfsbedürftigen insbesondere an die Profis, aber auch an die Angehörigen: erst platzieren, dann qualifizieren. Uns Hilfsbedürftige erst mal in einem Schonraum trainieren zu wollen, ist daher überwiegend Tierquälerei und dient in Wirklichkeit vor allem dem Kampf der Profis um sichere Arbeitsplätze.

Aber wieso sollen wir Hilfsbedürftigen, Behinderte oder Alterspflegebedürftige, überhaupt arbeiten, wo wir doch glücklich sein könnten, offiziell von der Last des Arbeitens befreit zu sein? Auch hier ist die erste Antwort einfach. Jeder (Langzeit)-Arbeitslose, der in der Vergangenheit wenigstens die Chance hatte, über seine »Scheißarbeit«, über seine Ausbeutung stöhnen zu dürfen, wäre jetzt froh, wenigstens das noch zu können, wo er sich aus fast allen sozial wichtigen Bezügen ausgegrenzt sieht. Arbeitslosigkeit ist daher der beste Weg, über den nichthilfsbedürftige Bürger wenigstens ahnen können, unter welchen Ausgrenzungen wir Hilfsbedürftigen in der Epoche des Fortschritts und der Moderne zu leiden hatten, was Exklusion, Selektion und Homogenisierung aus einem Menschen macht.

Auch hier lässt uns ein kurzer historischer Rückblick das noch besser verstehen. Menschheitsgeschichtlich haben die Menschen in der Regel in ihren Haushalten nicht nur gewohnt und gelebt, sondern auch gearbeitet. Heimarbeit war zumindest das Übliche. Das galt natürlich auch für uns Hilfsbedürftige. Wir bekamen zwar recht und schlecht die Hilfe, die wir brauchten, aber wir hatten am selben Ort auch zu arbeiten, so gut wir konnten. Obwohl wir das oft genug verflucht haben, blieben wir auf diese Weise ein Mitglied der Betriebsgemeinschaft Haushalt. Erst durch die große gesellschaftspolitische Operation der Modernisierung und Industrialisierung wurde die Gesellschaft messerscharf aufgeteilt in einen Bereich, in dem nun störungsfrei nur noch gearbeitet wurde, und in einen anderen Bereich, wo es nur noch »sozial« zuging. Jetzt, von der Maloche befreit, waren wir Wesen, die nur noch zu nehmen hatten, nämlich Hilfe, während wir schon durch Ausschluss von der gesellschaftlichen Gesamtarbeitsmenge nichts mehr geben konnten und zumindest insofern keine Bedeutung für Andere mehr hatten und damit so recht keine Menschen mehr waren, was das Hindernis der Behinderung wie das des Alters betrifft.

Und dabei hätte es in Wirklichkeit gerade umgekehrt sein müssen: Weil wir überdurchschnittlich viel Hilfe nehmen mussten und müssen, wäre es des Selbstachtungs-Gleichgewichts wegen notwendig, Gelegenheit zu haben, eher überdurchschnittlich viel auch geben zu können. Daher wäre es beim Kampf um einen Arbeitsplatz eigentlich noch wichtiger, dass ein Hilfsbedürftiger ihn bekommt, als dies für einen Familienvater zuträfe – provozierend genug, aber schwer zu widerlegen. Und Arbeitslosigkeit wäre für alle Menschen absolut – also um jeden Preis! – zu verbieten, solange Menschen exzentrische Wesen sind, die sich von ihrer Bedeutung für Andere her bestimmen – egal, ob mit Hilfebedarf oder ohne. Dabei bedeutet Arbeiten, um das noch mal zu wiederholen, dass ich gemeinsam mit Anderen, oft auch unter der Regie eines Anderen, für ein Ganzes (mein Betrieb, mein Haushalt) und für bekannte oder unbekannte Dritte etwas tue, was mir zu der für mich erforderlichen Tagesdosis an Bedeutung für Andere verhilft; dabei sind auf der Suche nach Gelegenheiten alle drei Sozialräume, wie früher schon erwähnt, gleich wichtig: Der Privatraum etwa durch Haushaltsführung, der dritte Sozialraum durch Nachbarschaftshilfe und der Öffentlichkeitsraum durch Arbeiten in Betrieben, wobei der gemeinschaftliche Wir-Raum immer damit beginnt, dass ich selbst eine Gelegenheit bin, bevor ich auch Gelegenheiten habe.

Es ist also verfassungs- und bürgerrechtlich, fachlich und moralisch unabweisbar, dass auch wir Hilfsbedürftigen nicht nur wohnen, wo wir hingehören, sondern auch am öffentlichen Arbeiten teilnehmen, wo wir hingehören, nämlich in »unseren« Betrieb. Dies zumindest solange, wie das Arbeiten, vom Haushalt getrennt, betrieblich organisiert ist und der durchaus interessante Trend zur Wiederzunahme von Heimarbeit sich nicht noch weiter fortsetzt.

Ist dies nun vollends utopisch, angesichts der Tatsache, dass die Betriebe immer gnadenloser Menschen mit Hilfebedarf oder sonstigem Störpotenzial »freisetzen«, während sie sich freilich aus Mangel an Jüngeren allmählich den Älteren schon wieder öffnen? Ist die unabweisbare Norm, dass es für alle Menschen nur noch einen Arbeitsmarkt gibt, nicht absurd? Keineswegs, wenn wir die Zeichen der Zeit verstehen und sehen, dass der kulturelle Umbruch von 1980 und der Aufbruch in ein neues Hilfesystem sich auch hier in einer Trendumkehr ausdrückt. Zwar war mit der Schaffung der Behindertenwerkstätten schon früher nach dem Zwei-Milieus-Konzept das Arbeitsbedürfnis, getrennt vom Wohnbedürfnis, anerkannt worden. Das war einerseits ein Fortschritt, übertrug jedoch andererseits das Institutionalisierungsdenken nun auch auf das Arbeiten. Aber auch dies geriet – bei uns – in Bewegung, wenn auch die Skandinavier – hier keineswegs so sehr – schneller waren. So ist man etwa in Lidingö/Schweden von den Tagesförderzentren weggekommen, weil die Behinderten signalisiert haben, dass ja die wissenschaftlich geprüften pädagogischen und psychotherapeutischen Konzepte ganz nett seien, aber eigentlich doch überflüssig im Vergleich zu ihrem Arbeitsbedürfnis. Also ersetzte man sie weitgehend durch achtzehn Arbeitsgruppen in kommunalen oder privaten Betrieben, zum Beispiel »Essen auf Rädern« oder Versorgung des örtlichen Reitstalls oder Büroarbeiten im Rathaus, wobei man vor allem darauf geachtet hat, dass jeder Behinderte mit einigen »Seinesgleichen«, aber auch mit Nichtbehinderten zusammenarbeiten konnte und zwar kommunal-öffentlich sichtbar.[210] Dass dabei einzelne Arbeitsplätze für Nichtbehinderte verschwinden würden, konnte man – der Gerechtigkeit wegen – vertreten.

In Deutschland begann, wie gesagt, diese Bewegung der Deinstitutionalisierung des Arbeitens für Hilfsbedürftige um 1980. Zunächst waren es Selbsthilfefirmen, also normale Betriebe, die nur mit Zuschüssen, wie sie auch jeder andere Unternehmer für die Beschäftigung Behinderter bekommt, tariflich bezahlte und versicherungspflichtige Arbeitsplätze für Hilfsbedürftige erwirtschaften können, heute »Integrationsfirmen« genannt. 1981 entstand – nach Münster und Freiburg – in Gütersloh der dritte Betrieb dieser Art – 2006 als Zulieferbetrieb für Industriemontage mit 53 Arbeitsplätzen.[211] Heute gibt es über 500 solcher Integrationsbetriebe, zunehmend im Dienstleistungsbereich, ob sie nun Hotels oder Restaurants betreiben, Wohnungen renovieren, Catering anbieten, als

210 Michael Tüllmann (Hg.): Community Care in der Praxis des Rauen Hauses, Hamburg: Stiftung Das Raue Haus, 2005, S. 33

211 Dalke gGmbH, Carl-Zeiß-Straße 68, 33334 Gütersloh, Geschäftsführer Helmut Landwehr u. Rolf Simon. Ähnlich viele Arbeitsplätze finanziert in Erlangen die »Wabe« (Hans-Ludwig Siemen) für chronisch psychisch Kranke; vgl. Regina Schmidt-Zadel u. a. (Hg.): Teilhabe am Arbeitsleben, Bonn: Psychiatrie-Verlag 2002, S. 153-162.

Wäscherei oder in der Daten- und Landschaftsgestaltung tätig sind, Büroarbeiten erledigen oder – vor allem zugunsten der Alterspflegebedürftigen – den Handel im nachbarschaftlichen Nahbereich wiederbeleben (von der Cap-Kette war schon die Rede). Überhaupt orientieren sie sich zunehmend an den Bedürfnissen alter Menschen.

Während diese Integrationsbetriebe gleichsam für die Leistungselite unter den Hilfsbedürftigen da sind (man sieht: beides schließt sich in keiner Weise aus!) und jederzeit als »normale« Betriebe auch eine Abteilung einer »ganz normalen« Firma des Arbeitsmarktes sein könnten, verlangt es auch hier der kategorische Imperativ der Solidarität, vom Letzten her zu denken und zu handeln. Dem entspricht die zweite, inzwischen ähnlich große Bewegung der »Zuverdienstbetriebe«. Der Prototyp hierfür entstand 1983 in Gütersloh unter dem bezeichnenden Firmennamen »Industriecafé«, als nämlich eine 70-jährige, schon ziemlich altersgebrechliche Frau nach 25 Jahren Anstalt uns hierfür mit der geradezu historischen Begründung die Augen öffnete: »Ich genieße ja in meiner neuen Wohnung meine neue Selbstbestimmung in vollen Zügen; aber leben Sie mal wochen- und monatelang immer nur allein mit ihrer Selbstbestimmung!« Damit war auch uns Profis endlich klar, dass für Hilfsbedürftige das wichtigste »Lebensmittel«, die Voraussetzung auch für Selbstbestimmung, die Tagesdosis an Bedeutung für Andere (durch Arbeiten) ist.

Die Zuverdienstfirma (in Gütersloh gibt es inzwischen zwölf davon) ist das niedrigschwelligste Instrument zur Realisierung des Arbeitsbedürfnisses. Es handelt sich dabei um einen Ort, an dem man sowohl gesellig sein kann, auch Elemente einer Tagesstätte findet, als auch Gelegenheit hat, wenn man gerade die Kraft und die Traute hat, ein oder zwei Stunden gegen Entgelt eine Tätigkeit zu verrichten (dieselben Branchen wie bei den Integrationsfirmen), weil einem eine Stunde so viel Disziplinierungsdruck abverlangt, aber auch so viel Bedeutung für Andere bringt, wie für weniger Hilfsbedürftige acht Stunden. Noch die ängstlichsten und chaotischsten Menschen können oft nur mit einer solchen Gelegenheit stabil ihre Wohnung bewohnen, was ihnen sonst nicht möglich wäre. Deshalb haben wir diese Betriebe, mit denen man sich im Unterschied zur WfB gerade wegen des Existenzrisikos (es kommt auf mich an, dass wir nicht pleitegehen) besonders gut identifizieren kann, mit den Profis betrieben, die für das »betreute Wohnen« finanziert waren – mit dem Argument: »Bei uns findet betreutes Wohnen am Arbeitsplatz statt.« Fast gleichlautend hat Klaus Pawletko seine Berliner Dementen-WGs begründet: »Bei uns findet Pflege am Küchentisch statt.« Im Fehlen jeder Altersbegrenzung besteht denn auch ein weiterer Vorteil der Zuverdienstfirmen. Hier ist stets anerkannt, dass selbst Hochaltrige das Element der Bedeutung für Andere durch Arbeiten zwar nicht brauchen müssen, sehr wohl aber brauchen können.[212] Schließlich entspricht die Zuverdienstfirma auch mehr dem Normalisierungsprinzip: Ich sage lieber, dass ich jetzt in meine Firma gehe, als dass ich in meine Tagesstätte gehe. Und es entfällt auch viel von der beliebten »Biografiearbeit«, in der ich als Alterspflegebedürftiger den Profis von meinem Leben erzähle – einfach weil meine Biografie über das Medium des Arbeitens weiterhin stattfindet.

Inzwischen haben wenigstens alle Bezirke Bayerns den Sinn dieses vielleicht wirksamsten und zugleich kostengünstigsten Integrationsmittels erkannt und Finanzierungsrichtlinien für Zuverdienstfirmen erlassen[213]. Auch kann man sich über ein »Zuverdiensthandbuch« der BAG Integrationsfirmen optimal informieren.[214]

212 Ich weiß es nur aus Erzählungen, dass in den Altenheimen der DDR oft auch einfache Arbeiten vorgesehen waren. Auch wenn man die damalige DDR-Leistungsideologie abstreicht, erwiesen sich diese Tätigkeiten als beliebter als die meisten Zeitvertreib-Beschäftigungstherapien: es war darin das Element des Notwendigseins für Andere enthalten; und es waren keine »Angebote«!

213 Infos zum Beispiel über den Zuverdienstbetrieb Ebersberg: Dieter Sommer: diakonia, Landshuter Allee 38, 80637 München

214 Zu beziehen über Anton Senner, Nissenstraße 3, 20251 Hamburg

Schließlich haben sich – ähnlich wie die Heime – auch die Behindertenwerkstätten – ein Stück weit deinstitutionalisiert. Sie haben Elemente der Integrationsfirmen und Zuverdienstfirmen übernommen und durch Praktika und Ausgründungen von Werkstattgruppen in den Firmen des (noch) ersten Arbeitsmarkts Fuß gefasst, während gleichzeitig – wie schon berichtet – mit Ideen wie der »virtuellen Werkstatt« versucht wird, Hilfsbedürftige direkt für die üblichen Betriebe attraktiv zu machen. Gerade dafür sind verbesserte Finanzierungsinstrumente wie die persönliche Arbeitsassistenz oder das persönliche Budget hilfreicher als je zuvor. Über all dies gibt die »Aktion Psychisch Kranke« einen guten Überblick.[215]

Fazit: Man leiste sich einmal ein Gedankenspiel oder beantrage – noch besser – eine Modellregion. Dort liste man sämtliche privaten, gemeinnützigen und öffentlichen Betriebe auf und setze deren Zahl ins Verhältnis zu der Zahl der arbeitsbedürftigen, man könnte auch sagen betriebsbedürftigen Hilfsbedürftigen. Man wird erstaunt und beschämt sein, wie gering deren Zahl im Verhältnis zur Zahl der Betriebe am allgemeinen Arbeitsmarkt ist. Wenn man nun all diese Hilfsbedürftigen (mit ihrem Geld) über die Betriebe gleichmäßig verteilen und sie somit dort platzieren würde, wo sie hingehören, und dann noch die große Zahl der helfenden Arbeits- und Reha-Profis und der möglichen Bürgerhelfer ihnen mitgibt und ebenfalls über die Betriebe verteilt, wovon die Betriebe inzwischen auch bezüglich ihrer sonstigen psychisch und leistungsmäßig angeschlagenen Mitarbeiter profitieren würden, wird man den Gedanken nicht mehr los, dass auch hier die gesunde Mischung – mit dem PISA-Effekt, dass Schwache und Starke voneinander profitieren – sich auszahlen würde, dass *ein* Arbeitsmarkt für alle nicht nur denkbar ist, sondern – bei Abbau diverser Bürokratien – auch noch ein Sparpaket darstellen würde.

215 Niels Pörksen u. Karl-Ernst Brill: Individuelle Wege ins Arbeitsleben, Bonn: Psychiatrie-Verlag 2004

5. Wie kommt auch meine Gesellschaft zu ihrer gesunden Mischung?

Wie in den anderen Kapiteln denken wir auch hier in den ersten vier Abschnitten von unten herauf, also von mir oder dem konkreten Anderen her, während wir in diesem 5. Abschnitt mehr von oben herunter, also vom verallgemeinerten Anderen her denken. Dann ist die Antwort auf die Überschrift-Frage theoretisch erstmal einfach; sie lautet nämlich, in Anwendung des kategorischen Imperativs der Solidarität auch auf die Gesamtgesellschaft: indem ich mit dem Helfen nicht bei mir beginne, sondern beim jeweils Letzten, bei dem es sich am wenigsten lohnt. Zwar haben wir mehrfach betont, dass diese Überforderungsnorm nicht 1:1 umzusetzen ist, weil das auch kein Mensch kann, dass sie aber dennoch – rein pragmatisch – absolut notwendig ist, weil, wenn man ihr nicht zu folgen wenigstens bestrebt ist, das Gegenteil der gesunden Mischung herauskommt, also eine Zone der »Konzentration der Unerträglichkeit«, eine »kranke Entmischung«, was natürlich auch für die Gesamtgesellschaft gilt. Das sieht selbst der liberale Gerechtigkeits-Theoretiker John Rawls[216], demzufolge sowohl die universalistische Rechtsordnung als auch die egalitäre Gesellschaftsmoral aus dem Gemeindeethos hervorgehen müssen, die Hilfe beim größten Hilfebedarf zu beginnen hat.

Und wenn nun auch inzwischen selbst Wirtschaftler wissen, dass hinsichtlich der Güter des Helfens und auch der Bildung, »für deren angemessene Verteilung der Markt generell als ungeeignet erachtet wird«[217] und laut PISA die Entmischung der stärkeren und der schwächeren Schüler beide Seiten eher schädigt, ändert das doch alles nichts daran, dass gegenwärtig immer noch im Steuerungsmix des Helfens der Markt zumindest in kurzfristiger Effizienz den Staat und die Bürger übertrifft. Das gilt aber umso weniger, je kleinräumiger und je bürgerschaftlich geprägter der Sozialraum ist, weshalb auch nur von dort her das neue Hilfesystem sich entfalten konnte. Aber es

216 John Rawls: Politischer Liberalismus, Frankfurt: Suhrkamp 1998, S. 76f.
217 Peter Ulrich: Der entzauberte Markt, Freiburg: Herder 2002, S. 176

gilt umso mehr, je größer das Aktionsfeld ist: schon mehr im New public management der Kommune, noch mehr für eine ganze Gesellschaft, mehr noch bei den Europa-Managern, und noch mehr im globalisierten Raum, das heißt um so mehr, je weiter entfernt die Verantwortlichen als Manager von der konkreten Not des einzelnen Hilfsbedürftigen entfernt sind. Weiterhin hat dieser dynamische Expansionskurs des Marktes – vom Staat zunächst freigesetzt, dann nur noch defensiv und hilflos begrenzt (die Geister, die ich rief ...) – über Wettbewerb, Konzentration und Fusion zur Folge, dass die Hilfe spezialistisch, kostentreibend und großräumig organisiert wird, sodass ich als Hilfsbedürftiger zur Hilfe gebracht werde, statt dass sie zu mir kommt, wo ich hingehöre, was das alte Hilfesystem stärkt. Und schließlich wirkt sich der Markt-Imperialismus – nun schon antiliberal – so aus, dass immer wieder das erwähnte Hart-Gesetz (Fußn. 38a) Bestätigung findet, wonach die Hilfe vor allem dort gewährt wird, wo sie am wenigsten nötig ist, da nun mal die Grundregel gilt, dass das Kapital dahin fließt, wo der größte Profit zu erwarten ist. Die Gesellschaft insgesamt droht zur Marktgesellschaft zu werden, vor allem wenn aus dem Helfen als zwischenmenschliche Beziehung und als dienende Beziehung (als Teil der Dienstleistung) etwas wird, was zunehmend vom Erlös abhängt. Die Gesellschaft – unter dem Bild der sich beschleunigenden Zentrifuge mit dem Bild des Turbo-Kapitalismus vereinbar – dreht sich dann immer schneller mit der Folge, dass immer mehr sozial Schwache und anders Hilfsbedürftige über den Tellerrand fließen und somit buchstäblich zu Überflüssigen werden, zu denen Hilfe zu bringen sich immer weniger lohnt, sodass sie von Gesellschaftsfeinden (vgl. Hassemer, Fußn. 37a) immer weniger zu unterscheiden sind.

Spätestens dann kann auch mir als einem Hilfsbedürftigen der Zustand der Gesamtgesellschaft nicht mehr egal sein, kann es mir nicht gut gehen, wenn ich weiß, dass die Hilfe nicht beim Letzten beginnt, muss mein Hilfebedarf für mich verallgemeinerungsfähig sein. Insofern bin ich hier und heute als Hilfsbedürftiger – aber auch als Bürgerhelfer und auch als Profi – zerrissen, weil ich abhängig bin sowohl von dem noch ziemlich ohnmächtigen bürgergesteuerten neuen Hilfesystem meines Nahbereichs als auch von dem noch übermächtigen, marktgesteuerten alten Hilfesystem in großräumiger, auch europäischer, auch globaler Perspektive, in dem zum Beispiel täglich Kliniken geschlossen und neue Heime eröffnet werden – auch aus rein marktstrategischen Gründen, für die konkrete Hilfsbedürftige ohne Interesse sind. Das ist eine durchaus unbequeme Lage, doch auch reizvoll, weil es seit 1980 neu ist, überhaupt ein altes und ein neues Hilfesystem voneinander unterscheiden zu können. Das ist auch aufregend; denn immerhin lässt es sich heute begründen, dass zwar das bürgergesteuerte System an der Marktsteuerung seine Grenze findet, aber umgekehrt stößt auch das marktgesteuerte System an der Bürgersteuerung an seine Grenze, von einem Nachtwächterstaat freundlich lächelnd nur »moderiert«. Und dies gilt grundsätzlich, unabhängig vom Machtungleichgewicht, sodass ich wahlfähig bin.

Sollte ich also die mehr bürgergesteuerte neue Kultur des Helfens (wobei selbstverständlich auch hier die Marktsteuerung wichtig bleibt) als zukunftsfähiger erfahren haben, wofür nach unserer Beweisführung alles spricht, dann muss ich daran interessiert sein und muss dafür kämpfen, dass dies auch für die gesamte Gesellschaft gilt, dass auch die alleinerziehende Mutter oder der arbeitslose Migrant in der Trabantensiedlung der Vorstadt in die gesunde Mischung zwischen hilfs- und helfensbedürftigen Bürgern und zwischen Schwächeren und Stärkeren einbezogen sind. Dafür brauchen wir Bundesgenossen, durch die freilich der genannte Riss auch hindurchgeht. Ich beschränke mich hier auf wenige, die mir als wirksam erscheinen.

Beginnen wir mit den Kommunen, schon weil trotz ihres Trends zur Verbetriebswirtschaftlichung andererseits in den letzten zwanzig Jahren ihre Öffnung gegenüber bürgerschaftlicher Beteiligung an der Selbstverwaltung bemerkenswert gewachsen ist (zum Beispiel Nürtingen). Dies gilt gleichermaßen für ihre zunehmende Sensibilität für die Selbsthilfekultur und für das Potenzial der dritten Sozialräume der Nachbarschaft. Ein wichtiger weiterer Schritt könnte in bewusst kombinierten Anlaufstellen bestehen: gleichzeitig erstens für die Vermittlung von Bürgerhelfern, zweitens für Interessenten an der Selbsthilfekultur und drittens für die Beratung der Alten und ihrer Angehörigen – nach Stadtttteilen, nach Nachbarschaften dezentralisiert.[218] Dies könnte auch helfen, bürgerabwehrende Strukturen in Schulen, Kliniken und Heimen aufzubrechen und den Bürger-Profi-Mix zu fördern. Schließlich könnten nach der Logik der neuen Kultur des Helfens die großen Kommunen von den kleinen lernen; denn in letzteren können zum Beispiel die Alten und die Alterspflegebedürftigen ihr Interesse besser durchsetzen, gerade nicht als neue, besondere »Zielgruppe« besondert zu werden; vielmehr bevorzugen sie es, nicht als Sondergruppe mit Sonderangeboten benannt zu werden, sondern nur u. a. in einem kommunalen Perspektivplan für die Verbesserung der Beziehungen zwischen allen Bürgern und auch den Generationen vorzukommen. Nach dem Community-living-Konzept[219] geht es sowohl den Alten, aber auch den Behinderten besser, wenn sie in einer kommunalen gesunden Mischung zwischen hilfs- und helfensbedürftigen Bürgern aufgehen.

Die Wohlfahrtsverbände, ohnehin als deutscher Sonderweg von der Europapolitik gebeutelt, haben es besonders schwer, mit dem erwähnten »Riss« umzugehen. Einerseits wissen sie keinen Weg, die Orientierung am Markt-Main-Stream zu vermeiden, geben sich immer reiner sozialwirtschaftlich und gründen Unternehmerverbände, zumal sie ausgerechnet haben, nur zu ca. 15% basisorientiert nicht vom Erlös oder vom Profit abhängig zu sein. Andererseits rechtfertigt gerade dieser kleinere Bereich ihre Gemeinnützigkeit, u. a. als Advokaten der Armen sozialpolitisch aufzutreten und Bürgerhelfer zu rekrutieren, die sie – noch im alten Denken – immer noch »Ehrenamtliche« nennen. Gerade hierin werden sie aber aufgrund ihrer marktgesteuerten Politik immer unglaubwürdiger. Sie sind daher in der Gefahr, ihre Sprecherrolle für bürgerschaftliches Engagement oder gar für die Bürgergesellschaft einzubüßen, weshalb immer mehr Bürgerhelfer sich am liebsten an ihnen vorbeiorganisieren.

218 Hierzu Thomas Leif in Frankfurter Rundschau, 29.12.2001, S. 7

219 Theodorus Maas: Community Living, in: Soziale Psychiatrie, Heft 3, S. 34-35, 2006

Mit wachsendem Selbstvertrauen des neuen Hilfesystems kann aber die Konfrontation allmählich durch die Diskussion ersetzt werden, wodurch sich die durchaus vorhandenen Minderheitsfraktionen in den Wohlfahrtsverbänden gestärkt und mit dem Argument versehen sähen, dass die Marktorientierung zwar kurzfristig Vorteile bringt, der Preis aber darin besteht – denn hier gibt es von einem bestimmten Punkt an nur ein Entweder-Oder –, den Anschluss an die mehr bürgergesteuerte neue Hilfe-Kultur zu verlieren.[220]

Schließlich kommt der Wohnungsbaupolitik und der Stadtplanung durchschlagende Bedeutung zu, was die gesunde Mischung der Gesellschaft angeht. War es doch seit der Modernisierung des 19. Jahrhunderts parallel zur Industrialisierung einhellige Überzeugung, die Städte so wachsen zu lassen, dass Arme und Reiche immer sorgfältiger voneinander getrennt wohnen und leben sollten; es fand hier also eine konsequente Entmischung (Segregation) statt. Es bedurfte schon der Demokratisierungsphasen nach dem Ersten und nach dem Zweiten Weltkrieg, um den destruktiven Folgen der Entmischung zugunsten von mehr sozialer Integration entgegenzusteuern. Aber immer wieder wirkte die marginalisierende Zentrifugalkraft des Marktes erneut entmischend, ganz besonders seit 1980, als die Wohnungspolitik fast ganz zum Erliegen kam. Den vier Millionen Sozialwohnungen bei einer Million Arbeitslosen von 1980 stehen 2005 eine Million Sozialwohnungen bei vier Millionen Arbeitslosen gegenüber. Und dieser reduzierte Bestand konzentriert sich, wie Hartmut Häußermann[221] feststellt, »in den jüngsten Beständen des sozialen Wohnungsbaus, die sich überwiegend in den Stadtrandsiedlungen befinden. Dort werden sich die Überflüssigen und Chancenlosen sammeln«, während sich »die Stadtpolitik heute bevorzugt den areas of opportunity, nicht mehr den areas in need zuwendet – eine andere Prioritätensetzung würde als Sozialkitsch von

220 Hierzu Franz Fink: Keine Hau-Ruck-Aktionen, Neue Caritas 16, S. 30-34, 2003, auch Hejo Manderscheid: Werteorientierung und die modernisierte freie Wohlfahrtspflege in: Neue Caritas Jahrbuch 2005, S. 224-229; auch Norbert Wohlfahrt: Bürgerschaftliches Engagement und Freie Wohlfahrtspflege in: Theorie der Sozialen Arbeit, Heft 9, S. 323-328, 2001

221 Die Zeit, 10.11.2005, S. 46

gestern und als wachstumsfeindliche Umverteilungspolitik gelten«. Wenn wir also sowohl den Migrantenkindern als auch den Hilfsbedürftigen nicht den Weg ins Bildungssystem und in den Arbeitsmarkt und damit in die gesundgemischte Gesellschaft öffnen und wenn stattdessen die Marktzentrifuge den Kontakt zu den Rändern der Städte vollends abbrechen lässt, dann entstehen »Pulverfässer, die durch einen kleinen Funken zur Explosion werden können«, und dann werden auch darüber hinaus die hilfsbedürftigen Überflüssigen den Anschluss an das entstehende neue Hilfesystem kaum noch finden.

Auch hier gibt es durchaus eine Minderheitsfraktion, die in Stadtplanung und Wohnungspolitik eine Integration anstrebt, die alle Bevölkerungsgruppen verändert, und die es zu unterstützen gilt. Dazu gehört es, dass in der Tat ca. alle 500/1000 Meter ein nachbarschaftlich ein- und ausstrahlender Pflegestützpunkt entsteht, weil dann dort die hilfe- und die helfensbedürftigen Bürger besser mit und füreinander leben. Dazu gehören die Modellprojekte »Soziale Stadt«, auch wenn sie sich auf die sozialen Brennpunkte beschränken, während es doch um einen gesamtgesellschaftlichen Vermischungsprozess zu gehen hat. Und dazu gehören die Städte, die die durch ihre demographische Schrumpfung erzwungene Notwendigkeit des »Rückbaus« als Chance begreifen, gerade ihre unwohnlich gewordenen Stadtkerne wieder zu verlebendigen, damit gesundgemischte Bürger hier leben, altern und sterben können. Hierzu kommt ein beeindruckendes Beispiel aus England, wo man programmatisch für das 21. Jahrhundert den dritten Sozialraum rekultiviert und ausgerechnet in Manchester, wo die Industrialisierung und die damit verbundene soziale Entmischung der Bevölkerung begonnen hat, am Beispiel des Stadtteils Hulme exemplarisch versucht hat zu zeigen, wie man das macht, das heißt wie man postindustriell die gesunde Mischung der Bürger wieder herstellt, auch hier der Regel folgend, dass das einzelne Haus sozial homogen, die Straßengemeinschaft hingegen heterogen zu besiedeln ist.[222]

222 David Rudlin u. Nicholas Falk: Building the 21st century home, Oxford: Architectural Press 2001

Fazit: Das Machtgefälle zwischen dem alten, marktgesteuerten und dem neuen, mehr bürgergesteuerten Hilfesystem mag so groß sein, wie es will. Dennoch hat das neue Hilfesystem sich in der unglaublich kurzen Zeit von 1980 bis heute bereits so breit entfalten können, dass es berechtigt ist, darauf zu setzen, dass auch die Gesamtgesellschaft in den nächsten 50 Jahren zur Ausgewogenheit im Steuerungs-Mix des Helfens und damit zu einer zumindest gesünderen Mischung kommen kann, wenn wir das wollen. Eine Vision dafür, wie das im »postmarktwirtschaftlichen Zeitalter« aussehen könnte, ist für uns in Essen entworfen worden.[223] Freilich ist jede Annäherung an das an sich erreichbare Ziel abhängig von der Mobilisierung der Bürger, nicht zuletzt derjenigen im dritten Lebensalter, sich zwar für den konkreten Anderen, jedoch stets auch verallgemeinerbar zu engagieren. Das aber ist nur in dem Maße möglich, wie sie – dieses bestgehütete Geheimnis kann man nicht oft genug offenbaren – aktiv von Dritten angesprochen werden; denn, von Ausnahmen abgesehen, können Bürger in der Breite nicht von sich aus helfen wollen; lieber würden sie sich die Zunge abbeißen, als ihre eigene Helfensbedürftigkeit, obwohl vorhanden, zuzugeben; wenn sie aber angesprochen, in Anspruch genommen, durchaus auch gefordert werden, dann können sie sich auch zu dem, was sie im Stillen wissen, bekennen und dies sekundär als Befreiung empfinden, können sie den Lastenausgleich[224] wollen, weil ihre »Einsicht in die Notwendigkeit« ihnen erlaubt, Markt-Selbstbestimmung von »Freiheit« (Hegel) zu unterscheiden. Die notwendige Katalysator-Rolle dieses »Dritten« aber haben sich Bürger, Profis, Kommune und Staat zu teilen, wie Kapitel V. zeigen wird.

223 Klaus v. Lüpke: Das machbare Glück von Dromstaedt. Eine Stadt investiert in Menschen und gewinnt Reichtümer, in: Orientierung, Fachzeitschr. der Behindertenhilfe Heft 2/2004

224 »Lastenausgleich« erinnert daran, wie nach 1945 12 Millionen Ost-Flüchtlinge in den weitgehend zerbombten West-Haushalten – nicht gern, aber doch – Aufnahme fanden, was den Bürgern im dritten und vierten Lebensalter noch gegenwärtig ist.

V. Profi-Perspektive und der Staat und mein Sterben

Dieses letzte Kapitel zieht einige Schlussfolgerungen für den – natürlich schmerzhaften – Sprung in die neue Kultur des Helfens: Einmal für die beruflichen Helfer (exemplifiziert an den Pflegenden und den Ärzten), womit nach den Perspektiven der Bürgerhelfer (III.) und der Hilfsbedürftigen (IV.) nun mit der dritten als der Profi-Perspektive die trialogische Grundstruktur des Helfens vervollständigt wird. Zum anderen geht es um die nächsten, eher pragmatischen Schritte der Heime bei ihrer Deinstitutionalisierung. Zum Dritten versuchen wir, den Staat anzuregen, seine dem neuen Hilfesystem entsprechende Rolle im Steuerungsmix des Helfens neu zu bestimmen. Und schließlich machen wir ein paar notwendigerweise subjektive Gedanken über das Sterben zum Prüfstein dafür, ob es uns gelungen ist, uns hinreichend der uns unbekannten Zukunft zu öffnen – sowohl der Hilfsbedürftigen allgemein als auch der Alternden unter uns als auch ganz besonders hinsichtlich der Achtung des Imperativs der Hingehörigkeit unseres Sterbens, ob wir uns also der Übertreibung aussetzen, dass wir uns um den Tod des Anderen mehr sorgen als um unseren eigenen Tod.[225]

Vorab noch eine Zwischenreflexion zum Begriff des »Helfens«, mit dem ich den Leser von Anfang an drangsaliert habe, einfach weil mir kein allgemeinerer Begriff für sämtliche Beziehungen einfällt, in denen Einer für den Anderen einsteht. In der antiautoritären Übergangszeit von 1968 bis zum kulturellen Umbruch von 1980 galt »Helfen« eher als Schimpfwort. Mit ihm wurde einerseits alles vom Staat organisierte Helfen in Institutionen als fürsorgliche Belagerung kritisiert. Wurde man aber andererseits selbst bei einem Akt des Helfens ertappt, hatte man alsbald ein »Helfer-Syndrom«. Allenfalls konnte man sich mit der Beteuerung retten, man leiste doch nur »Hilfe zur Selbsthilfe«; denn Begriffe wie »Selbsthilfe«, »Selbstbestimmung« oder »Selbstverwirklichung« waren damals schon auf dem Weg zum alleinigen obersten Marktwert.

225 Emmanuel Levinas: Totalität und Unendlichkeit, Freiburg: Alber 1993, S. 339-346

So reinigend und notwendig – zugleich vergangenheitsbewältigend und doch schon unterwegs zur nächsten (Markt)-Ideologie – diese Übergangsphase auch war, so scheinen wir heute doch schon wieder einigen Abstand dazu gefunden zu haben. Heute kann man darüber nachdenken, dass die meisten Beziehungen zwischen Menschen zumindest u. a. Elemente des Helfens enthalten, ohne die ein gesellschaftlicher Zusammenhalt kaum denkbar wäre. Man darf überlegen, dass das Helfen selbst nicht markt-, weil nicht vertragsfähig, weil nicht wechselseitig ist, vielmehr etwas vom Asymmetrischen einer Gabe an sich hat, weil es auf ein Signal des Anderen zustande kommt, dem ich mich einseitig (natürlich in Freiheit, daher: oder auch nicht) irgendwie aussetzen muss, ohne Erwartung, ob irgendetwas von dem, was ich tue, zu mir zurückkommt, also »umsonst«, also »unbezahlbar« (selbst wenn dabei eine Honorierung, eine Aufwandentschädigung im Spiel ist). Dabei lässt sich in jeder Helfens-Beziehung eine aktiv-asymmetrische Subjekt-Objekt-Dimension nachweisen, die etwas mit Leisten zu tun hat und die Gefahr beinhaltet, dass ich Subjekt dich Objekt mir aneigne, eine Gefahr, die ich nur durch die ebenfalls in jeder Beziehung vorfindliche umgekehrte, passivasymmetrische Objekt-Subjekt-Dimension kompensieren kann, die unvermeidlich etwas mit Dienen zu tun hat, das allein eine Beziehung eröffnen kann. Und da ich zwar fürs Leisten bezahlt werden darf (und zwar gut), nicht aber fürs Dienen, gilt all dies in Beziehungen zwischen Bürgern fraglos, während es bei Profis immer wieder begründungsbedürftig ist, ob jemand sich als Angehöriger eines »helfenden« Berufs bezeichnen darf.

Schließlich kommt als Besonderheit der Helfens-Beziehung noch hinzu, dass die Signale des Anderen auch ohne Worte so sprechend sind, dass ich sie zu beantworten habe – und zwar mit Vorrang beginnend als Kommunikation jenseits der Kommunikationsfähigkeit, etwa wie bei schwerst psychotischen oder geistig Behinderten, bei Frühstgeborenen, bei Dementen, nach Schlaganfall, im Koma oder Wachkoma und bei Sterbenden; zum Beispiel bei einer sprach-unfähig-dementen Frau: »Stumm. Die Augen waren stumm. Gänzlich stumm. Personenlos. Sie waren auch kaum gerichtet, sodass ihre Bitte nicht ausgesprochen und doch fühlbar war. Ich weiß nicht, wie das geht mit der stummen Bitte, aber es geht.«[226] Diese kommunikationslose Kommunikation gelingt Angehörigen, Nachbarn, Pflegenden und Ärzten unterschiedlich. Vor diesem Hintergrund können wir beginnen.

1. Umprofessionalisierung der Pflegenden

Vielleicht haben von allen helfenden Berufen die Pflegenden in ihren helfenden Tätigkeiten die größte Schnittmenge mit dem, was die Bürger als Angehörige in ihren Haushalten tun. Deshalb ist auch die Grenze zwischen diesen Profis und den Bürgern besonders konjunkturabhängig wechselhaft. Zugleich grenzt sich professionelle Pflege – da methodisch reflektiert – scharf von dem ab, wozu Bürger in der Lage sind. Daher auch die Emanzipation der Pflegenden zu einer eigenen, neben der Medizin stehenden Pflegewissenschaft in den letzten zwanzig Jahren. So in der lebensweltlich-existenziellen Care des »vormedizinischen Pflegeauftrags«[227] wurzelnd, steht die Pflege zwischen der Medizin als Handlungswissenschaft und dem Handlungspotenzial der Bürger, verknüpft beide miteinander, und unterscheidet sich zugleich sowohl von der Medizin, die zusätzlich ihre Technik einbringt, als auch von den Bürgern, die zusätzlich – gerade weil nicht professionell – die Herstellung der integrativen gesunden Mischung ermöglichen.

226 Joke de Vries: Wenn der Kuckuck schreit, wird der Schinken angeschnitten. Notizen aus einem Altenpflegeheim, Komitee für Grundrechte und Demokratie, Jahrbuch 2000/2001, Aquinostraße 7-11, 50670 Köln, S. 195-226. Dieses »Aber es geht« lässt mich dringend wünschen, es müsse ein Lehrbuch für alle helfenden Berufe über diese »Kommunikation mit Kommunikationsunfähigen« geben – einzeln für alle denkbaren Konstellation, wie das geht.

227 Rainer Wettreck: »Am Bett ist alles anders« – Perspektiven professioneller Pflegeethik, Münster: LIT 2001, S. 262; der Auftrag entfaltet sich gegenüber Altespflegebedürftigen besonders originell in: Erwin Böhm: Psychobiografisches Pflegemodell nach Böhm, Wien: Maudrich 1999. Sein legendäres »Helfen mit der Hand im Sack« löste zumindest bei mir damals Anfang der 80er Jahre geradezu einen Entwicklungsschub aus und war für die Gütersloher Deinstitutionalisierung stilprägend.

Noch mehr als durch ihre Verwissenschaftlichung wird aber die Pflege durch den Prozess der Deinstitutionalisierung verändert und durch ihren dadurch abverlangten Sprung in das neue Hilfesystem. Dies bringt keine Entprofessionalisierung mit sich, wohl aber die Notwendigkeit zu einer umfassenden Umprofessionalisierung, unabhängig davon wie weit dieses neue System bereits Wirklichkeit ist oder wie weit es erst noch zu schaffen ist, nicht zuletzt erzwungen von der Zunahme der Alterskranken und chronisch Kranken. Unter diesem Aspekt stelle ich nachfolgend einige Thesen zur Umprofessionalisierung zur Diskussion, wobei ich mit der Begründung umso sparsamer bin, je mehr es sich dabei schon um Inhalte dieses Buches handelt:[228]

1. Pflege ist normalerweise ambulant.

Damit ist natürlich gemeint, dass sie immer ambulanter wird, nicht nur weil die Verweildauer in den Kliniken immer kürzer und die Heimkapazität schrumpfen wird. Die Ausnahme wird zur Regel. Um sich darauf einzustellen, ist es ganz nützlich, an die Tradition der Gemeindeschwester zu erinnern, die ab der Wende zum 20. Jahrhundert mehr oder weniger als Einzelkämpferin nur eine Chance hatte, wenn sie mit den Familien und Nachbarn zusammengearbeitet hat, vergleichbar der Figur des vormodernen Hausarztes.[229]

Die damit verbundene »mutterseelen-einsame« Verantwortung wird im Übrigen vermehrt auch den Typ des freiberuflich tätigen Pflegenden mit sich bringen;[230] um sich mit dessen Vorteilen nicht auch die Nachteile einzuhandeln, dass nämlich der Freiberufler Spielball des Marktes und damit Opfer seiner eigenen finanziellen Interessen wird, empfiehlt es sich, ihn gleichzeitig einzubinden in den klaren versorgungspolitischen Auftrag etwa eines Vereins, wie in Bielefeld beim Verein »Alt und Jung«.

228 Die folgenden Thesen stellen zum Teil eine Weiterentwicklung meines Beitrags zur pflegerischen Umprofessionalisierung dar, in: Psych. Pflege 12, S. 183-190, 2006.

229 Michael Evers: High-Tech Home Care – Optionen für die Pflege, Bern: Huber 2003, S. 45-56

230 Hans-Eugen Schulze: Die freiberuflich tätige Pflegefachkraft – ein neues Berufsbild? in: Psych. Pflege 11, S. 301-305, 2005

231 Vgl. meinen Beitrag zum Trialog in einem der ersten Hefte von Psych. Pflege 2007

2. Die Pflegesituation ist immer trialogisch.
Sie ist nie nur eine dyadische Zweierbeziehung, sondern besteht immer aus dem Hilfsbedürftigen, aus mir als dem Profi und aus mindestens einem Bürgerhelfer, egal, ob als Angehöriger, als Nachbar oder als sonst wem. Das Hinzutreten des jeweils Dritten macht die Situation weniger intim, dafür sozial verbindlicher. Fehlt in dieser trialogischen Konstellation einer, so ist er von mir mit seinen vermutlichen Wahrnehmungen und Interessen hinzuzuphantasieren.[231]

3. Erst platzieren, dann pflegen
Auch hier gilt, dass ich erst zu überlegen habe, wo ein Hilfsbedürftiger mit seinem Leben, Altern, Sterben hingehört, erst dann habe ich ihm dorthin die Hilfe zu bringen.

4. Erst volkswirtschaftlich, dann betriebswirtschaftlich denken
Ich habe stets vom gesamtgesellschaftlichen Hilfebedarf auszugehen, der immer zuerst von den Bürgern und erst danach – ergänzend – von den Profis abgedeckt wird (Subsidiarität), wobei jedes Hilfesystem immer von drei Kräften gesteuert wird: vom Staat, vom Markt und von den Bürgern.

5. Jedes Helfen ist grundsätzlich ein Bürger-Profi-Mix.
Das ist für mich ein Paradigmenwechsel vom profi- zum bürgerzentrierten Konzept. Danach kann ich – leider – nicht mehr die Bürger (als Angehörige oder Nachbarn) ins Pflegen »einbeziehen« oder gar »einbinden«, wie ich es bisher so gern getan habe, solange ich als Pflege-Profi der Nabel der Hilfs-Welt war. Vielmehr muss ich auch hier lernen, vom Anderen her zu denken; dann beziehen die Bürger mich als Profi ins Helfen ein, beauftragen mich, nehmen mich in den Dienst. Und das ist ein schmerzhafter Quantensprung in ein anderes, in das neue Hilfesystem.

6. Als Dienstleister bin ich immer zugleich »Diener« und »Leister«.
Denn nicht durch mein Leisten, sondern nur durch mein Dienen kann es zwischen dem Pflegebedürftigen und mir zu einer Beziehung kommen, die dann auch tragfähig genug ist, um mein nachfolgendes Leisten mit mehr Segen als Risiko aushalten zu können.

7. Auch im Pflegen habe ich dem kategorischen Imperativ der Solidarität zu folgen.

Danach habe ich, auch wenn mir das keineswegs immer gelingt, stets mit dem Letzten zu beginnen, bei dem es sich am wenigsten lohnt. Denn picke ich mir für meine Pflegeeinheit die sympathischeren Rosinen heraus, bin ich einmal unfair gegenüber meinen Kollegen im Heim, die das ausbaden müssen; zum anderen ist dann meine Einheit kein versorgungstaugliches Instrument und verdient keine Förderung.

8. Ich habe stets den neutralsten Träger anzustreben.

Das ist, trotz aller Einschränkungen, wegen ihrer Verpflichtung zur Verallgemeinerbarkeit, also zur Daseinsvorsorge für *alle* ihre Bürger in der Regel die Kommune. Damit kann man immer noch am besten meine gesund-egoistischen Interessen kontrollieren, die Hilfsbedürftigen marktkonform in gute oder schlechte »Kunden« zu sortieren und sie damit zur Ware zu machen, eine Gefahr, auf die ich schon bei meinem Wohlfahrtsverband als Träger aufpassen muss. In zweiter Linie kommen als Träger andere Repräsentanten der Bürgergesellschaft in Betracht wie Nachbarschaftsvereine oder auch Kirchengemeinden.

9. Meine Verantwortung als Pflegender betrifft zuerst ein Territorium (Raumpflege).

Nicht nur für einzelne Pflegebedürftige – das zwar auch –, sondern für ein bestimmtes Territorium bin ich verantwortlich und damit für alle Bürger und sonstige Ressourcen, die es dort gibt. Denn meine wichtigste Aufgabe besteht ja darin, die hilfsbedürftigen mit den helfensbedürftigen Bürgern zu verknüpfen, egal, ob es sich um Angehörige, Freunde, Nachbarn oder sonstige Bürger handelt. Tun lassen ist effizienter und auch integrationswirksamer als selber tun.

10. Die ideale Größenordnung hat der dritte Sozialraum der Nachbarschaft.

Dieser dritte Sozialraum liegt zwischen den Sozialräumen des Privaten und des Öffentlichen, ist trotz der Übergänge in die beiden anderen eigenständig, weil verantwortlich für den überdurchschnittlichen Hilfebedarf, wenn der einzelne Haushalt an seine Grenzen stößt, für Alleinstehende, die gar keine Angehörigen haben, und für die fußläufige Erreichbarkeit all dessen, was man zum Leben braucht, für Gebrechliche und andere in der Beweglichkeit Eingeschränkte – und damit für die Kultur der Nachbarschaft. Er umfasst, sehr unterschiedlich, etwa den Einzugsbereich einer Grundschule oder ein oder zwei (ökumenischer) Kirchengemeinden, nämlich den »Wir-Raum«, als den Raum, der eindeutig begrenzt und so klein ist, dass die Bürger sich die Kraft zutrauen, sich wenigstens hier für alle dort lebenden Menschen zu engagieren, einschließlich derer, etwa der Behinderten, der Alten und der Migranten, die man sonst ausgrenzt. Nur für ihren dritten Sozialraum sind die Bürger helfensbedürftig, weil sie nicht nur Selbstbestimmung, sondern auch eine Tagesdosis an Bedeutung für Andere brauchen. Nachbarschaft ist der Sozialraum der gesunden Mischung und damit der Integration.

11. Nur in der Nachbarschaft ist Profi- und Bürgerengagement synchronisierbar.
Daher stehe ich als Pflegender nur hier im Dienst aller Bürger. Da die Bürger ihrerseits sich nur hier für alle, auch die sonst Ausgegrenzten, engagieren können, bin ich als Profi nur glaubwürdig, wenn ich das hier auch tue. Während ich mich auf höheren Ebenen mit großräumiger Zuständigkeit zu institutionalisieren und zu spezialisieren gewohnt bin, muss das aus diesem Grund auf der Ebene der Nachbarschaft, des Viertels, der Dorfgemeinschaft entfallen; hier sind Deinstitutionalisierung und Entspezialisierung angesagt. Daher habe ich etwa mit meinem ambulanten Pflegedienst in diesem dritten Sozialraum alles zu pflegen, was es gibt, sei es in den einzelnen Haushalten oder sei es in der Verdichtungszone meiner ambulanten Nachbarschafts-Wohnpflegegruppe (inkl. Intensivpflege), die nur dadurch von allen Bürgern als ihr »Pflegeherz« wahrgenommen werden kann. Fehlt mir für einen Einzelfall Spezialwissen, so bleibt auch dieser Bürger, wo er hingehört; vielmehr habe ich mir von außen so lange Spezialwissen einzukaufen, bis ich auch darin kompetent bin, zumal spezialisierte Monokulturen stets beziehungstötend sind, deren Nachteile also ihre Vorteile überwiegen. Für mich als Profi besteht daher für meinen dritten Sozialraum Pflicht- oder Vollversorgung.

12. Als Pflegender habe ich für die Bürger** ohne **mehr Zeit als für die Bürger** mit **Hilfebedarf zu verausgaben.

Denn zum Erreichen des gemeinsamen Ziels der Integration aller, wo die Bürger, mit möglichst wenig Profi-Beistand, ihre Beziehungen selbst regeln, haben die Bürger ohne Hilfebedarf den sozial längeren Weg zurückzulegen, da dieser nur gegen den Widerstand des (noch) herrschenden Modernisierungstrends der Entlastung durch Profis zu gehen ist.

Schon deshalb wäre – wie in der Jugendhilfe vorgemacht – die Einzelfallfinanzierung, auch das persönliche Budget, in die Pauschalfinanzierung eines Sozialraumbudgets einzubetten, da sie mir als Pflegeprofi die größtmögliche Freiheit lässt, wann und wo und wofür ich mein Geld und damit meine Zeit verausgabe, mit dem Letzten beginnend.

13. Meine Weiterbildung zur »Familien-Gesundheitsschwester« ist angezeigt.[232]

Das liegt nahe, weil die kleinste sozial tragfähige Einheit für alle Pflegebedürftigen nie die Familie allein, sondern stets die Einheit Haushalt+Nachbarschaft ist. Eine solche Familienorientierung (auf dem Weg zur Wiederentdeckung der Gemeindeschwester?) tut mir als Pflegendem auch deshalb gut, weil ich dadurch von dem gewohnten Starren auf den isolierten Einzelfall wegkomme und meine Wahrnehmung dafür geschärft wird, dass ich es in jedem Fall stets mit der Verknüpfung mehrerer Menschen – trialogisch – zu tun habe. Ähnlich kommen die Hausärzte dazu, sich zunehmend Familienärzte zu nennen.

14. Zukunftsfähigkeit bedeutet mit der Deinstitutionalisierung auch Machtverlust.

Wie alle Menschen lieben auch Pflegende den Machtgewinn, zumal wenn man sich einen »helfenden« Beruf ausgesucht hat, weil man dort erwarten kann, dass man es mit Menschen im Zustand der Hilfsbedürftigkeit und damit der Schwäche zu tun hat, die »unter mir« stehen. Deshalb gelingen mir Schritte der Deinstitutionali-

232 Etwa nach dem Konzept und Curriculum der Weltgesundheitsorganisation, Regionalbüro Europa, 2000, ISBN 9289011777

sierung nur im Maße meiner Bereitschaft, mit der nun anstehenden Verteilung der Lasten auf mehrere Schultern auch Macht zu verteilen und abzugeben und daran auch noch Gefallen zu finden. Kommt erschwerend hinzu, dass dies ein Prozess ist, mit dem ich nie ans Ende komme, weil ich stets dazu neige, alles, was ich tue, auch schon wieder zu standardisieren und danach zu institutionalisieren. (So sind heute schon einige kleine ambulante Wohnpflegegruppen, durch ihre sicherheits- und machtbedürftigen Träger missbraucht, zu Kleinstheimen missraten.) Gegen diese Wahrscheinlichkeit unserer Schwerkraftsabhängigkeit müssen wir ständig aktiv angehen. Hoffnungsvoll ist, dass uns der Sprung ins neue Hilfesystem geradezu dazu zwingt, uns ständig kritisch in Frage zu stellen und uns dadurch zukunftsfähig zu machen. Ein Beispiel für Machtverzicht besteht auch darin, dass ich in meiner pflegerischen Einheit direkt oder indirekt auch psychisch Kranke, Lernbehinderte oder Bürger im dritten Lebensalter als Helfende beschäftige (vgl. die Beispiele Schwandorf, Bad Marienberg, Essen, Minden oder die »Weiße Feder« in München).[233]

15. Die Pflege-Kollegen in den Heimen sind Bündnispartner. Die Zeiten sind vorbei, wo man sich naserümpfend von den »rückständigen Heimen« wohltuend abheben konnte, zumal diese in dem heutigen Mischsystem ohnehin den schwersten Job zu tun haben. Aber mit dem Quantensprung ins neue Hilfesystem sind auch die ambulanten Pflegeprofis, mit gewachsenem Selbstvertrauen, aufgefordert, sich mit den Heimen, Behinderten- wie Pflegeheimen, zu solidarisieren, sie dort abzuholen, wo sie sind, um sich untergehakt mit ihnen gemeinsam auf den dritten Weg zu machen, auf den alternativlosen Weg der Ambulantisierung, der Deinstitutionalisierung, der Vernachbarschaftlichung und damit der Resozialisierung, der

233 Zur Machtfrage Ute Warland: Aspekte von Macht und Ohnmacht des ambulanten Pflegesektors in der Bundesrepublik Deutschland, Diplomarbeit zur Pflegewirtin 2002, Ev. Fachhochschule Berlin, Teltower Damm 118, 14132 Berlin. Im Übrigen können wir davon ausgehen, dass unsere nun vermehrte Kontrolle durch die Bürger normaler und vielleicht auch wirksamer ist als die heute ausufernden Fremdkontrollen bürokratischer Art.

Reintegration und der Normalisierung insbesondere auch des Alterns und des Sterbens, damit es stattfinden kann, wo es hingehört. Das Bündnis in Bielefeld zwischen dem Verein »Alt und Jung« und dem Ev. Johanneswerk macht uns das vor.

Natürlich sind diese meine Thesen zu korrigieren, zu erweitern und zu operationalisieren, bis sie für ein Curriculum tauglich sind. Bei alledem können wir uns mit der prinzipiellen Unbekanntheit der Zukunft trösten: bei alledem, was wir heute gut finden, können wir sicher sein, dass wir schon morgen viel geeignetere Wege finden werden – wenn wir uns nicht institutionalisieren, sondern dafür offen halten.

2. Umprofessionalisierung der Ärzte

Die meisten Pflege-Thesen gelten – direkt oder abgewandelt – auch für alle anderen helfenden Berufe. Daher will ich mich hier auf ein paar Besonderheiten bei den Ärzten hinsichtlich der Frage beschränken, wie sie mit dem Sprung vom alten ins neue Hilfesystem umgehen und welche Umprofessionalisierungserfordernisse sich daraus für sie ergeben. Vorab ist schon mal zu vermuten, dass die Marktsteuerung, trotz ihres nachweisbaren Versagens, für die Ärzte besonders verführerisch ist, sodass sie die Gefahr verkennen, zu bloßen Gewerbetreibenden zu werden, nur als Beispiel daran ablesbar, dass in vielen Praxen vor allen in den Städten der Igel-Kaufladens-Anteil (»Individuelle Gesundheitsleistungen«) zunehmend größer wird. Auch ist davon auszugehen, dass der Wechsel vom profi- zum bürgerzentrischen Paradigma und die Anerkennung des Umstandes, dass helfende Tätigkeiten sich grundsätzlich und zunehmend als Bürger-Profi-Mix darstellen, für Ärzte eine noch größere Provokation ist als für andere Profis. Und dies obwohl die Ärzte – wie die Pflegenden auf die Gemeindeschwester – als lehrreiches historisches Modell auf die Ärztevereine der Mitte des 19. Jahrhunderts zurückgreifen können, als sie sich erstmals für die Schwächsten und Letzten im kommunalen Sozialraum engagierten und sich so zu einem wichtigen Bestandteil der solidaritätsorientierten Bürgerbewegung der damaligen Zeit machten. Von daher könnten sie wissen, wie vital wichtig es auch für sie ist, den Anschluss an die gegenwärtige neue soziale Bürgerbewegung nicht zu verlieren.

Aber schon der Umgang der Ärzte mit den drei großen menschheitsgeschichtlich neuen Bevölkerungsgruppen ist bisher nicht sonderlich gelungen und erweist sie als umprofessionalisierungsbedürftig, zusätzlich mit der historischen Hypothek belastet, dass es noch vor hundert Jahren Standesbewusstsein war: der Arzt, da er fortschrittsüberzeugt vor allem zum Heilen da sei, habe sich von Sterbenden und auch von chronisch Kranken, als Unheilbaren, zurückzuziehen.

So hat die Medizin die dramatische Zunahme der chronisch Kranken, obzwar durch ihren eigenen Fortschritt bewirkt, noch keineswegs auch nur zur Kenntnis genommen, sie ist vielmehr immer noch im Kern eine Akut-Medizin. Es fehlt bis heute eine ausformulierte Chronisch-Kranken-Medizin, die dem Unterschied – salopp gesagt – Rechnung trägt, dass an der Akut-Krankheit auch noch ein Mensch hängt, während die chronische Erkrankung weitgehend der Mensch selbst ist[234], den der Arzt auf seinem schwierigen Lebensweg, notfalls lebenslang, hartnäckig durch Höhen und Tiefen, mitunter auch gegnerschaftlich, zu begleiten hat.

Ähnlich ist es mit den Alterskranken und Dementen, in deren Dienst die Ärzte oft weniger stehen als im Dienst der Pharmaindustrie: »Wenn sich heute viele Nervenfachärzte, Geriater, und Patientenverbände dafür stark machen, Alzheimer-Patienten zwingend mit sogenannter Cholinesterasehemmern medikamentös zu versorgen, dann sollte ... die Frage gestellt werden dürfen, ob diese mit einem offenkundig nur sehr geringen Nutzen verbundene Investition angesichts eklatanter Defizite in der Pflege bzw. der Pflegeunterstützung für diese Patientengruppe nicht besser dort getätigt würde.«[235] Solche als Antidementiva angepriesene Medikamente sind zwar für eine unbedeutend kurze Zeit nicht ganz unwirksam, aber gemessen am Demenzschicksal hier überhaupt von Wirkung zu sprechen, ist eher irreführend.

Ähnlich wenig selbstkritisch wird bedacht, dass Neuroleptika das Sterberisiko erhöhen können, dass schon bei psychisch gesunden Alten die häufig eingesetzten Medikamente mit anticholinerger Wirkung geistige Störungen im Werte der Alzheimer-Vorstufe bewirken können, dass jeder zehnte Alte sieben oder mehr Medikamente bekommt, was um so gefährlicher ist, als Nebenwirkungen heute schon die fünfthäufigste Todesursache darstellen, sodass Jan Wojnar, einer der erfahrensten Geriater, empfiehlt: »Ärztliche Behandlung und Apparatemedizin nur dann, wenn unbedingt nötig«, im Übrigen schon gar nicht zu Forschungszwecken.[236] Dass die Angehörigen/Nachbarn mehr – auch ärztliche – Zeit brauchen als die Dementen, ist auch noch weitgehend unbekannt. Und selbst wo neu-

234 Hierzu und zum Folgenden Klaus Dörner: Der gute Arzt a.a.O.

235 Norbert Schmacke: Grenzen der Machbarkeit von Gesundheit, in: Medizinische Klinik 101, S. 430, 2006

236 Jan Wojnar: Wo liegen die Grenzen bei Forschung an Dementen? in: Hamburger Ärzteblatt, Heft 2, S. 104, 2006

erdings mit Recht die Palliativmedizin ausgebaut wird, geschieht dies fälschlich mehr stationär, also mehr im Interesse der jeweiligen Institution, als ambulant, daran orientiert, wo die Hilfsbedürftigen hingehören. Außerdem ist auch in dieser medizinischen Neuerung gleich schon ein gefährlicher, weil imperialistischer Keim eingebaut, insofern konzeptuell verkündet wird, ärztliches Tun unterscheide sich jetzt nur noch nach »kurativ« und »palliativ«, sodass Letzteres nun auch gleich schon zuständig für alle Chronischen, Unheilbaren sei, was zum Beispiel die Ärzte der Züricher Pflegeheime dazu ermutigt, bei Dementen, weil chronisch krank, unter Umständen eine Lungenentzündung gar nicht mehr zu behandeln, sie also als Sterbende ansehen.[237] Und auch im Verhältnis zur Hospizbewegung kann sich die Palliativmedizin imperialistisch auswirken, wenn man davon ausgeht, dass die Palliativmediziner die Spezialisten sind, in deren Dienst die Hospiz-Bürgerbewegung nur noch »eingebunden« ist.[238] Dagegen sind medizinisch-umfassende Konzepte zum Verständnis der Demenz, von der molekularbiologischen bis zur psychoanalytischen Sichtweise, beide integrierend, durchaus schon vorhanden, aber noch wenig wirksam.[239]

Auf das besonders fatale Konstrukt der Neo-psychisch-Kranken und die damit verbundene Verkennung gerade vieler helfensbedürftiger Bürger ist schon mehrfach hingewiesen worden, auch darauf, dass dieses Kunstprodukt der sich inflationär »psychisierenden« Medizin nachgerade ein Produkt ihrer eigenen Verbetriebswirtschaftlichung darstellt. Wenn in einer großen Meta-Analyse allen Ernstes behauptet wird, dass 27% der Europäer jährlich und mehr als 50% wenigstens einmal im Leben wegen einer psychischen Störung mit Psychopharmaka und Psychotherapie behandlungsbedürftig sei (vor vierzig Jahren schätzte man dies allenfalls für 5% ein), damit sie nicht chronisch krank würden,[240] während in Wirklichkeit eher die

237 Stadtärztlicher Dienst, Walcher Straße 31/33, CH-8035 Zürich

238 Deutsche Gesellschaft für Palliativmedizin, Von-Hompesch-Straße 1, 53123 Bonn: Ambulante Hospiz- und Palliativ-Zentren, Januar 2006

239 zum Beispiel Joachim Bauer: Psychobiologie der Alzheimer-Krankheit: Wirklichkeitskonstruktion und Beziehungsgestaltung, in: Thure von Uexküll u. a.: Integrierte Medizin, Stuttgart: Schattauer 2001

240 European Neuropsychopharmacology 15, S. 357-376, 2005

Diagnose und die Behandlung chronifizierend wirken, dann ist dies ein besonders schlimmer Beweis dafür, dass die Wissenschaft an sich, auch wenn sie immer schon interessenbedingt irrtumsanfällig war, heute ihre bisher wichtige gesellschaftsstabilisierende Funktion weitgehend verloren hat, da vollends von Marktinteressen getrieben. Wir können es hier damit bewenden lassen.

Für den Umprofessionalisierungsbedarf der Ärzte ergibt sich daraus, dass sie künftig nicht nur die Hilfsbedürftigkeit, sondern auch die Helfensbedürftigkeit der Patienten-Bürger zu sehen und zu berücksichtigen haben. Dazu würde auch gehören, dass die Ärzte sich weniger an die »Kunden«-Wünsche, sondern wieder mehr in ihrem Handeln an das binden würden, was ihnen früher das Heiligste war, nämlich die ärztliche Indikation, zumal Verstöße dagegen immer noch strafrechtlich verfolgt werden, weil die Indikation selbst gegenüber dem Selbstbestimmungsrecht des Patienten – vom Gemeinwohl her – immer noch das höhere Rechtsgut sei. So hat Albin Eser darauf hingewiesen, dass die Maßgeblichkeit der »Indikation« und der »Kunstgerechtheit« ärztlichen Handelns den Willen des Patienten »hinter das Vertrauen auf die ärztliche Professionalität zurück(treten) lässt mit der Folge, dass der Individualschutz durch gesellschaftliche Interessen (an einer Integrität des Ärztestandes) ... überlagert wird.«[241]

Es versteht sich, dass zum Umprofessionalisierungsbedarf der Ärzte – ähnlich wie bei den Pflegenden –, insbesondere um den drei neuen Bevölkerungsgruppen gerecht zu werden und um damit Anschluss an das neue Hilfesystem zu finden, weiterhin gehört: einmal das trialogische Denken (auch jede ärztliche Situation besteht aus Profi, Hilfsbedürftigem und Bürger, egal, ob als Angehöriger oder Nachbar); zum anderen die Befolgung des Solidaritäs-Imperativs, vom Letzten her zu beginnen (damit das inverse care law nach Hart wenigstens weniger häufig zutrifft, s. Fußn. 38a); zum Dritten das »erst platzieren, dann kurativ oder Chroniker begleitend oder palliativ tätig werden«; und schließlich vielleicht vor allem die territoriale

241 nach Gunnar Duttge: Zum Unrechtsgehalt des kontraindizierten ärztlichen »Heileingriffs«, in: MedR, Heft 12, 2005, S. 706-711

Umdefinition auch der ärztlichen Verantwortung auf den dritten Sozialraum der Nachbarschaft hin, um Profi- und Bürger-Helfen synchronisieren und damit künftig handlungsfähig sein zu können. Dazu gehört auch noch der Verzicht auf den (heute zwar fast ausgeträumten) Wunschtraum der Moderne, Gesundheit unendlich steigern zu können; denn Gesundheit – als ein Mittel, nicht als ein Zweck – lässt sich nicht aktiv anzielen, weshalb wer schon gesundheitsbewusst lebt, nicht mehr gesund ist; sie ist vielmehr das »selbstvergessene Weggegebensein an die Vollzüge meines Lebens«[242] (womit natürlich nichts gegen eng begrenzte Präventionsprogramme gesagt ist).

Nun ist Umprofessionalisierung nur aussichtsreich, wenn die Ärzte auch ohnehin in der Breite – wenn auch nicht sprunghaft – auf dem Weg in das neue Hilfesystem sind. Und dafür gibt es Signale!

1. Das neue Modell der »Integrierten Versorgung« ist vielerorts unterwegs und verbessert, wenn man das will, die Chancen der Zusammenarbeit von Bürgern und Ärzten, so zum Beispiel vom Gemeinchaftskrankenhaus Herdecke aus, mit der Aussicht auf ein regionales Budget.[243]
2. Für das ebenfalls neue Modell der »Medizinischen Versorgungszentren« gibt es inzwischen 490 Beispiele; darin sind von insgesamt fast 2000 Ärzten fast 1200 im Angestelltenverhältnis tätig und haben so zumindest eine größere Chancen, ihr Zeitbudget so aufzuteilen, dass sie mit den Letzten, also mit dem größten Hilfebedarf, beginnen.
3. Die medizinische »Versorgungsforschung« zur Frage, was vom ärztlichen Tun überhaupt beim Patienten ankommt, ist – erstaunlicherweise – erst jetzt entdeckt worden, hat sich aber in kurzer Zeit wirksam organisiert.
4. Das Potenzial der auch politischen Beteiligungsrechte der Bürger (Patienten) bei der Steuerung des neuen Hilfesystems wird zunehmend besser ausgeschöpft und auch rechtlich ausgelotet.[244]

242 Gadamer a.a.O.

243 Hartmut Vehse u. Peter Zimmermann: Aufbau der regionalen populationsgestützten Integrierten Versorgung Herdecke, Stand 16.6.2004

244 Robert Francke u. Dieter Hart: Bürgerbeteiligung im Gesundheitswesen, Baden-Baden: Nomos 2001

5. Der Behinderten-Beauftragte der Bundesregierung hat in Abstimmung mit sämtlichen Wohlfahrtsverbänden eine – das ist wohl einmalig – »integrationsorientierte Gesundheitsreform« speziell aus der bisher vernachlässigten Sicht »chronisch kranker und behinderter Menschen« angemahnt.[245]

6. Die Hausärzte haben seit 1980, gerade auch gegenüber den Spezialärzten, an Bedeutung und Handlungsmöglichkeiten so gewonnen, wie seit 100 Jahren nicht mehr. Sie definieren ihre Verantwortung stärker territorial, schöpfen die Ressourcen ihres dritten Sozialraums aus, »verkuppeln« zunehmend Hilfsbedürftige und Helfensbedürftige und bilden sich verstärkt zu Familienärzten weiter, wobei sie an die Tradition des vormodernen Hausarztes und der kommunal-solidarischen Ärztevereine anknüpfen.[246]

7. Die psychiatrische Abteilung am Kreiskrankenhaus Itzehoe hat mit den Krankenkassen ein regionales Budget vereinbart – mit faszinierenden Folgen; denn jetzt können alle dort Tätigen, bei Abbau der meisten Fremdkontrollen, ihr Geld und damit ihre Zeit so verteilen, dass sie mit den Letzten beginnen, sodass, wenn für die am wenigsten Hilfsbedürftigen nichts mehr übrig bliebe, diese – theoretisch ausgedrückt – von selbst auch noch davon profitieren würden. Und

8. fand am 8.6.2005 in Freiburg ein vielleicht historisches, jedenfalls für das neue Hilfesystem mutmachendes Ereignis statt: Sechzig »patientenorientierte Hausärzte Südbaden« luden Bürger zu einer öffentlichen Veranstaltung mit Flugblättern ein: »Aufruf zur Einmischung. Medizin soll den Menschen dienen, nicht dem Markt. Warum die derzeitigen Hausarztmodelle den Patienten schaden. Für ein Bündnis von Ärzten und Patienten«. Hier ging es als Aufhänger erst mal darum, dass die gängigen Qualitätsbegriffe für Hausärzte

245 Beauftragter der Bundesregierung für die Belange behinderter Menschen: Eckpunktepapier für eine integrationsorientierte Gesundheitsreform aus Sicht chronisch kranker und behinderter Menschen, Berlin, 2002

246 So hat Renate Schernus in: Hausärztin im Kiez. Porträt der Anna B. (Bonn: Psychiatrie-Verlag 2002) erzählt, wie eine Ärztin einzelne Gruppen ihrer Patienten so miteinander verstrickt, dass sie sich gegenseitig zu Bedeutung für Andere verhelfen. Und Gernot Rüter (Blumenstraße 11, 71726 Benningen) berichtet, wie Hausärzte ihre chronisch Kranken nachweisbar besser versorgen, wenn sie in einem Qualitätszirkel sich gegenseitig helfen, die schlechte »compliance« nicht, wie gewohnt, den Patienten anlasten, sondern bei sich selbst suchen.

nur die betriebswirtschaftliche Standardisierung beabsichtigen, mit der wirklichen Qualität des Umgangs mit der Einmaligkeit des jeweils unvergleichbaren Patienten nichts zu tun haben. Am Schluss der Veranstaltung diskutierten die etwa 300 Bürger mit den Ärzten zum Beispiel aber auch, ob nicht in gemeinsamer Anstrengung, etwa an jede Hausarztpraxis angelehnt, eine ambulante Nachbarschaftswohnpflegegruppe für Demente und anders Pflegebedürftige des jeweiligen Stadtviertels zu schaffen sei.[247]

Zum Schluss ein Vorschlag für eine praktische Übung: Machen Sie sich den Spaß und schlagen Sie Ihrem Hausarzt oder Ihrem Krankenhaus vor, man solle ins Wartezimmer oder in die Eingangshalle ein Poster mit der Aufschrift hängen: »Hier erfüllen wir keine Wünsche, dafür übernehmen wir Verantwortung«. Auf die verdutzten Gesichter Ihrer Gegenüber hin können Sie noch hinzufügen, dass dies als Maßnahme gedacht sei, durch die sie nicht etwa Patienten verlieren, sondern gewinnen würden. Zumindest leisten Sie dadurch Entwicklungsarbeit für die Phantasie Ihrer Ärzte, den Unterschied zwischen dem alten und neuen Hilfesystem besser erkennen zu können.

3. Deinstitutionalisierung der Heime

Inzwischen können wir auch die Frage stellen: Wie kommt »Helfen« überhaupt zustande? Zunächst scheint mehr oder weniger jeder Mensch mit einem Impuls, Instinkt, Sinnesorgan (genetisch?) ausgestattet zu sein, die sprechenden Augen eines hilfsbedürftigen Anderen auf sich zu beziehen, sich zur Antwort aufgefordert, zur Ver-Antwortung gezogen zu sehen, was natürlich keineswegs heißt, dass ich, auch wenn ich den Stachel spüre, dieser Forderung auch folge. Die Wahrscheinlichkeit hierfür ist in den drei Sozialräumen unterschiedlich. Im familiären Haushalt funktioniert das zwar nicht immer, aber meistens – und oft auch im Übermaß. Warum? Weil es

247 Klaus Dörner: Medizin als Menschendienst statt als Marktdienstleistung, in: Berliner Medizinethische Schriften, Heft 57, Berlin: Humanitas 2005

sich so gehört! Reicht das nicht aus und ist daher der dritte Sozialraum angefragt, spüre ich als Nachbar den Stachel zwar auch noch, aber meistens nur mäßig, weniger selbstverständlich, sodass mir häufiger Gründe einfallen, weshalb ich den Anspruch des Anderen unbeantwortet lasse. Allerdings ist hier in der Nachbarschaft das Spektrum auch sehr breit, reicht von der »umsonst« gegebenen Gabe bis zum Tausch, der irgendwie eine Gegenleistung erwartet. Nachbarschaft ist eben in jeder Beziehung eine Zwischenzone, eine Mischzone.[248] Für den Mischcharakter dieses Sozialraums spricht eine zunächst merkwürdige Konstellation, durch die man aber das Maß an Nachbarschaftssolidarität methodisch und wirksam steigern kann: In aller Regel wird heute ein ernsthaft Hilfsbedürftiger sich eher die Zunge abbeißen, als einen Nachbarn anzusprechen. Diesem Nachbarn aber wird es ähnlich gehen. Er wird sich sagen: »Wie komme ich dazu, auf den Anderen zuzugehen, wenn ich nicht angesprochen werde? Das wirkt ja aufdringlich, ist fast ein unsittlicher Antrag!« Kommt aber ein unbeteiligter Dritter dazu und ermutigt stellvertretend erst den Nachbarn, dann vielleicht auch noch den Hilfsbedürftigen, dann ergibt sich in dieser trialogischen Figur sehr viel häufiger eine helfende Beziehung, als dies in der unmittelbaren, intim-schamhaften, dyadischen Beziehung möglich gewesen wäre. Was nun den öffentlichen Sozialraum angeht, so haben wir im Zuge der Modernisierung einen großen Teil des gerade schwierigeren Helfens in die Institutionalisierung und Professionalisierung hochgezont, den Bürgern weggenommen. Die damit einhergehende Verallgemeinerung der Hilfsangebote und die Umstellung der Solidarität auf eine Finanzierungsgemeinschaft machten aus dem Anspruch der sprechenden Augen einen Rechts-Anspruch jedes Einzelnen (ich habe dafür Steuern/Beiträge bezahlt), dem die Institutionen und Profis zu entsprechen hatten, wodurch eine viel größere Versorgungssicherheit entstand, auf die wir – als bleibender Gewinn der Moderne – nicht wieder verzichten wollen, allerdings

248 Im Dienst des Gesundheitsamts Hamburg-Altona habe ich gar nicht mal so selten Situationen wie die folgende erlebt: Ein junger Mann war so psychisch krank, dass er seine Wohnung nicht mehr verließ. Folge oder Antwort: Die Nachbarn stellten ihm täglich Essen vor die Wohnungstür – zwei Jahre am Stück. Warum? »Weil es sich so gehört!« War das noch »mäßig« oder schon »Übermaß«?

ohne die beiden Nachteile dieses Prozesses, nämlich die Schädigung von Menschen durch ihre Institutionalisierung einerseits und durch ihre zu weit gehende Entlastung vom Helfen andererseits.

Dieser doppelte Nachteilausgleich scheint – durch *eine* Veränderung – auch erreichbar zu sein, wenn wir unser Hilfesystem so weiterentwickeln, dass wir die Menschen nicht mehr zu den Hilfen, sondern die Hilfen zu den Menschen bringen, wo sie hingehören. Und das gelingt im Wesentlichen einmal durch die möglichst weitgehende Ambulantisierung der Profis, zum anderen durch ihre Verknüpfung mit dem wiederbelebten Helfensbedürfnis der Bürger im dritten Sozialraum zu einem Bürger-Profi-Mix und schließlich durch eine möglichst weitgehende Verüberflüssigung der Institutionen, zumindest soweit sie dauerhaft versorgender Art sind, also vor allem der Heime.

Vor diesem komplexen Hintergrund ist die Situation der Verantwortlichen für die Heime fast unmöglich, jedenfalls wenig beneidenswert, was ich selbst als langjähriger Leiter eines Großheims nur zu gut nachempfinden kann. Wie kann ich »mutwillig« an der Deinstitutionalisierung meines Heims aktiv mitwirken und wie kann ich emotional Abschied nehmen von meinem Heim, dessen Vergrößerung oder zumindest dessen Jubiläen ich mit den Mitarbeitern voll berechtigten Stolzes bisher gefeiert hatte? Ohne tief greifende Trauerarbeit ist das nicht zu haben, auch wenn ich mich noch so oft rational zur Ordnung rufe, dass ich nicht nur betriebswirtschaftlich, sondern auch volkswirtschaftlich und gesamtgesellschaftlich zu denken hätte. Dabei ist die Entwicklung so rasant, dass innerhalb weniger Jahre zumindest bei den Behindertenheimen mehr oder weniger allen klar geworden ist, dass es zur Deinstitutionalsierung keine Alternative gibt, wenn etwa Klaus-Dieter Kottnik schreibt: »Langfristig dürfen stationäre Einrichtungen nicht mehr als solche geführt werden.«[249] Daher dürfte diese Entwicklung auch bei den Pflegeheimen nur eine Frage der – allerdings längeren – Zeit sein.

249 In: Orientierung, Heft 4, 2003

Dafür spricht es etwa, dass einem Heimleiter auf seine Frage, wie sein Belegungsrückgang zu stoppen sei, von einem Experten nur ziemlich hilfslos das Marketing empfohlen wird, sich von anderen Wettbewerbern abzugrenzen, auf die tolle Raumausstattung, die einzigartige Lage, pflegerische Spezialisierung, hospizähnliche Sterbebegleitung, schnellste Verfügbarkeit von Pflegeplätzen, preisliche Wettbewerbsvorteile hinzuweisen, wobei dies Marketing alle paar Jahre verändert werden müsse.[250]

Aber noch unmöglicher wird für mich als Heimleiter der Spagat, gleichzeitig an der Verbesserung meiner Einrichtung und an pragmatisch-reformfreudigen Schritten zu ihrer Flexibilisierung und Ambulantisierung zu arbeiten und dabei obendrein die Gesamtentwicklung des Heims zu beobachten, die irgendwann, schon wegen der Gefahr der »Konzentration der Unerträglichkeit« nach vielen kleinen quantitativen Schritten in einen qualitativen Sprung umschlagen wird, der auch die Schließung meiner Einrichtung zur Folge haben kann. Hier soll es uns vor allem um eben diese vielen kleinen pragmatischen Schritte gehen, in die man die große Entwicklung täglich zu konkretisieren hat, wobei die Pflegeheime stets auch von den Behindertenheimen, wegen deren Entwicklungsvorsprungs, zu lernen haben.

So rät Kottnik (a.a.O.), dass für Sanierungen künftig Multifunktionalität geboten sei, damit die Gebäude auch für andere Zwecke (Großfamilien, generationsübergreifendes Wohnen) nutzbar seien; jeder habe also nicht mehr, wie bisher, nur an *seine* Betreuten-Gruppe, sondern an alle Gruppen der Normal-Bevölkerung zu denken. Auch lobt er das Rheinland, wo die Kostenträger die Personalintensität für das ambulante betreute Wohnen bis zum Schlüssel von 1:3 ausgeweitet haben, weil dadurch der – ohnehin überholte – Unterschied zwischen ambulant und stationär zunehmend hinfällig würde. »Fließmodell« nennt daher auch ganz bewusst Jürgen Fiedler sein Kleinheim, durch das er sein ehemaliges Großheim Altendorf

250 Adresse: Am Karbel 61, 09116 Chemnitz

überflüssig gemacht hat und das nur aus flexiblen Kleinsteinheiten besteht, mit denen er das gesamte Spektrum von der potenziell geschlossenen Unterbringung bis zur ambulanten Betreuung abdecken kann.[251]

Bei geeigneter kommunal-integrierter Lage können Heime durch Vernetzung in ambulante Aktivitäten, auch Anbindung an Kirchengemeinden usw., sich von ihrem monolithischen Festungscharakter befreien, während sie »auf der grünen Wiese« diesbezüglich nicht zu retten und eher aufzugeben sind. Von Kliniken (Kreiskrankenhaus Heidenheim, Gemeinschaftskrankenhaus Herdecke) ist die Funktion der »Brückenschwestern« zu lernen, die Menschen bei der Ambulantisierung so lange begleiten, bis sie dort angekommen sind, wo sie sich hingehörig erleben.[252] Hier erfahren die Pflegenden, wie sie zugleich sich und Andere ambulantisieren. Das Pflegeheim »Haus am Kappelberg« in Stuttgart-Fellbach betreibt die »Verfließung« mit seinem Viertel auch durch Ausgründung einer ambulanten Wohnpflegegruppe, hier auch noch dem Normalisierungsprinzip besonders vorbildlich folgend: als normale Doppeletage in einem normalen Mietshaus.[253] Im Kreis Herzogtum Lauenburg, wo in den letzten Jahren die – nächst Bielefeld – größte Besiedlungsdichte mit ambulanten Haushaltsgemeinschaften zustande gekommen ist, kann man sich die komplementäre Weiterentwicklung der Pflegeheime zu kommunal-integrierten ambulant-stationären Dienstleistungszentrum vorstellen.[254] Wenn in Berlin den Pflegeheimen nun erlaubt wird, bei Leerstand auch ältere geistig Behinderte aufzunehmen, kann man nach dem alten Hilfesystem den Protest der Behindertenverbände verstehen, jedoch nach dem neuen Hilfesystem wäre auch folgende Konzeptentwicklung denkbar: Je stadtteilintegrierter und je kleiner ein Pflegeheim, desto eher könnten

251 Adresse: Am Karbel 61, 09116 Chemnitz

252 Wenn Patienten auf Wunsch zum Sterben nach Hause begleitet werden, hat man in Heidenheim die Erfahrung gemacht, dass sie dann auch in der Regel kurz darauf sterben, als ob sie darauf gewartet hätten.

253 Norbert Mätzke: Daheim statt im Heim, Blätter der Wohlfahrtspflege 5: 187-190, 2004

254 zum Beispiel Matthias Heißler, Johanniter-Krankenhaus, Am Runden Berge 3, 21502 Geesthacht

dort entspezialisiert Pflegebedürftige aller Art aufgenommen werden – nach dem Prinzip der gesunden Mischung mit Vorteilen für alle. Man kann auch von einem »dezentralisierten« Heim sprechen, wenn, über das ganze Kreisgebiet Gütersloh verteilt, in zwölf Wohnungen oder Häusern familienähnlicher Größe die besonders schwierigen, verhaltensgestörten, geistig Behinderten der Region wohnen und von dort aus tagsüber vor allem in Zuverdienstfirmen zur Arbeit gehen.[255]

Eine Sammlung von Beispielen der Fortentwicklung sozialpsychiatrischer Heime[256] ist lehrreich, wenn zum Beispiel in Hamburg-Eilbek an die Stelle des bisherigen Heims eine Reihe von Einzelappartments treten, von einem Stützpunkt aus ambulant betreut, oder wenn in Hamm sechs unscheinbare Reihenhäuser den »Kontrapunkt« darstellen, wobei in fünf Häusern je vier psychisch Kranke im Heimstatus leben, während das sechste Haus für die betreuenden Profis da ist, die somit optisch nur noch als Nachbarn erlebt werden, die allerdings, weil sie die nächsten Nachbarn sind, mehr verdienen als andere entferntere Nachbarn. Vor allem Pflegeheime verraten nicht selten – nach der Lektüre ihrer Glanzpapierwerbebroschüren –, dass sie noch nur »modern« sein wollen, also noch im alten Denken verharren, wenn sie etwa schreiben, dass sie Angehörige »einbinden«, wo diese doch ihre Auftraggeber sind, dass sie Arbeit »bieten«, wo man mit Arbeit doch nur lästigerweise belastet werden kann, dass sie jede Konfrontation »vermeiden« wollen, wo das doch zur Alltagswelt jedes Menschen gehört, und dass sie professionell »biografisch« arbeiten, wo zwar alte, aber lebende Menschen ihre Biografie zwar auch erzählen, vor allem aber leben wollen; man ist dort also noch überprofessionalisiert überversorgend.

Andere Pflegeheime gehen längst andere Wege. Von dem Weg in Rhynern/Hamm haben wir schon erzählt, wo die Bürger des Ortes »ihr« Heim gleichsam besetzt und sich angeeignet haben. Und viele Pflegeheime haben sich inzwischen nach dem Konzept der stationä-

255 Wolfgang Breitsprecher, »Der Zirkel«, Bismarckstraße 5, 33330 Gütersloh
256 Lisa Schulze Steinmann u. a. (Hg.): Die Zukunft sozialpsychiatrischer Heime, Bonn: Psychiatrie-Verlag 2003

ren »Hausgemeinschaft« des Kuratoriums Deutsche Altershilfe zumindest teilweise umgebaut – als »vierte Generation« des Altenpflegeheimbaus: das heißt nach dem Modell der Insassen der Verwahranstalt, der Patienten eines Krankenhauses und der Bewohners eines Wohnheims nun zu Menschen in einer Familie.[257] Die Vorteile dieses neuen Konzepts (eine Gruppe auch dementer Menschen betreibt und führt, mit Hilfe, ihren eigenen Haushalt) sind immens, zum Beispiel in der Bremer Heimstiftung zu erfahren.[258] Und doch zeigt sich gerade hier das große Tempo unserer Veränderungen; denn während viele Heime sich noch im Sinne dieser neuen stationären Hausgemeinschaft umbauen, stellt sich heraus, dass gleichsam dasselbe Konzept, nur jetzt ambulant und viertel-integriert, als ambulante Haushaltsgemeinschaft oder Nachbarschafts-Wohnpflegegruppe noch weit besser dem Normalitätsprinzip entspricht und auch sonst viele weitere Vorteile hat, wie wir vor allem in IV. 2. ausführlich beschrieben haben. Und zugleich zeigt sich nirgends besser als hier, wo alles so ähnlich zu sein scheint, das entscheidende Kriterium für den Sprung vom alten ins neue Hilfesystem. Denn solange ich als Profi noch von meiner Institution top-down von oben herunter flexibilisiere und normalisiere, bin ich noch im alten Hilfesystem. Erst wenn ich den Sprung, den Salto mortale wage, nicht mehr von mir als Profi und meiner Institution, sondern vom Anderen, vom Hilfsbedürftigen und seiner familiären und nachbarschaftlichen Alltagswelt ausgehe und bottom-up von unten herauf denke und handle und diese bürgerschaftlichen Ressourcen nur noch nach Bedarf professionell und, solange erforderlich, auch institutionell ergänze, bewege ich mich in der neuen Kultur des Helfens, die allein zukunftsfähig zu sein scheint.

Daher noch einmal zurück: Angefangen hat alles, die Deinstitutionalisierung und ihre Ersetzung durch community care, in Deutschland – wie in den meisten anderen Ländern – mit der Jugendhilfe.

257 Hausgemeinschaften: Die vierte Generation des Altenpflegeheimbaus, Das Bundesministerium für Gesundheit, Modellprojekte, Bd. 8, Am Probsthof 78a, 53108 Bonn

258 Alexander Künzel, Bremer Heimstiftung, Marcusallee 39, 28359 Bremen

Hier findet das Helfen heute in den Familien oder in meist wohnortnahen Wohngruppen statt; das Heim hat nur noch eine marginale Bedeutung (auch wenn der Prozess noch läuft, muss das Heim ja vielleicht nicht völlig verschwinden, zumal 100%-Lösungen oft riskant sind). Heute stehen wir in demselben Prozess bei den psychisch Kranken und in der Behindertenhilfe. Hier seien, neben vielen anderen, auch aktuelleren Beispielen, Kloster Blankenburg und Gütersloh genannt, auch das Sozialwerk St. Georg[259], wo aus drei Heimen ca. 200 psychisch Kranke oder Behinderte entweder erst über ausgelagerte Wohngruppen oder direkt sich in die ambulante Betreuung kommunal integriert haben.[260] All dies war und ist für alle Beteiligten regelmäßig mit Abschiedsschmerz, mit moralischen Bauchschmerzen und Trauerprozessen verbunden (gewesen), zumal man immer nur wusste, was man verlieren würde, aber nie genau wissen konnte, was ganz genau an die Stelle treten und ob dies auch wirklich für alle besser sein wird; denn Neues ist billiger nie zu haben.

Und jetzt – also nach den Jugendlichen und den Erwachsenen – sind nun mal die Altenpflegeheime mit der Deinstitutionalisierung und ihrer Ersetzung durch community care dran. Alles spricht dafür, die Beweislast ist erdrückend, so schwindelerregend die Aufgabe auch ist, die in der Breite Jahrzehnte brauchen wird. Die Lektüre des Strategiepapiers des Ev. Johanneswerks (in seiner Kooperation mit »Alt und Jung« in Bielefeld) von 2005 lässt ein, wenn auch noch technokratisch und betriebswirtschaftlich verharmlostes Signal dafür erkennen.[261]

259 Sozialwerk St. Georg, Emscher Straße 62, 45891 Gelsenkirchen

260 Die Erfahrungen dabei sind für mich immer noch besonders authentisch faszinierend: Klaus Dörner: Aufbruch der Heime, Gütersloh: Verlag Jakob van Hoddis 1991. Später haben wir diese und die Güterloher Erfahrungen noch einmal (außer in: Ende der Veranstaltung, a.a.O.) in »Aufhebung der Heime«, Gütersloh: Verlag Jakob van Hoddis 1997 auch mit der Frage, wie man das macht, zusammengefasst, dort auch versehen mit einem »Qualitätssicherungskatalog für Heime« sowie der Dokumentation der NS-Sterbehilfegesetz-Konferenz von 1940. s. unter www.paranus.de

261 Das Johanneswerk auf dem Weg in das Jahr 2010, Vision, Strategie und Ziele, Schildescher Straße 101, 33611 Bielefeld

Hilfreich für die Bahnung dieses Weges mag etwa sein, dass Thomas Klie die Weiterentwicklung des Heimgesetzes nach dem Vorbild des Jugendhilfegesetzes empfiehlt und die Weiterentwicklung des Sozialrechts für Heime in Richtung auf ein trägerübergreifendes persönliches Budget.[262] Ich würde freilich gern noch einen Schritt weiter gehen und das persönliche Budget in ein regionales Budget eingebettet sehen, um zwischen ambulanten und stationären Wohnformen je nach Einzelfall frei entscheiden und um vor allem die Region selbst mit ihren Ressourcen fördern zu können, was auch jedem einzelnen Hilfsbedürftigen längerfristig normaler, integrationsorientierter und – nebenbei – auch kostengünstiger zugute kommt. In einigen Regionen hat sich dies regionale Budget bereits bewährt, etwa im Main-Kinzig-Kreis und im Vogelsbergkreis.[263] Und was die dringende Weiterentwicklung der Heimaufsicht angeht, damit sie an das neue Hilfesystem anschlussfähig wird, hat die DGSP[264] schon mal Formulierungsvorschläge zur Diskussion gestellt, die u. a. enthalten, dass Heimaufsichtler künftig auch zu prüfen haben, ob im Einzelfall die Voraussetzungen für eine Heimaufnahme vorliegen und wie lange der Heimaufenthalt erforderlich ist; denn immerhin handelt es sich hier um die Unterwerfung unter ein »besonderes Gewaltverhältnis« und die Einschränkung diverser Persönlichkeitsrechte.

Abschließend noch ein paar Gedanken zum heute bedauernswerten Innenleben eines Heimleiters, zu seiner Grundhaltung, wie er den unmöglichen Spagat schafft und Anschluss an das neue Hilfesystem findet. Ich habe dazu ein paar Kriterien für einen zukunftsfähigen Heimleiter formuliert, die alle aus reichlich schmerzlicher Selbsterfahrung stammen.[265] Ich lasse hier solche uns inzwischen selbst-

262 Thomas Klie: Neue Wohnformen verlangen neue Gesetze, in: Altenheim Heft 5, S. 36-39, 2006

263 Adresse zum Beispiel: Halgard Bestelmeyer Grommet, Behindertenwerk, Vor der Kaserne 6, 63571 Gelnhausen

264 Deutsche Gesellschaft für Soziale Psychiatrie, Zeltinger Straße 9, 50969 Köln, 2002

265 Klaus Dörner: Sind alle Heimleiter Geiselnehmer? Qualitätskatalog für den zukunftsfähigen »guten Heimleiter«, in: Soziale Psychiatrie, 28. Jg, Heft 5, S. 21-25, 2004. Zu dieser – inneren – Deinstitutionalisierung findet man auch hilfreiche Gedanken bei: Wolfgang Jantzen: Deinstitutionalisierung, 1999, zu beziehen über Universität Bremen, Fachbereich 12, Postfach 220440, 28334 Bremen.

verständlich gewordenen Punkte weg, wie, dass auch der Heimleiter seine Verantwortung territorial zu definieren hat, und beschränke mich auf eine Auswahl:

Einmal bin ich auch als Heimleiter genauso eine verantwortliche Bezugsperson für mindestens einen Hilfsbedürftigen wie alle anderen Mitarbeiter.

Denn wenn mein Träger, wie heute üblich, mich über Fortbildungen zum Manager, zum rein kaufmännischen Leiter des Heims oder zum Betriebswirt hochlobt (und die fachliche Verantwortung an untergebene Mitarbeiter abdrückt), verblasst allmählich meine eigene fachliche Erfahrung und ich verliere zunehmend an Glaubwürdigkeit und Autorität. Denn wenn nur die weniger privilegierten Basismitarbeiter Bezugspersonen sind, macht sich unvermeidlich das betriebliche Eigeninteresse des Heims selbstständig, wird federführend, und die Hilfsbedürftigen werden zu bloßen Mitteln für einen Zweck, werden zur Ware. Um mich nicht selbst betriebswirtschaftlich einzuengen, brauche ich als Heimleiter zumindest einen als »meinen« Hilfsbedürftigen, bei dem ich alle Aktivitäten und Passivitäten des Begleitens selbstverantwortlich wahrnehme. Ich habe es bei mir und mehrfach in anderen Heimen erlebt, wie eine solche scheinbar kleine Veränderung das Klima des ganzen Heims lebendig macht.

Zum anderen muss zu jedem Zeitpunkt stets ein Hilfsbedürftiger »zu neuen Ufern unterwegs« sein.

Denn nur wenn sich immer einer zum Beispiel im Entlassungsprozess befindet, haben wir eine gute entwicklungsoffene Heimatmosphäre, da alle an dem Einen und seinen Ängsten Anteil nehmen und ihn tragen. Daher ist mein Heim nicht nur schlecht, wenn ich auf die Frage der Heimaufsicht antworte, dass zurzeit niemand im Entlassungsprozess sei, sondern auch, wenn zur selben Zeit zu viele darin sind; denn dies würde unverantwortliche Missachtung der damit verbundenen Ängste jedes Einzelnen bedeuten.

Und schließlich gilt, dass insbesondere jede Entlassung Chefsache ist. Denn das Gelingen einer Entlassung etwa nach Hause oder in eine ambulante Wohnpflegegruppe ist das Schwerste an der Heimarbeit, schon weil es gegen die objektiven betriebswirtschaftlichen Interessen der Institution durchgesetzt werden muss. Da ich als Heimleiter die größte Autorität und auch die höchste Bezahlung habe, habe ich die größte Chance für ein solches Gelingen und habe es daher den anderen als Vor-Gesetzter vor-bildlich vor-zumachen. Diese Verantwortung kann ich daher auf keine Supervision abwälzen. Sonst wäre das Heim von einem Produktionsbetrieb kaum zu unterscheiden. Nur wenn ich immer, wenn es schwer wird, als Erster in die Bütt steige, kann das auf alle anderen ansteckend wirken, das Klima prägen und das Heim insgesamt ein lebenszugewandtes Instrument, ein »Lebensmittel« sein, so lange wir seiner noch bedürfen.

4. Neuverpflichtung des Staats

Die vielen Gesetzgeber, die dieses Büchlein bis hierher gelesen haben, werden sich schon viele Notizen gemacht haben und ganz aufgeregt sein; denn wenn meine Beschreibung des Sprungs in das neue Hilfesystem nur zur Hälfte stimmen würde, ergäben sich für den Staat und die Politik ungeahnte, auch gesetzgeberische Handlungserfordernisse, die man seit Jahrzehnten schmerzlich vermisst hatte, seit der Staat sich vom Sozialen zurückgezogen hat, um gerade dadurch im Steuerungs-Mix des Helfens den großen Wirksamkeitszuwachs des Marktes, und seit auch dieser an seine Grenzen gestoßen ist, auch noch der Bürgerhilfe zu ermöglichen. Aber nun verlangt gerade das Neue am neuen Hilfesystem eine andere Gesetzeslogik und schreit geradezu nach einem nicht mehr nur freundlich moderierenden, ermöglichenden oder aktivierenden, sondern auch nach einem notfalls erzwingenden Staat. Das Hilfesystem im Griff des Marktes kann nur ungleich behandeln. Um die Schwächsten nicht nur nicht zu vergessen, um vielmehr immer wieder die Schwächsten die Ersten sein zu lassen, hat der Staat die Kontrolle der Marktorientierung zu gewährleisten. Gegen das zwangsläufige Ungleichbehandlungsgebot des Marktes hat der Staat nur erzwingend und nicht moderierend eine Chance.

Andererseits hat der Staat auch dem Bürger, also uns, auf die Sprünge zu helfen, soweit unser Trägheitsgesetz uns beim Springen daran hindert, die Hilfebedürftigkeit des Anderen und die eigene Helfensbedürftigkeit zu entdecken, zu erkennen, dass Hilfe und Helfen zwingend zusammengehören. Dienen, Helfen können wir Bürger nicht freiwillig, dauerhaft und zuverlässig wollen. Seit einem Jahrhundert zudem des Helfens entwöhnt und gewöhnt an die

Reduktion unserer Bedeutung auf Produktivitäts- und Konsumsteigerung, ist der Gemeinsinn ausrangiert (Hannah Arendt).

Angesichts des objektiv zunehmenden Hilfebedarfs bleibt dem Staat nichts, als uns Bürger zwingend vor die Alternative zu stellen, Anreize zu schaffen, Einsicht zu fördern, uns unsere Helfensbedürftigkeit bewusst zu machen. Der demokratisch verfasste Staat entwickelt gerade heute Demokratie, indem er Gemeinwohlorientierung der Gesellschaft wiederbelebt. Die große Herausforderung wird allerdings dabei darin bestehen, dass das neue Hilfesystem, die vielfältigen neuen Formen des Bürger-Profi-Mix, sich nicht in der selektiven Sorge um zufällige sympathische Einzelne erschöpft. Dieser Gefahr, der ja nicht nur jeder Bürgerhelfer, sondern auch jedes marktorientierte Unternehmen ausgesetzt ist, begegnet zwar jeder von uns in seinem Gewissen; verlässliche Garanten der unbedingten Verallgemeinerbarkeit allen (nicht-privaten) Helfens sind aber nur Staat und Politik.

Dass das neue Hilfesystem das braucht, um auch nur so verlässlich für alle wie das alte Hilfesystem (diese soziale Verlässlichkeit und Sicherheit für alle war der große Vorteil des alten Hilfesystems, auf den wir auch im neuen System um keinen Preis verzichten wollen) sein zu können, wird verständlich, wenn wir unter dem Aspekt des gesellschaftlichen Gesamthilfebedarfs uns noch einmal kurz die Geschichte der Moderne vor Augen führen. Dabei stütze ich mich dieses Mal auf Julian Nida-Rümelin,[266] für den von den drei Idealen der Französischen Revolution – Freiheit, Gleichheit, Brüderlichkeit – in der Folge Brüderlichkeit, und damit Solidarität, eher als ein vormodernes Auslaufmodell abgehalftert wurde, während Politik im Wesentlichen marktfördernde Freiheitspolitik war und Gleichheit dabei auf der Strecke blieb, auch wenn mit den Sozialgesetzen von 1880 noch einmal ein bemerkenswerter Gleichheits-Schub zustande kam, der aber nach dem Zweiten Weltkrieg über Europäisierung und Globalisierung umso sicherer zerrieben wurde, sodass heute die Non-Egalitaristen mit ihrer Beschränkung des Sozialstaats auf die Ärmsten allein das Sagen haben: »Gleichheit als intrinsischen Wert aufzuge-

266 Julian Nida-Rümelin: Ein trojanisches Pferd für die Demokratie: Zeitschrift für Politik 2005 bzw. Frankfurter Rundschau 13.9.2005

ben und durch Solidarität zu ersetzen, hieße, zu einer karitativen Wertorientierung zurückzukehren und eine Politik zu legitimieren, die durch die Freiheit des Marktes einerseits und eine Solidarität andererseits charakterisiert ist, die ohne Verankerung in kollektiven Identitäten und lokalen kulturellen Kontexten nicht lebensfähig wäre. Ohne ihre Verkoppelung mit Gleichheit verwandelt sich Freiheit in die Freiheit der Anbieter und Nachfrager von marktgängigen Gütern, und ohne Verbindung mit Gleichheit verkommt Solidarität zur Hilfe für die Ärmsten. Ohne den zweiten Grundwert der bürgerlichen Revolution bleibt nur das Marktkorrektiv des Mitleids als Grundlage staatlicher Armenhilfe und privaten karitativen Engagements.«

Wir haben aber seit Jahrzehnten so wenig eine Gleichheitspolitik wie eine Familienpolitik. Ohne Traditionsbruch zu begehen, hätten wir dabei zu bleiben, dass das staatliche Sozialsystem nie nur für die Bedürftigsten, sondern stets für alle gilt; es dient nämlich »der Herstellung von Mindeststandards der Gleichheit im Sinne gleicher Würde und gleicher Freiheit. ... Gleichheit hat einen intrinsischen Wert, so wie Freiheit, aber auch Solidarität und damit Suffizienz und Inklusion.« Ein *Beispiel*: Von dem Augenblick an, wo wir hohe Arbeitslosigkeit nicht mehr wie bisher – solidarisch – durch Arbeitszeitverkürzung für alle beantworten, sondern jetzt nur noch Arbeitszeitverlängerung gefordert wird, haben wir uns mit einem hohen Sockel an Arbeitslosigkeit abgefunden, haben wir die Arbeitslosen abgeschrieben und hätten daher auch dies nun kollektiv für alle zu beantworten, zum Beispiel durch die Einführung der Grundsicherung für alle Bürger.

Eine solche Gleichheitspolitik würde es auch nicht mehr hinnehmen, dass immer noch Menschen an fast allen Krankheiten häufiger und früher sterben, je niedriger ihr sozialer Status ist. Sie würde es auch nicht mehr zulassen, dass der Markt zunächst Ängste und entsprechende Sicherheitsbedürfnisse, auch mit falschen Informationen, in der Bevölkerung verbreitet, um danach um so besser Therapieprodukte dagegen verkaufen zu können, ein Mechanismus, den wir bei den Neo-psychischen-Erkrankungen beschrieben haben; sie würde stattdessen etwa erwägen, dass Psychotherapie nicht mehr nur freiberuflich, sondern zumindest teilweise im Angestelltenverhältnis betrieben wird, um die Konzentration auf die wirklich Kranken wahrscheinlicher zu machen, was übrigens, wegen eben dieser Gefahr, ursprünglich ein Teil der Therapeuten-Verbände selbst gefordert hatte. Gleichheitspolitik würde auch die Augen dafür öffnen, dass Sozialpolitik nicht durch Sicherung gegen Gewalt ersetzt werden darf, vor allem nicht, wenn man dabei den nur suggerierten Befürchtungen der Bevölkerung mehr folgt als den tatsächlichen Risiken. So ist etwa in den letzten fünfzehn Jahren die Zahl der Morde um 25% und die der Sexualmorde (auch an Kindern) um 38% gesunken, während die Bevölkerung glaubt, dass diese Zahl dramatisch gestiegen sei (bei den Sexualmorden um 260%). Wenn also eine wieder ermutigte Politik sich trauen würde, sich an den Tatsachen zu orientieren, dann müsste die Zahl der Bürger, die als psychisch kranke Straftäter im Maßregelvollzug sitzen, in den letzten fünfzehn Jahren nicht um 117% gestiegen sein; sie hätte vielmehr gesenkt werden können, und Gerichtsgutachter wären nicht mehr – wie heute – gesetzlich gezwungen, in der Prognose zukünftige Straftaten fast mit Sicherheit ausschließen zu müssen, was wissenschaftlich unmöglich ist. Und dieses überwertige, fast wahnhafte Sicherheitsdenken müsste nicht dazu führen, dass, wie schon erwähnt, Hassemer (Fußn. 37a) von der Gefahr eines »Feindstrafrechts« spricht, wodurch Bürger so aus dem Geltungsbereich der Verfassung ausgeschlossen werden, dass man nicht mehr recht weiß, ob es sich bei ihnen noch um Menschen handelt. Einiges wäre schon gewonnen, wenn die Politiker nicht – wie auch viele Sozialprofis – dem verständlichen Denkfehler erliegen würden, die Bürger hätten die Erwartung, dass die Politiker wüssten, was zu tun sei, was ja zumal in einer menschheitsgeschichtlich so neuartigen Situation wie der unseren unmöglich ist; zu ihrem Nicht-Wissen sich offen zu bekennen, würde nicht nur ihrer Glaubwürdigkeit helfen, sondern sie auch für Neues offen und lernfähig machen. Sie würden dann auch besser verstehen, dass die Bevölkerung nach einer hundertjährigen Politik, Situationen der Hilfsbedürftigkeit, der Gebrechlichkeit, des Siechtums und des Sterbens durch Institutionalisierung sozial unsichtbar zu machen, mangels eigener Erfahrungskontrolle übertriebene Befürchtungen und Ängste entwickeln muss; sie könnten auch unaufgeregter damit umgehen, statt diese Ängste zu bedienen und dadurch auch noch zu verstärken.

Weitere Beispiele für Gleichheitspolitik insbesondere im Sozialstaatsbereich wäre die Überprüfung der unbegründbaren Unterschiede zwischen Sozialversicherung und Pflegeversicherung, aber wohl noch wichtiger die Orientierung an dem Ziel, alle Bürger gleichermaßen an der Gabe von Geld – sekundär auch an der Gabe von Zeit – zur Realisierung der Solidarität des Helfens zu beteiligen; denn ohne Gleichheit in diesem Sinne kann auch Freiheit nicht sein, sie gehört gleichsam zur Freiheitsvorsorge. Schließlich ist unter Gleichheitsgesichtspunkten auch der Heimstatus zu hinterfragen: Weil nämlich der Grad der Hilfsbedürftigkeit inzwischen kein Kriterium mehr für die Heimaufnahme ist, da es grundsätzlich für jeden denkbaren Fall bewährte ambulante Alternativen gibt, ist es nicht mehr zu rechtfertigen, warum von zwei gleich hilfsbedürftigen Bürgern der eine im Heim ist und der andere dort, wo er hingehört; denn hier und heute – vor 30 Jahren war dies noch keineswegs so – wird das verfassungsrechtliche Verbot des Heimstatus als ein »besonderes Gewaltverhältnis« (Höfling a.a.O.) wirksam. Will man nun nicht davon ausgehen, dass Menschen in Heimen so sehr ins soziale Niemandsland exkludiert sind, dass sie nicht mehr zum Geltungsbereich der Verfassung gehören, dann sind in der heutigen Situation so wesentliche Gemeinwohlbelange berührt, dass – ebenfalls verfassungsrechtlich – selbst der Grundwert der unternehmerischen Berufsfreiheit zurückstehen muss. Das wiederum eröffnet dem Gesetzgeber nicht nur neue Handlungsmöglichkeiten, sondern verpflichtet ihn auch, hier tätig zu werden, sei es durch gesetzliche Verfügung eines (einstweiligen) Heimbaustopps, wie dies die Behindertenselbsthilfebewegung seit 2005 fordert und wie dies sich in Dänemark als zwingende Voraussetzung dafür erwiesen hat, dass es – gegen die Marktmacht der Heimträger – zu einer Reform insbesondere der Altenversorgung hat kommen können; sei es durch Bindung eines Heimbetriebs an einen regionalen Bedarfsplan, weil das »Produkt«, um das es sich hier handelt, kein Kühlschrank ist, sondern mit der Einschränkung von Persönlichkeitsrechten zu tun hat; oder sei es, dass auf gesetzlichem Wege die Bedingungen für die häusliche Pflege oder für Alternativen wie die ambulante Nachbarschaftswohnpflegegruppe, analog zu den skandinavischen Ländern, Zug um Zug verbessert werden – und zwar wegen des Auftrags der Daseinsvorsorge in, wenn schon nicht Trägerschaft, so doch Federführung der einzelnen Kommune; auch steht die Weiterentwicklung des Heimgesetzes etwa in Richtung des Jugendhilfegesetzes an, wie von Klie (a.a.O.) vorgeschlagen.

All diese Gesetzesaufträge ergeben sich aber auch schon aus der Schutzpflicht des Staates einerseits und aus der grundgesetzlichen »sozialen Würde« andererseits, zumal wenn es »Mindeststandards der Gleichheit« als Voraussetzung für Freiheit, selbst für Marktfreiheit, geben soll. Daraus ergibt sich noch ein weiterer Auftrag an den Gesetzgeber: Denn jeder von uns, der wegen einer ernstlichen Behinderung oder Alterspflegebedürftigkeit dauerhaft oder zumindest längerfristig hilfsbedürftig wird, ist damit auch ein Stück weit aus den Selbstverständlichkeiten seiner bisherigen Lebenswelt herausgefallen, exkludiert, egal, ob er institutionalisiert wird oder sonst wie seine räumliche Hingehörigkeit verloren hat oder ob mit oder ohne Professionalisierung seine bisherigen zwischenmenschlichen Alltagsbeziehungen funktionslos, entfremdet, geschädigt oder gar zerstört sind, weil zum Beispiel der Ehepartner das nicht aushält und ihn verlassen hat. Auf jeden Fall hat er dadurch das Recht auf Re-Integration erworben, und zwar potenziell lebenslänglich, jedenfalls so lange, wie die ernstliche Hilfsbedürftigkeit dauert. Und das bedeutet medizinrechtlich das Recht auf unbefristete Rehabilitation und sozialrechtlich das Recht auf unbefristete Wiedereingliederung. Und das gilt unabhängig von der Art der Hilfsbedürftigkeit, also auch und gerade für die Alterspflegebedürftigkeit, auch für die Demenz; hier kann etwa der Demente noch so viel Pflege zusätzlich brauchen: zunächst hat er das lebenslängliche Recht auf Wiedereingliederung bzw. Rehabilitation, wenn nicht Integration und Inklusion leere Worthülsen sein sollen.

Auf diesen – und sicher auch noch viel phantasievolleren – Wegen haben Politik und Gesetzgebung die Chance, endlich mit der bisher hartnäckig betriebenen (und kostentreibenden) Privilegierung der Institutionalisierung des Helfens (und auch der Verbetriebswirtschaftlichung des Helfens) aufzuhören, damit das alte Hilfesystem unter Beibehaltung seiner Vorteile (Mindeststandards der Gleichheit für alle) ohne Gesichtsverlust zu verlassen und stattdessen den Sprung in das neue Hilfesystem zumindest zu bahnen: indem sie nämlich den Prozess der Deinstitutionalisierung endlich aktiv fördern, den Prozess, der vor siebzig Jahren (in Dänemark) begonnen hat und inzwischen ein alter Hut ist und den inzwischen nicht nur wegen des Hingehörigkeitswillens der Bürger, sondern auch aus objektiven bürgerrechtlichen Gründen selbst die borniertesten Interessenvertreter zu wünschen gezwungen sind. Hier sind Politiker und Gesetzgeber also auf der sicheren Seite.

Das ist aber nur die eine Hälfte der wahrzunehmenden und wahrzumachenden Wahrheit. Die andere Hälfte ist deutlich schwieriger, schon weil neuartiger; denn Neues (zum Beispiel die drei neuen Bevölkerungsgruppen) lässt sich nur mit Neuem begegnen. Und wirklich Neues kann nie von oben rational geplant werden, sondern entwickelt sich immer nur aus einer zunächst vieldeutigen Gemengelage von unten. Hier haben Politiker die Aufgabe, sich zunächst zurückzuhalten, sich auf der Basis ihres Nichtwissens zu öffnen und die Entwicklung so lange sorgfältig zu beobachten, bis sie sicher sind, welche der tausend Blumen sich als verallgemeinerungsfähig erweisen und dann zu vergesetzlichen sind. Insofern sind also hier die Gesetzgeber, bei aller verständlichen Ungeduld der Bewegungs-Protagonisten, gegen die beliebte und populistische Politikerschelte in Schutz zu nehmen.

Was das Neue nämlich ist, in das wir uns gleichwohl hineinbewegen, kann heute noch niemand so recht sagen. Da reicht eben auch der Hinweis nicht aus, dass die Norm »ambulant vor stationär« bereits seit dem Bundessozialhilfegesetz, also seit 1961, Gesetzesvorschrift ist, was allenfalls belegt, dass Politik in der Tat das Bohren harter Bretter ist. Auch auf der Konzeptebene ist es noch nicht hinreichend aussagefähig, dass die (negative) Deinstitutionalisierung durch die (positive) community care, das community living oder die Inklusion zu ersetzen sei und dass solche neuen Formen des Umgangs mit Hilfsbedürftigkeit sich überwiegend nur in dem für das Helfen spezifischen dritten Sozialraum der Nachbarschaft verwirklichen kann. Dessen »Entdeckung« muss den Sozialstaatsgestaltern wie ein neuer Planet am Himmel vorkommen, auch wenn sich mit ein bisschen Abstand herausstellt, dass es sich lediglich um eine von neuen Gegebenheiten erzwungene Wiederentdeckung von etwas handelt, das man mit guten Gründen durch den Fortschritt des alten Hilfesystems der Institutionalisierung überholt zu haben glaubte, und das auch während dieser 100 Jahre in der skandinavischen und angelsächsischen Kultur dank ihrer stärkeren Tradition kommunaler Selbstverwaltung lebendiger geblieben ist, weshalb man dort heute – im Hinblick auf das neue Hilfesystem – sich eines Entwicklungsvorsprungs erfreut.

Bei uns aber hat kaum jemand bis vor kurzem diesen dritten Sozialraum überhaupt nur denken und wahrnehmen können. Deshalb hat es etwas Tragisches, dass der Bericht der Enquete-Kommission »Zukunft des bürgerschaftlichen Engagements« (1999-2002) um wenige Jahre zu früh gekommen ist; denn hier taucht – trotz der großen Verdienste dieses Berichts – der dritte Sozialraum als der spezifische Raum für überdurchschnittliches Helfen und für Integration gar nicht erst auf.[267] Vielmehr bewegt man sich dort noch weitgehend im alten Hilfesystem, soweit es um das Helfen geht, spricht vom »Ehrenamt« oder von den »Freiwilligen«, die in das Profi-System »einzubinden« sind und die daher um Gottes Willen keine »Lückenbüßer« sein und daher den Profis keine Arbeitsplätze wegnehmen dürften. Man findet den nur ermöglichenden, schwachen Nachtwächterstaat gerade richtig, will zudem die »Engagement-Politik« zum Beispiel in »Landesehrenamtsagenturen« organisieren.[268] Alles Sichtweisen, über die man heute schon eher nur lächeln kann und die dafür sprechen, dass hier das bürgerschaftliche Engagement noch mehr vom Profi- und Verwaltungssystem herunter- und weniger vom Bürgersystem und seinen »kollektiven Identitäten und lokalen kulturellen Kontexten« (=dritter Sozialraum) heraufgedacht ist.

Wenn man so will, ist es also das Geschenk der uns überfordernden Flut der so überflüssig vielen Altershilfsbedürftigen[269], auch der

267 Schon kurz darauf im Bericht des im Bundesfamilien- und Bundesgesundheitsministerium installierten »Runder Tisch Pflege« aus dem Jahr 2005 gibt es den Begriff des dritten Sozialraums.

268 So der Enquete-Sachverständige Thomas Olk in: Forschungsjournal Neue Soziale Bewegungen, Heft 3, 2001; neben vielen anderen wichtigen Befunden ist für mich besonders bemerkenswert, dass die Freiwilligenagentur Halle 40% Arbeitslose registriert hat.

269 Wie schon einmal 1520 die Armen empfunden wurden.

Chroniker und auch – indirekt – der Neo-Psychisch-Kranken, die, wenn wir uns nicht für ihr »sozialverträgliches Frühableben« entschließen wollen, uns nicht gern, aber doch nötigen, die Grundstruktur unserer Gesellschaft nicht mehr nur polar (privater vs. öffentlicher Sozialraum), sondern mit dem dritten Sozialraum dazwischen, wegen des dort konzentrierten Hilfepotenzials wieder dreifältig zu denken, eine Komplexitäts-Bereicherung, wie dies freilich menschheitsgeschichtlich früher selbstverständlich gewesen ist. Wir haben vor allem in III. 2. den ganzen Kosmos der Eigenarten, der »Eigentümlichkeiten« (Höfling, Fußn. 34) des dritten Sozialraums der Nachbarschaft ausführlich beschrieben. Das gilt insbesondere für sein Integrationspotenzial (auch für Migranten) und damit sein Solidaritätspotenzial. Dies drückt sich in zwei Formen aus, weil eben Nachbarschaft ein sozialer Zwischen-Raum ist, in dem sich Handlungsweisen und Prinzipien aus dem öffentlichen und dem privaten Sozialraum auch mischen können, wenn sie den gleichwohl eigenständigen Wir-Raum bilden. So strahlt aus dem öffentlichen Raum das Helfen nach dem Prinzip des Tauschs oder des Vertrages ein, wenn ich etwa in der Tauschbörse meines Nachbarschaftsvereins eine Hilfeeinheit gebe, aber erwarten darf, dass ich dafür etwas, was ich brauche, zurückbekomme, oder wenn mir ein Punktwert gutgeschrieben wird.

Stilprägender und historisch plausibler (Haushalt+Nachbarschaft als kleinste tragfähige soziale Einheit für den überdurchschnittlichen Hilfebedarf) für die eigentümliche Nachbarschaftssolidarität ist aber das aus dem privaten Raum einstrahlende Prinzip der Gabe; denn wenn ich mich etwa an der Pflege des dementen Ehemanns meiner Nachbarin beteilige, tue ich das, was ich tue, nicht symmetrisch, sondern asymmetrisch, einseitig und, selbst wenn ich Geld dafür bekomme, »umsonst« und ohne Erwartung, dass das, was ich tue, jemals zu mir zurückkommen oder eine Gegenleistung auslösen wird. Ich habe mich damit in den Dienst eines konkreten Anderen gestellt, ohne damit zugleich auch an die Verallgemeinerbarkeit meines Tuns zu denken; das ist mir in diesem Augenblick egal, weil ich hier unvertretbar bin. Damit wird aber im Steuerungs-Mix des Helfens die Markt-Steuerung unterscheidbar von der Solidaritäts-Steuerung der Bürgerhilfe. Mein Tun wäre im Marktbereich lächerlich, ja störend. Und umgekehrt ist die Solidaritätssteuerung der Bürgerhilfe, wenn auch vielleicht nicht ganz (was ist schon ganz?), so doch überwiegend, immun gegen die Marktmechanismen. Somit ist der Gesellschaft garantiert, dass sie aus einem marktgesteuerten Bereich, aber auch, jenseits der Familie, aus einem im Wesentlichen marktfreien Bereich besteht, so wie wir auf der Ebene der einzelnen zwischenmenschlichen Helfensbeziehung Dienen und Leisten unterschieden haben.[270]

Wenn wir nun überlegen, warum die Bürger gerade jetzt sich die sie doch eher belastende Mühe machen, diesen gemeinwohlorientierten dritten Sozialraum wiederzuentdecken und ihr Helfen nicht mehr nur durch die Gabe von Geld, sondern auch durch die Gabe von Zeit zu rekultivieren, dann fällt einem als Grund – außer den drei neuen Bevölkerungsgruppen – noch die Frage ein, ob die Bürger hiermit nicht vielleicht auch sich genötigt sehen – als Gegengewicht zu der schwindelerregenden und abstrakten Großräumigkeit des sich globalisierenden Marktes –, sich mit der Nachbarschaft einen marktfreien, konkreten, kleinräumig überschaubaren und doch wenigstens halböffentlichen Raum als Ausgleich zu schaffen, um sich in dieser *Gesamtwelt* wiederzufinden und wenigstens einigermaßen wohlzufühlen; ähnlich wie das auch für das Spannungsfeld zwischen der bürgerfernen und konzernnahen Europapolitik und der umgekehrten Kommunal- und Nachbarschaftspolitik gilt.[271]

Aus alledem dürfte der Aufgaben- und Pflichtenkatalog für Staat und Parlament zur Gestaltung des neuen Hilfesystems schon etwas deutlicher geworden sein. Bei aller gebotenen Behutsamkeit im Umgang mit dem neuen unbekannten Wesen des dritten Sozialraums, der aber gleichwohl seines unverzichtbaren Hilfepotenzials wegen der aktiven

270 Für die pragmatische Vermittlung gilt daher vielleicht: Prinzip des Marktes ist der Eigennutz, woraus sich sekundär auch mal Gemeinwohl ergeben kann, während Bürgerhilfe dem Prinzip des Gemeinwohls folgt, woraus sich sekundär auch mal Eigennutz ergeben kann.

271 In einer Rahmenvereinbarung zwischen dem Sozialministerium Rheinland-Pfalz und der Liga der Wohlfahrtsverbände von 2005 findet sich die bemerkenswerte Forderung, Erwerbsarbeit solle künftig nicht nur familienfreundlich, sondern auch gemeinwohlfreundlich organisiert sein: »Erwerbsarbeit ist so zu gestalten, dass sie mit gemeinwohlorientierten und familienbezogenen Tätigkeiten vereinbar ist.« (Charta »Soziales Rheinland-Pfalz«)

Förderung bedarf, sind jedenfalls erst mal Aufklärung und Bewusstmachung angesagt. Es wäre schon viel gewonnen, wenn die Schul-Curricula es vorschrieben, dass die Kinder zu lernen hätten, dass ihre Gesellschaft verblüffenderweise nicht aus zwei, sondern drei Sozialräumen besteht. Sodann sind jedenfalls die Kommunen, als das schwächste Glied im Spiel zwischen Bund, Ländern und Gemeinden, zu stärken und zu befähigen, die in ihnen keimende Nachbarschaftsmentalität zu pflegen und die passenden Organisationsstrukturen für dritte Sozialräume zu erfinden, wobei Erfahrungen anderer Länder zu übernehmen sind. Über Zwischenstufen, wie zum Beispiel die Gründung von Nachbarschaftsvereinen wird es dazu zu kommen haben, dass – wie der Ettenheimer Bürgermeister heute schon überlegt – die Stadt- oder Gemeindeverwaltung um ein Amt für Nachbarschaft vervollständigt wird, schon um die heute gleichsam auf der Straße liegenden Ressourcen auch wirklich zu erschließen.

Zugleich hat aber auch der Sozialstaat hier sowohl eine förder- als auch eine ordnungspolitische Aufgabe. Einmal geht es nämlich darum, die heute schon als bewährt zu bezeichnenden Hilfe-Instrumente, wie etwa die ambulanten Nachbarschaftswohnpflegegruppen, nicht wie bisher permanent zu behindern, sondern ihnen förderliche Bedingungen beizugeben, wobei Elemente der Bürgerhilfe gegenüber denen des Profi-Systems eher zu stärken sind. Zum anderen ist es aber mindestens ebenso wichtig, schon um die von Nida-Rümelin angedeuteten Gefahren ernst zu nehmen, dass die solidaritätsorientierten Bürgerhelfer ihre Verantwortung territorial definieren, um nicht nach Sympathie und Willkür auszuwählen: die einzige Selektion, die einzige Begrenzung, durch die eine sozialräumlich organisierte Bürgerhilfe anschlussfähig an den demokratischen Sozialstaat wird und damit Verallgemeinerbarkeit garantiert, ist nun mal die territoriale: »Ich bin zwar nur für mein Viertel, meine Nachbarschaft, meine Dorfgemeinschaft verantwortlich, hier aber für *alle* Hilfsbedürftigen!« Darüber hinaus wäre der Staat hier schon hilfreich, wenn er seinen Missbrauch des Begriffs der »Verantwortung« sofort stoppen würde, wodurch er bisher den Bürgern suggerierte, durch die Vorschaltung der Silbe »Eigen-« oder »Selbst-«(Verantwortung) gehe es nur um ihn selbst und seine Selbsthilfe und ausschließlich um sein Geld, während das Wort in Wirklichkeit sich von »antworten« ableitet, und antworten kann man zunächst jedenfalls nur einem Anderen und seinem Hilfebedarf.

Entscheidend ist schließlich die Umorganisierung der Finanzierung – und sei dies auch erst mal nur in Modellregionen erprobt: Alle einem Sozialraum zustehenden Finanzen sind als Sozialraumbudget zu bewilligen und in der Verantwortung sowohl der dort tätigen Bürger als auch der Profis zu verausgaben, wie in der Jugendhilfe bereits mehrfach bewährt. Nur so können sich nämlich Bürger wie Profis so mit ihrem Sozialraum identifizieren, dass sie es auf sich nehmen, dem kategorischen Imperativ der Solidarität zu folgen und stets mit dem »Letzten« zu beginnen. Dies aber hat ein starker, erzwingender Staat gegen die verständlichen Widerstände sowohl des Marktes als auch der Profi-Träger und ihrer Verbände durchzusetzen. Es versteht sich, dass es sich dabei, im Unterschied zu den bisherigen Erprobungen, um ein »*kombiniertes* regionales Budget« zu handeln hat, also vor allem um die Sozialversicherung *und* die Sozialhilfe (als persönliches Budget oder auch nicht), damit endlich Gesundheitssystem und Sozialsystem als ein einheitliches – neues – Hilfesystem erfahren und genutzt werden können, was u. a. die Synergien der »gesunden Mischung« in der normalen Lebenswelt der Menschen wieder ermöglicht: wenn zum Beispiel ein Sozialarbeiter für Jugend- und Altenhilfe gleichzeitig, territorial begrenzt, zuständig ist, dann wird ihm oft erst dadurch das Misch-Prinzip »Jung und Alt« denkmöglich.

Auf diesen Wegen erarbeitet sich ein hinreichend starker Staat die Möglichkeit, sowohl das marktgesteuerte als auch das solidaritätsgesteuerte Helfen, getrennt voneinander, kontrolliert zur Entfaltung kommen zu lassen, indem er alle dazu bringt, ihren – jeweils unterschiedlichen – Eigeninteressen nur so weit zu folgen, wie dies mit der Gemeinwohlorientierung vereinbar ist, weil etwas anderes, wenn es sich um helfende Beziehungen zwischen Menschen handelt, nicht erlaubt sein kann. Ganz nebenbei würde der Staat auf diese Weise zugleich auch an der Erfüllung seiner umfassenden Aufgabe arbeiten, die Globalisierung der Märkte durch die Globalisierung der Regionalisierung wie der sozialen Sicherung einzuholen und einzuhegen. Nur mit dieser Gemeinwohlorientierung könnte der Staat im Übrigen auch einen befristeten Heimbaustopp verfassungsgestützt durchsetzen – entscheidende Voraussetzung bei den Dänen für ihren Sprung ins neue Hilfesystem.

Abschließend skizziere ich – über die obligate Forderung nach anteilig bezahlten Pflegezeiten für Angehörige hinaus – noch eine weitere Neuverpflichtung des Staates, womit ich schon zum nächsten Abschnitt überleite und darauf Bezug nehme, dass das »sozialverträgliche Frühableben« als ein alternatives »Angebot« an die so überflüssig vielen Altershilfsbedürftigen durchaus nicht nur eine theoretische Option ist. Nachdem die Schweizer Akademie der Medizinischen Wissenschaften den Ärzten die »Beihilfe zum Suizid« erlaubt hat, wohl auch damit die Schweizer Sterbehilfeorganisationen nicht mehr allein in den Züricher Pflegeheimen um Kunden werben dürfen, während ein Teil derselben – »Dignitas« – nun auch in Deutschland wirbt, wo nun auch der »Nationale Ethikrat« zum Teil Sympathien für die Arzt-Hilfe zum Suizid geäußert hat, würde das für Höfling (Fußn. 34) bedeuten, »dass Tötungshandlungen an alten Menschen Bestandteil der sozialen Praxis geworden sind. Das aber ist ... die ultimative Bankrotterklärung eines grundrechtsgeprägten Sozialstaats, wenn er alten Menschen nicht mehr die Perspektive eröffnen kann, unter menschenwürdigen Bedingungen *an* der Hand eines anderen aus dem Leben zu scheiden, sondern stattdessen (vielleicht auch aus monetären Überlegungen heraus) das prozedural aufbereitete Angebot unterbreitet, *durch* die Hand eines anderen zu sterben.« Dies macht nicht nur deutlich, wie unterschiedlich – Helfen zum Leben oder zum Tod – selbstverständlich auch Bürgerhilfebewegungen in ihren Zielen und Tätigkeiten sein können und wie aufmerksam und aktiv dies ein Staat zu begrenzen hat. Vielmehr wäre mit dieser Tötungs-Erlaubnis auch der Arztberuf als solcher, wie bisher noch nie in der Geschichte, irreversibel beschädigt und seines Kerns beraubt. Dies hätte der Staat im Gemeinwohlinteresse zu verhindern. Da wir aber inzwischen ohnehin wissen, dass es kaum einen Menschen gibt, der sich im vollen Sinne des Wortes freien Willens suizidiert oder töten lassen will, wäre es dem Gesetzgeber anzuraten, auf frühere Vorschläge zurückzugreifen und die Beihilfe zum Suizid allgemein zu untersagen, womit er sich durchaus auch in Übereinstimmung mit den Verfassungen anderer europäischer Länder befindet.

5. Sterben, wo ich hingehöre

Man muss die
Hälfte seiner Zeit vertun,
um mit der anderen etwas
anfangen zu können.

Charles de Montesquieu

Wir sind mit unseren Gedanken in diesem Buch von der ziemlich gut belastbaren Tatsache ausgegangen, dass wir praktisch alle in unseren eigenen vier Wänden sterben wollen. Diese Grundlage scheint sich auch als tragfähig bewiesen zu haben; denn wir konnten von da aus die verschiedenen Formen des Bürger- und Profi-Helfens mit ihrem basalen Erfordernis der territorialen Verantwortung auch für das Altern und das sonstige Leben der Menschen entwickeln – durchaus im Zusammenhang damit, dass wir Menschen erst mal hinreichend viel Bedeutung für Andere brauchen, bevor wir auch unsere Selbstbestimmung genießen können, dass das, was uns widerfährt, unseren eigenen Erfahrungen vorangeht,[272] dass unsere Beziehungen mit dem Dienen zu eröffnen sind, damit sie auch das Leisten vertragen, dass wir unsere Zeit (für Anderes oder Andere) umsonst zu vertun haben, damit wir mit ihr dann auch etwas Zielgerichtetes anfangen können,[273] dass die sozialräumliche Normalverteilung der gesunden Mischung zu pflegen ist, damit Spezialisierung sozial eingebettet bleibt und dass wir die solidaritätsorientierten Wir-Räume stark zu machen haben, damit der Wettbewerb und die anderen Marktmechanismen tragbar bleiben und wir an ihnen Genuss ohne Reue finden.[274] Aus alledem haben wir abgeleitet, dass wir uns zwar

272 Waldenfels a.a.O.

273 Daher um Gottes Willen nicht die Einengung auf die (betriebswirtschaftliche) Zielgerichtetheit vom Kindergarten an, weil sonst fast alles Lebensdienliche auf der Strecke bleibt und wir nicht nur beziehungsmäßig, sondern auch leistungsmäßig in der Effizienzfalle landen.

274 Levinas (a.a.O.) hätte vielleicht hier gesagt, dass das auch damit zu tun habe, dass der vom Anderen her denkende, biblische Teil unseres europäischen Denkerbes eben auch noch älter sei, als der vom Ich her denkende, griechische Teil.

noch im alten Hilfesystem der eigentlich schon zu Ende gegangenen Moderne befinden, aber doch schon – seit 1980 – das Potenzial zum Sprung in eine neue Kultur des Helfens spüren, eine Einsicht in die Notwendigkeit, zu der uns die drei menschheitsgeschichtlich neuen Bevölkerungsgruppen ohnehin nötigen.

All das mögen Gründe genug sein, am Ende unser Leben noch einmal von seinem Ende her zu denken, also von der Lebensphase her, die – wie unser Lebensanfang – mehr noch als die Zeit dazwischen uns als Hilfs-, Unterstützungs-, und Begleitungsbedürftige erscheinen lässt, um noch besser herauszufinden, wie motivierend oder befehlend unser letzter und vornehmster Wunsch, in der eigenen Wohnung zu sterben, auf die Bürger (Angehörige, Freunde, Nachbarn) und Profis um uns herum wirkt.

Noch sind wir geprägt von der Modernisierung, deren Instrumente der Institutionalisierung und Professionalisierung ja nicht nur die hilfsbedürftigeren Behinderten und psychisch Kranken, sondern auch gerade die unliebsameren Anteile des Alterns und der Gebrechlichkeit sowie weithin auch das Sterben ausgegrenzt und unsichtbar gemacht haben. Das hat vielfältige und tief greifende Folgen bis in das Innenleben jedes Einzelnen hinein:

1. Was unsichtbar ist, wie eben auch das Sterben, scheint auch verschwunden zu sein, was den Fortschrittsglauben an die Herstellbarkeit einer leidensfreien Gesellschaft bis in all ihre gefährlichen Illusionen hinein zu nähren vermag. Hier nur ein *Beispiel:* Wenn ich vor dem Hintergrund meiner Erwartungen, dass der Fortschritt Schmerzen immer besser besiegen kann, dennoch Schmerzen habe (»was doch eigentlich gar nicht mehr sein müsste!«), ergibt sich daraus »von selbst« die Wahrscheinlichkeit, dass ich immer geringere Grade von Schmerzen schon als unerträglich empfinde.
2. Was unsichtbar ist, kann auch nicht mehr erfahren und durch Erfahrung an der Wirklichkeit kontrolliert werden, wird dadurch immer unheimlicher und Quelle immer größerer und unsinnigerer Ängste und Befürchtungen. *Beispiel:* Nur so konnte die Angst nicht nur vor Schmerzen, sondern auch vor dem Sterben von selbst immer

größer werden und konnten beide Ängste unkontrolliert zusammenfließen und sich gegenseitig bis ins Unendliche verstärken.

3. Was unsichtbar ist, gilt auch von selbst als entwertet oder entwürdigt, weil ins Jenseits des Tellerrandes der Gesellschaft ausgegrenzt; gegen so etwas wird sich die Gewalthemmschwelle erniedrigen. *Beispiel:* Seit Ende des 19. Jahrhunderts steht die aktive Sterbehilfe aus Kostengründen auf der Tagesordnung der Moderne.

4. Was unsichtbar ist, hat die Kontrolle über sich selbst, hat seine Selbstbestimmung und damit tendenziell sein Menschsein verloren, ist also der institutionellen und professionellen Fremdbestimmung hilflos ausgeliefert und hat daher kein »lebenswertes« (heute sagt man »menschenwürdiges«) Leben mehr. *Beispiel:* Seit Ende des 19. Jahrhunderts steht die aktive Sterbehilfe auch aus Mitleidsgründen auf der Tagesordnung der Moderne. Diese vier gesellschaftlich gut etablierten Motive (und nicht die NS-Ideologie) brachte führende Psychiatrieordinarien auch zu der NS-Euthanasie-Aktion, weshalb Zygmunt Bauman[275], diese ebenso wie den Holocaust als »Symptom der Moderne« bezeichnet.

5. Was unsichtbar ist (wie das Sterben), für das haben die übrigen, sichtbar gebliebenen Bürger auch keine Verantwortung mehr; von ihr entlastet, empfinden sie auch ihr ohnehin lästiges Grundbedürfnis nach Bedeutung für Andere nicht mehr so stark, weshalb sie ihr anderes, gleich wichtiges Grundbedürfnis, das nach Selbstbestimmung, nun für ihre einzige oberste handlungsleitende Norm halten und sich erst dadurch zu idealen Marktsubjekten machen, was sie rückwirkend logisch auch auf die Situation der unsichtbaren Gebrechlichen und Sterbenden projizieren: »Wenn ich schon in Wahrnehmung meiner Selbstbestimmung der Herr nicht nur über mein Leben, sondern auch über meinen Tod bin, dann werden Wesen, die so fremdbestimmt leben müssen, wenn sie denn für sich sprechen könnten, zum Beispiel den Behandlungsabbruch oder die Einstellung der Ernährung schon dreimal wollen; deshalb müssen wir – oder der Staat – schon als humanitäre Pflicht für sie einstehen und ihnen zu ihrem Recht auf den Tod verhelfen.«

275 Zygmunt Bauman: Moderne und Ambivalenz, Hamburg: Junius 1992; vgl. auch Angelika Ebbinghaus u. Klaus Dörner (Hg.): Vernichten und Heilen, Berlin: Aufbau 2002

6. Was unsichtbar ist, löst von selbst bei den Sichtbaren den Impuls aus, dass man so nicht lebt, also auch nicht leben, altern und sterben will. Daher müsse man in Selbstbestimmung, Eigenverantwortung und Altersvorsorge dem vorbeugen, wie zum Beispiel durch das zurzeit beliebteste Präventionsinstrument der Patientenverfügung: Hier verwandelt sich mein Mitleid mit dem unsichtbaren Anderen (wie ohnehin meistens: »Das kann *ich* ja gar nicht mit ansehen!«) in Selbstmitleid, indem ich auf der Grundlage meiner eigenen Sterbens-Erfahrungslosigkeit einmal meine Angst vor dem Sterben auf einer nach oben offenen Skala steigere und zum anderen von dem genauso erfahrungslos irrealen Menschenbild des rundum selbstbestimmten Menschen ausgehe, beides zusammenführe, um dann zukünftige Zustände der Hilfsbedürftigkeit, zumindest aber der Pflegebedürftigkeit, der Demenz, des Wachkomas oder des Sterbens als – von meinen Voraussetzungen her – »lebensunwertes Leben« anzukreuzen und dadurch mit einem Verbot der Hilfe durch Andere zu belegen. Für die weltoffene exzentrische Konstitution des Menschen hat ein solches überwertiges Sicherheitsstreben, gerade auch für die Situation des Sterbens, süchtige, wahnhafte, zumindest wirklichkeitsfremde Züge; denn da ich – wie uns inzwischen bekannt – nicht wissen kann, wer ich in der Zukunft sein werde und wie ich dann leben will, man zum Beispiel in der Demenz in der Regel erkennbar gerne lebt, wirkt meine Patientenverfügung, mit der ich mich selbst bestimmen wollte, in Wirklichkeit als eine selbstverschuldete Fremdbestimmung auf mich zurück, wo es dann zur Garantenpflicht späterer Behandler gehört, mich gegen mich selbst zu schützen, mir »Voreiligkeitsschutz« (Duttge, Fußn. 241) zu gewähren.

Alles in allem führt also das institutionelle Unsichtbarmachen gerade des Sterbens zu einer Situation, durch die letztlich alle geschädigt werden, schon indem die Erfahrungen der Sterbenden selbst sich am wenigsten mitteilen und zur Sprache kommen, eine Erfahrungslücke, die durch Ängste und Phantasien der Nicht-Sterbenden ausgefüllt wird, die obendrein widersinnigerweise von den Sterbenden in ihrer suggestiblen Lage übernommen werden können. Dieser Hypothek, von der niemand von uns schon ganz frei ist, zum Trotz, wird es spätestens jetzt klar, welche Kostbarkeit das gleichzeitige Faktum darstellt, dass wir alle in unserer Wohnung und das heißt auch, soweit vorhanden, in Begleitung unserer Nächsten sterben wollen und dass wir alles daran zu setzen haben, um das zu verwirklichen, damit die Erfahrung von uns Menschen in diesem entscheidenden Punkt wieder vollständig wird. Dabei ist die zu überbrückende historische Zeitspanne gar nicht mal so groß; denn noch um 1900 ging man zum Sterben nach Hause, starben nur 5% in Krankenhäusern und Heimen, obwohl auch die Arbeiterwohnungen damals nicht größer waren als heute, wo in den meisten Regionen noch 70% von uns in Institutionen sterben.

Doch bevor wir zu den Signalen kommen, die auch hier dafür sprechen, dass wir zu einer neuen Kultur des Helfens unterwegs sind, müssen wir genauso deutlich von den gleichzeitigen Gefahren sprechen, die sich auch heute noch aus der beschriebenen Modernisierungs-Hypothek ergeben, wenn in der Regel nicht etwa diejenigen, die gerade die Erfahrung des Sterbens machen, dafür aber mit umso größerer Wut viele Nichtsterbende in vermeintlicher Stellvertretung der Sterbenden das Recht auf den eigenen Tod und die Selbstbestimmung über die Beendigung des eigenen Lebens, das mit Leiden gleichgesetzt wird, fordern, wobei stets das Mitleid federführend ist, das aber, wie dargestellt, von Selbstmitleid kaum unterscheidbar ist und mit dem sich – wie in den ganzen letzten hundert Jahren, so auch heute – ökonomische Motive unausgesprochen und ungreifbar ideal transportieren lassen, was sich so zum »tödlichen Mitleid« verdichten lässt.[276] Vor diesem Hintergrund erweist sich die inflationäre Konjunktur der »Selbstbestimmung«, von der man für sich immer mehr haben will, geradezu als das Gegenteil von Kants »Autonomie«, bei der die Selbstgesetzgebung immer auch verallgemeinerbar sein muss, vielmehr als Ausdruck der Vermarktlichung des Sozialen, deren Steigerung von selbst den Gemeinnutz ergeben soll.

276 Klaus Dörner: Tödliches Mitleid, Neumünster: Paranus Verlag 2007

Besonders beliebt und für die Einschleusung des Ökonomischen ins Soziale wirksam ist obendrein die Gleichsetzung der Selbstbestimmung des Sterbens und der Würde des Sterbens.[277]

Folgenschwer wirkt sich diese Hypothek und die daraus resultierende Denkmischung auch weiterhin aus, wenn sie im Profisystem des Helfens handlungsleitend wird. Vom Schweizer Weg der ärztlichen Beihilfe zum Suizid war schon in V. 4. die Rede. Henk Jochemsen[278] beschreibt für die Niederlande, was es bedeutet, wenn einmal auch das Töten zum normalen Angebot der Ärzte gehört. Unvermeidlich wird dann die Anwendung dieses Angebots in konzentrischen Kreisen ausgeweitet, zurzeit bei Demenz, bei behinderten Neugeborenen, bei »Lebensmüdigkeit« und bei der »terminalen Sedierung«. Zwar hatte dort die jetzt nachgeholte Einführung von Palliativ-Einheiten erwartungsgemäß zu einer Senkung der Euthanasiezahlen geführt, doch behalten auch diese neuen Einheiten die Euthanasie, weil normalisiert, als Angebot bei. Weiterhin haben wir auch von der unter Umständen lebensbedrohlichen Ausweitung palliativen Handelns auf chronisch Kranke in V. 2. gesprochen.

Aber auch die scheinbar ganz harmlose Übertragung betriebswirtschaftlicher Begriffe auf das Profi-Helfen muss Risiken bergen, auch wenn diese auf den ersten Blick nicht erkennbar sind. Ich beschränke mich hier auf den augenblicklichen Trend, dass in der Pflege, in der Sozialarbeit und in der Medizin Ausbildungsgänge zu gehobenen Positionen mit Vorliebe mit dem imponierenden Begriff »Manager« bezeichnet werden. Nun sind Manager von der Wortbedeutung her Leute, die die Interessen anderer »in die Hand nehmen«, »handhaben«, wobei von ihnen nur erwartet wird, dass sie darin »geschickt« sind. Ursprünglich waren die Interessen-Inhaber die Eigentümer eines Konzerns oder Aktionäre, später auch Künstler oder Sportler. Dabei kommt es nur darauf an, dass die Rendite stimmt, also steigt. Sinkt sie, wird man gefeuert oder geht selbst, nicht ohne, weil man das ja

277 Hierzu auch Baldo Blinkert: Sterben in modernen Gesellschaften, Vortrag auf dem 2. Symposion »Herausforderung Palliative Care«, Freiburg 12.12.2003 (Ev. Fachhochschule), hier auch das Zitat von Erika Feyerabend: »Könnte nicht unter dem Deckmantel von Würde und Autonomie das Diktat der Ökonomie durchsetzbar werden – ohne Image-Verlust für die Medizin?«

278 Henk Jochemsen: Sterbehilfe in den Niederlanden: Medizinische und politische Entwicklungen in: Neue Richter Zeitung, September 2005, S. 255-256

weiß, vorher schon in Wirklichkeit vor allem für seine eigenen Interessen gesorgt zu haben. Manager sind also Leute, die Macht ausüben, ohne Verantwortung zu übernehmen, schon gar nicht sich durch Höhen und Tiefen hindurch an die zu »behandelnde« Sache – die ist einem eher egal – zu binden.

Wenn man das jetzt auf die Behandlung sozial oder medizinisch Hilfsbedürftiger überträgt, erwartet man hier offensichtlich auch nichts anderes. Es zählt nur der zeitweilige Gleichklang der Interessen, was zum Beispiel beim »persönlichen Budget«, wo der Klient gleichsam Kapitaleigner, stiller Teilhaber ist, noch eine prekäre Rolle spielen wird. Persönliche Bindungen auf Gedeih und Verderb, territoriale Verantwortung, Identifizierung mit einem Sozialraum oder die Hingehörigkeit eines Sterbenden oder anders Hilfsbedürftigen sind für einen Manager, der nur die vertragliche Lebensabschnittspartnerschaft, solange es gut geht, schon gar nicht die Gabe kennt, wesensfremde Begriffe, die er nicht denken kann. »Dienen« kann er schon, aber nur dem Interesse, was ungefähr das Gegenteil von »Dienen« ist. Da nun auch Bethel an seiner Fachhochschule erstmals den Masterstudiengang »Diakonie-Management« anbietet, sind von einem sich so entwickelnden Profi-System wenig Impulse für den Übergang in die neue Kultur des Helfens zu erwarten[279]. Umso mehr müssen also auch hier wieder Signale von der neuen solidaritätsorientierten Bürgerbewegung ausgehen, was etwa beim endlichen Ernstnehmen des Hingehörigkeitswunsches der Sterbenden schon darin zum Ausdruck kommt, dass zunächst die Hospizbewegung der Bürger in den 80er Jahren da war, bevor das Profi-System mit der Pflegeversicherung und der Palliativmedizin in den 90er Jahren nachgerüstet hat. Nicht nur, aber vor allem auf solche Bürger-Signale wollen wir nun hinweisen.

279 Das Gesamt-Helfen wird also auf diese Weise auf die Aspekte eingeengt, die sich verbetriebswirtschaftlichen lassen, weshalb der Begriff Management künftig weiträumig zu umfahren ist. Gegenwärtig kann man »Management« fast beliebige Vorsilben vorsetzen: zum Beispiel case-, care-, Pflege-, Führungs-, selbst Wissens- und besonders fatal eben Diakonie-; und wo man mit »Quartiersmanagement« dem Begriff einmal eine Sozialraumzuordnung beigibt, wie einem Dezernat in Berlin-Schöneberg, da macht man den Konzeptfehler, dass man seine Zuständigkeit auf soziale Brennpunkte einengt.

Zunächst ist zu registrieren, dass sich nicht zuletzt durch das weitere Fortschreiten der Medizin mit den Tatsachen auch die Bedeutungsresonanz des Sterbens verschoben und ausgeweitet hat: es ist wieder erfahrbarer geworden. Denn einmal findet mit der Zunahme der Alten auch das Sterben häufiger statt, wird auch außerhalb von Institutionen wieder öfter »angetroffen«. Zum anderen gilt: während man früher in jedem Lebensalter ziemlich gleich häufig gestorben ist, konzentriert sich das Sterben heute immer mehr auf die kurze Zeit des hohen Lebensalters, was den Jüngeren, besonders denen im dritten Lebensalter mehr Zeit und Gelegenheit gibt, den Tod Anderer zu begleiten, sich um den Tod des Anderen mehr zu sorgen als um den eigenen Tod; und der Tod ist immer zuerst der Tod des Anderen (Levinas a.a.O.). Schließlich sterben immer mehr Menschen im Verlauf einer chronischen Erkrankung, was die Wahrscheinlichkeit vergrößert, sich das Sterben bewusst zu machen und sich darüber mit Anderen auszutauschen. Alles zusammen wirkt sich so aus, dass von Tabuisierung des Sterbens immer weniger die Rede sein kann, dass der Tod gesellschaftlich wieder mehr vorkommt und dass in einer Befragung über die Hälfte der 40- bis 60-Jährigen es selbst erlebt haben, wie ein naher Angehöriger zumindest pflegebedürftig wurde;[280] immer mehr von uns werden zu pflegenden Angehörigen, von denen wir ja inzwischen wissen, dass die es eigentlich schwerer haben als die zu Pflegenden und dann auch Sterbenden.

Wichtiger noch und nun auch aufregend ist es wohl, dass dadurch der institutionalisierungsbedingte typische Stellvertreter-Diskurs der Moderne über das Sterben, also der selbstmitleidig-ökonomische Selbstbestimmungsdiskurs, mit dem man *über* die Sterbenden geredet hat, nicht mehr allein marktbeherrschend ist, sondern dass die Sterbenden mit ihren Erfahrungen zunehmend *selbst* zur Sprache kommen, was sich dann ganz anders anhört und wofür insbesondere die zahllosen Hospiz-Bürger entscheidend als Botschafter wirksam sind. All solche Erfahrungen ermutigen mich, mich hier, wiewohl subjektiv, exemplarisch zum Sterbenden zu machen:

280 Blinkert a.a.O.

Je mehr mir als einem Sterbenden meine Selbstbestimmung und damit die Verfügung über mein Leben zwischen den Fingern zerrinnen, je mehr ich mich davon verabschiede, desto wichtiger wird mir das komplementäre andere Bedürfnis nach Bedeutung für Andere, von Anderen gebraucht zu werden, für Andere – in welcher Form auch immer – notwendig zu sein. Im selben Maße wird meine Patientenverfügung, die ich vielleicht früher verfasst habe und in der mir Schmerzfreiheit und ein möglichst schneller Tod wichtig waren, jetzt im Prozess des Sterbens in ihrem Sinn sich verändern, gelegentlich geradezu umdrehen: Ich bin im Sterben ein Anderer, was ich vorher nicht wissen konnte. Ich werde die Patientenverfügung jetzt vielleicht eher als lächerlich empfinden, weil mir anderes wichtiger geworden ist.

Was soll mir eine Verfügung, wenn es mit meiner Verfügung über mich zu Ende geht?[281] So werde ich mir jetzt nicht mehr so sehr den schnellen Tod wünschen, sondern eine hinreichende Zeit des Verabschiedens; und anstelle möglichst vollständiger Schmerzfreiheit wird mir meine Beziehungs- und Kommunikationsfähigkeit wichtiger werden, selbst um den Preis eines höheren Schmerzgrades, als ich vorher gedacht hatte. Denn noch während des Verabschiedens, also noch vor dem Tod, setzt mein Bestimmtsein von dem Widerfahrnis von einem nun ganz Anderen, Unbekannten her ein, wie ein Neubeginn, mit dem meine Bedeutung für Andere zu meiner einzigen bleibenden Spur in der Welt und für die Welt wird, etwa in der Erinnerung oder durch die Ritualisierung des Sterbens und des Todes zu einem Wir vereinigt bleibend. Das drückt sich mit Worten oder ohne Worte aus, jedenfalls so, dass ich mich als mein letztes Geschenk an die Welt, an die Angehörigen nun auch restlos veraus-

281 Das deckt sich mit den Erfahrungen Pearsalls a.a.O., wo er sich über die psychotherapeutische Ideologisierung der Selbsthilfebewegung lustig macht, die von der Fiktion ausgeht, als gebe es mein Ich, mein Selbst wie ein kleines, physisch isoliertes Ding, abgrenzbar von allen und allem, das vor dem Tod und nach dem Tod sein eigenes, selbstbestimmtes Wesen treibe, während es doch um die Beziehungen zwischen mir und dem Anderen und allem Anderen gehe. In Abwandlung eines Dietrich-Bonhoeffer-Wortes – bei ihm auf Gott bezogen –, könnte man sagen: Ein Ich, das es gibt, gibt es nicht.

gaben und in Frieden das Weite suchen kann. Wie es die Chanson-Sängerin Petra Afonin ausgedrückt hat: »Bevor ich gehe, bleibe ich.« Mein Sterben hat für Andere mehr Bedeutung als für mich, der ich ja ohnehin das Weite suche; als Sterbender könnte ich geradezu, wenn mir noch danach wäre, ins Kichern kommen, angesichts des Todernstes der Anderen, der Angehörigen, mit dem sie die Inszenierung meines Sterbens begleiten: »So viel Aufwand – doch nicht für mich! Ach ja, ist ja gar nicht für mich, sie tun es ja – mit Recht – für sich!«

Solche oder auch andere subjektive Verdichtungen, durch die die Sterbenden selbst zur Sprache kommen, machen es auch verständlich, warum trotz zwanzigjähriger konzentrierter, staats- und kirchentragender Werbekampagnen für Patientenverfügungen nach wie vor 90% der Bürger lieber auf diesen noch vom Selbstbestimmungs-Diskurs der Moderne des potenziell tödlichen Mitleids geprägten Weg verzichten und sich stattdessen eher, trotz aller Risiken, als weltoffene exzentrische Wesen für das Widerfahrnis des Sterbens offen halten wollen. Nach dem empirischen Wissen, das wir darüber haben, was die Bürger wirklich im Sterben bewegt und was ihre vollständige, nämlich heteronomiebasierte Autonomie angeht, sind ihnen drei Fragen am wichtigsten, die alle daraufhin konvergieren, dass sie nicht nur leben und altern, sondern auch sterben wollen, wo sie hingehören; und alle diese drei Fragen sind in den bisherigen etwa 170 Patientenverfügungs-Versionen so gut wie ganz ausgeklammert.

Wenn man also schon nicht auf diesen Irrweg, wie in Amerika inzwischen herausgefunden, verzichten will, müsste man einen neuen Typ von Patientenverfügung formulieren, der jetzt – endlich bürgerdienlich – von diesen wichtigsten drei Fragen auszugehen hätte. Dann würde der Bürger sich als Erstes dazu äußern, nicht wie, sondern wo er sterben will, nämlich in aller Regel in den eigenen vier Wänden, weil er mit diesen verwachsen ist, also dort hingehört. Würde auch für diesen Bürgerwillen die zurzeit vom Gesetzgeber angestrebte Rechtsverbindlichkeit gelten, hätten wir gleichsam mit einem Federstrich die Deinstitutionalisierung und damit den Sprung ins neue Hilfesystem fast vollständig – kulturrevolutionär – erzwungen.

An zweiter Stelle würde der Bürger formulieren, dass er im Sterben eingebettet sein möchte in das Gespräch mit seinen Angehörigen, dem Arzt und dem Pflegenden, weil er auf das vertraut, was, trotz Irrtumsmöglichkeit, in diesem Gespräch als das für ihn Beste angesehen wird, vorausgesetzt, dass er, auch ohne eigenes Bewusstsein, als Gesprächspartner mit dem leiblichen Ausdruck seines natürlichen Willens gleichermaßen ernst genommen wird. Auch das wünscht er sich – falls medizintechnisch möglich – in den eigenen vier Wänden, weil diese gewissermaßen mitdiskutieren können.

Und an dritter Stelle wäre ihm die ungeteilte Aufmerksamkeit aller Beteiligter für sein persönliches Sterben wichtig – sowohl für sich selbst, aber mehr noch für diese Anderen. Denn damit ich als Sterbender auf diese Weise restlos und endgültig mich verausgaben und verschenken kann, muss es mein vornehmster Wunsch sein, dass für diesen transzendierenden Übergang die situativen Umstände eine ungeteilte Aufmerksamkeit aller garantieren, dass also nicht gleichzeitig mit mir noch zwei konkurrierende Patienten im Sterben liegen. Damit ist aber weder auf der Intensivstation noch im Krankenhaus überhaupt und heute auch nicht mehr im Pflegeheim zu rechnen. Das dürfte dann vielleicht der tiefste Grund für die absolute Priorität meines Willens sein, zu sterben, wo ich hingehöre. All dies natürlich unter der Voraussetzung, dass die damit zusammenhängende Last nicht allein auf den Schultern meiner Frau, meines Sohnes oder meiner Schwiegertochter liegt, sondern sich im Sinne eines nachbarschaftlichen Lastenausgleichs auf hinreichend viele Schultern verteilt. Erst danach kämen in einer solchen neuartigen Patientenverfügung die Fragen, die heute im Zentrum stehen, also die Fragen nach dem Wie (Reanimation, künstliche Ernährung usw.) des Sterbens. Solche – an sich berechtigte – Fragen wären dann zwar nicht gegenstandslos, sie wären aber dann, weil lebensweltlich eingebettet, in ihrer heute künstlich isolierten, überspitzten und noch vom Denken *über* das Sterben geprägten Bedeutung entzerrt und wesentlich leichter pragmatisch zu beantworten.
Aber auch darüber hinaus gibt es in unserer gesellschaftlichen Entwicklung Signale, die der Deinstitutionalisierung und damit der Resozialisierung des Sterbens förderlich sind und daher verstärkt werden können:

Einmal ist es allmählich allgemein anerkannt, dass die notwendigerweise immer technischer werdenden Krankenhäuser – von technisch bedingten Zwangssituationen abgesehen – durch eben diesen Prozess als Orte zum Sterben immer ungeeigneter werden, ohne dass man dies noch ändern könnte. Das kann insbesondere die dort Pflegenden von dem ungerechten Vorwurf entlasten, sie schöben die Sterbenden aus Nichtachtung in die Besenkammern ab. Man kann nicht von den Pflegenden verlangen, ihr Tempo zwecks Effizienz der technischen Abläufe immer mehr zu beschleunigen und gleichzeitig ihr Tempo zum Begleiten von Sterbenden angemessen zu verlangsamen. Dabei ist es belanglos, ob die Krankenhäuser damit auch finanzielle Interessen verfolgen. Aber auch historisch war das Krankenhaus noch nie der gute Ort zum Sterben. Diese Einsicht schlägt sich – wie schon erwähnt – einerseits nieder in der zunehmenden Zahl der »Brücken-Schwestern«, die die Sterbenden ambulantisieren und damit auch vernachbarschaftlichen, und andererseits in der Figur des Frankfurter Gemeindepfarrers mit seinem Angebot, Menschen sowohl vor dem Sterben als auch nach ihrem Tod in ihrem familiären Haushalt zu verabschieden.

Zum anderen hat auch das Altenpflegeheim mit dem Verlust seines Prinzips der gesunden Mischung die wichtigste Voraussetzung für ein zumindest ersatzweise gutes Sterben irreversibel verloren. Die damit gegebene Tendenz zu einer zunehmenden Konzentration sterbensnaher Menschen macht es immer ungeeigneter zum Sterben, woran auch die neuerdings in den Heimen tätigen Hospizinitiativen zwar im Einzelfall, jedoch nicht grundsätzlich etwas ändern können. Es bleibt dem Heim nur der Weg, sich selbst zu deinstitutionalisieren, sei es – wie erwähnt – durch stationäre Hausgemeinschaften oder durch weitergehende Schritte der Ambulantisierung und Kommunalisierung.

Einen Übergangsschritt auf diesem Wege stellen die stationären Hospize dar, freilich jetzt nicht mehr von der Institution herunter-, sondern von den Bürgern heraufgedacht. Sie sind einerseits ein ungemein segensreicher Schritt zur neuen Kultur des Helfens hin, vor allem, wenn wie von vornherein – wie in Lohmar[282] – ein für alle Begleitsituationen durchlässiges Fließgebilde sein wollen, ein Gasthaus, eine Weggemeinschaft, ebenso für Angehörige, die zur Sterbebegleitung dort wohnen wollen, wie als Einübungsraum, wo sowohl Angehörige als auch Bürgerhelfer als »Pflegepaten« das Begleiten lernen, bis sie den Sterbenden zum Sterben in die jeweilige Wohnung oder Familie mit nach Hause nehmen. Andererseits bleiben die stationäre Hospize ein Übergangsschritt, weil auch eine noch so gelungene Monokultur von Sterbenden meinem persönlichen Sterben, auch außerhalb meiner vier Wände, nun mal wesensfremd ist.

Das gilt auch dann, wenn die stationären Hospize mit den stationären Palliativeinheiten fusionieren, wie die Deutsche Hospiz Stiftung vorschlägt.[283] Unabhängig davon sind die stationären Palliativeinheiten jedoch eine geradezu historische Chance, durch die die Medizin insgesamt nachholend das Begleiten von Sterbenden systematisch lernen kann. So lässt zum Beispiel Steffen Simon die palliative Grundhaltung in der beiderseitigen Ohnmacht und Sprachlosigkeit von Arzt und Patient gründen, weil dies zunächst das einzige beziehungsstiftende Gemeinsame sei, damit der Figur der »beziehungslosen Beziehung« von Levinas (a.a.O.) folgend.[284] Und Duttge (Fußn. 241) liefert die rechtlichen Begründungen dafür, wie etwa bei einem Patientenwunsch nach Lebensbeendigung der Arzt der »Heiligkeit« des Patientenwillens die »Heiligkeit« seiner unverletzbaren Indikation zumindest entgegenzustellen hat.

Einen noch weitergehenden Schritt zur Resozialisierung des Sterbens und zur Durchsetzung des Hingehörigkeitswillens der Sterbenden stellen die Familienpflege für Alterspflegebedürftige und insbesondere die ambulanten Nachbarschafts-Wohnpflegegruppen dar. Denn hier – ob in Bielefeld, Berlin oder Ettenheim – ist einigermaßen gewährleistet,

282 Das Elisabeth-Hospiz, Ühmichbach 5, 53797 Lohmar-Deesem

283 Deutsche Hospiz Stiftung, Chausseestraße 10, 10115 Berlin, Vorschlag vom 6.6.2006

284 Steffen Simon: Grundhaltungen in der Hospiz- und Palliativarbeit, in: Die Hospiz-Zeitschrift, 7. Jg., Heft 4, S. 15-18, 2005

1. dass jemand auch mit seinem Sterben nicht mehr in einem profidominierten Setting, sondern wieder in die Bürgergesellschaft (wie natürlich auch schon im stationären Hospiz) integriert ist;
2. dass er zwar nicht in der Vertrautheit seiner Wohnung, wohl aber seines Viertels in seiner (wenn auch nicht immer ganz freiwillig gewählten) Wahlverwandtschaft nicht nur lebt und altert, sondern auch stirbt;
3. dass er bei wesentlich dichterer Personalintensität als etwa im Heim oder im Krankenhaus individuell im Sterben begleitet sein wird; und
4. dass er, weil integriert in die Haushaltsführung, möglichst bis in die Stunde seines Todes mit Bedeutung für Andere versorgt, wahrscheinlich aus dem prallen Leben heraus sterben wird.

Zudem können Demente, die hier in der Regel auch anzutreffen sind, dem einen oder anderen ein gutes Modell fürs Sterben sein, da sie, wenn sie in der menschlichen Seinsweise der Demenz voll angekommen sind, wie in einer ewigen Gegenwart leben, sodass Sterben und Tod mit all den dazugehörigen Ängsten für sie eher bedeutungslos geworden sind.[285]

Am unmittelbarsten der Hingehörigkeit des Sterbens in den eigenen vier Wänden dienend sind schließlich die Bürgerhelfer der ambulanten Hospizdienste, die sich ja genau mit diesem Ziel Anfang der 80er Jahre gegründet haben, dem Menschen die Hilfe und die Begleitung des Sterbens in die eigene Wohnung zu bringen. Sie können ein dafür hinreichend dichtes Beziehungsnetz, insbesondere für Alleinstehende, nur bilden, wenn sie zum Beispiel mit ambulanten Pflegediensten, Kirchengemeinden und auch Hausärzten eng zusammenarbeiten, von denen Letztere gelegentlich – wie zum Beispiel in Siegburg – auch ihre Arzthelferinnen begleitungsverdichtend einbeziehen. Der Landkreis Schwandorf (a.a.O.) hat gezeigt, wie ein gutes Zusammenspiel all dieser Akteure schon in wenigen Jahren die Zahl der in Institutionen Sterbenden halbieren kann.

285 Klaus Maria Perrar: Sterben und Demenz – Über die Begleitung von Menschen mit Demenz in ihrer letzten Lebensphase, in: Seelsorge für Menschen mit Demenz und ihrer Angehörigen, Dokumentation der Tagung vom 12.9.2005 durch Alzheimer-Ethik, Lappenbredde 10, 59063 Hamm

Die Tragfähigkeit dieser solidaritätsgesteuerten Bürgerhilfe des neuen Hilfesystems wird sich noch einmal verbessern, wenn sich nun auch endlich die Palliativmedizin ambulantisiert. Würden die nach der Berechnung der Deutschen Hospiz Stiftung (a.a.O.) zur Flächendeckung erforderlichen 660 ambulanten Palliativdienste verwirklicht, würde jeder von ihnen durchschnittlich mit zweien der heute bereits 1300 ambulanten Hospizdiensten zusammenarbeiten.

Man sieht also, dass wir uns auch hier, also im Kernbereich dessen, was wir Bürger brauchen, nämlich bei der Hingehörigkeit des Sterbens in meine vier Wände, durchaus auf dem Weg in die neue Kultur des Helfens befinden. Nimmt man jetzt abschließend noch hinzu, dass

1. der folgenschwere Irrglaube der Moderne an die Herstellbarkeit einer leidensfreien Gesellschaft sich spätestens angesichts der Hilfsbedürftigen der drei neuen Bevölkerungsgruppen verflüchtigt hat;
2. heute kein Mensch mehr glaubt, dass wir mit dem alten Hilfesystem der Profis auskommen;
3. die Fortentwicklung der medizinischen Technik es noch mehr erleichtern wird, dass auch diese Hilfe in die eigenen vier Wände gebracht wird; und
4. der Gesetzgeber sich endlich durchringt, die längst überfälligen Pflegezeiten anzuerkennen und vielleicht noch – nur als Beispiel – allen Bürgern für zehnjährige zehn bis zwanzig Wochenstunden Nachbarschaftshilfe Rentenvorteile einzuräumen;

dann dürfte auch der letzte von uns Bürgern davon überzeugt sein, dass es sich lohnt, an der Verwirklichung der bürgergetragenen neuen Kultur des Helfens mitzuwirken.